통일한국의 교육 비전

Educational Vision of United Korea

이 도서의 국립중앙도서관 출판예정도서목록(CIP)은 서지정보유통지원시스템 홈페이지(http://seoji.nl.go.kr)와 국가자료공동목록시스템(http://www.nl.go.kr/kolisnet)에서 이용하실 수 있습니다.
(CIP제어번호: CIP2014028296)

발간사

한반도평화연구원(KPI)은 2012년 중점연구주제를 '통일한국 그랜드 디자인'으로 정하고 헌법, 정치, 경제, 외교, 교육 등 영역별로 통일한국의 국가비전, 핵심 가치, 기본 제도를 중심으로 학제 간 연구를 진행했습니다. 그리고 그중 교육 분야의 연구내용을 책으로 묶어 발간하게 되었습니다.

당시 한반도평화연구원 원장으로서 전체적인 기획을 하고 일을 추진해주셨던 이장로 원장님께 깊이 감사드립니다. 그리고 매우 의미 있는 원고를 써주신 김창환, 정병오, 신효숙, 박상진 네 분의 집필자께도 깊이 감사드립니다.

통일의 핵심은 미래이고, 미래의 핵심은 교육이기에, 통일에 대한 생각과 고민은 결국 교육에 대한 생각과 고민입니다. 그러나 아직도 통일에 대한 노력이 정치, 안보, 경제 등의 영역에 집중되어, 정작 '통일과 교육'의 연관성을 깊이 성찰하는 글과 책이 많지 않은 가운데 이번 『통일한국의 교육 비전』이 출간된 것은 통일을 준비하는 우리 민족에게 분명 의미 있는 일이라 생각하기에, 한반도평화연구원은 큰 기쁨과 자부심을 느낍니다.

이 책의 발간을 기점으로, 앞으로 더 다양한 핵심 영역과 통일을 연결하는 학술적 활동들이 활발해지기를 기대합니다. 그리고 그러한 활동에 통일을 준비하는 기독교 싱크탱크로서 그 역할을 다하고 있는 한반도평화연구원의 활동이 더욱 활발해지기를 기대합니다. 여러 학자 분들과 통일에 큰 열정을 가지고 있는 분들의 관심과 참여를 부탁드립니다.

한반도평화연구원 원장 전우택

머리말

다음 세대가 행복한 교육을 꿈꾸며

이장로 | 고려대학교 경영학과 교수

통일시대의 국가 비전 준비

한반도에 통일이 언제 어떻게 다가올지는 아무도 예측할 수 없을 것이다. 그렇지만 미국 국가정보위원회(NIC)는 2025년까지 단일국가 또는 연방체제로의 통일을 전망하고 있다. 많은 전문가는 북한의 대외 개방 및 경제개혁이 진전되면, 남북한 경제협력 및 통합 역시 진전을 이룰 것으로 희망찬 예측을 하고 있다.

그날이 언제 올지 아무도 정확하게 알 수는 없지만, 통일은 남한·북한은 물론 주변 국가에 지대한 기회요인인 동시에 위험요인으로 작용할 것이 분명하다. 따라서 대한민국이 마땅히 수행해야 하는 역사적 과제는 통일의 기회를 최대한 살리고 위험을 최소화하는 일이라 할 것이다. 이를 위해서 미래 통일의 날을 바라보며 통일시대를 준비하는 것이 중요하다.

독일은 제2차 세계대전 후 연합군에 의해 분할 점령되어 40여 년간 분단상태에 있었으나 1990년 10월 3일 통일을 달성함으로써 세계를 놀라게 했다. 당시 독일 국민들은 그렇게 갑자기 통일이 되리라고는 예상하지 못했기에 동·서독 국민 모두 엄청난 충격을 받았다. 체제의 통합에서 오는 충격은 물론이고 국민통합에서 오는 충격은 더욱 심각한 사회갈등을 일으켰다.

독일의 통일과 통합 과정은 대한민국 국민들에게 남북통일에 대한 인식의 변화를 가져왔다. 통일이 가져온 사회적 갈등과 경제적 비용을 치르는 독일을 보면서 국민들, 특히 젊은이들은 통일을 두려워하고 회피하려는 것 같다. 대한민국에서 통일은 더 이상 '우리의 소원'이 아니다.

따라서 국민들에게 필요한 것은 통일에 따르는 체제통합 및 국민통합의 충격을 최소화하는 것이다. 이를 위해서는 남북한 모두 변화가 필요하다. 그리고 이런 변화를 가능하게 하려면 먼저 국민들이 통일에 대한 두려움을 극복하고, 오히려 희망을 갖도록 해야 한다. 그렇게 하려면 국민들에게 통일국가의 바람직한 모습, 즉 비전을 제시하고 그것을 공유하는 일이 중요하다.

미래 통일한국은 어떤 모습의 국가여야 할까? 통일한국에서는 남과 북의 사람들이 다 같이 현재보다 더 좋은 삶을 누릴 수 있을까? 그리고 통일한국은 이웃 국가들에 어떤 존재가 될 것인가?

비전(vision)은 '바람직한 미래의 모습'이라는 뜻을 가지고 있다. 비전은 현재의 모습에 만족하지 않고 미래의 바람직한 모습을 향해서 변화를 추구하는 행동을 가져오게 만든다. 통일한국의 비전을 제시한다는 것은 국민에게 통일의 의미와 방향 그리고 통일 이후의 바람직한 모습을 제공해주는 것이다.

'바람직한' 모습의 통일한국을 제시하는 일은, 첫째로 통일에 무관심하거나 회의적인 국민들에게 통일의 필요성과 의미를 제공할 수 있을 것이다. 둘째로 통일한국 비전은 현재 남한이나 북한이 각자 가지고 있는 바람직하지 않은 모습을 버리고 어느 방향으로 변화해나갈 것인가와 관련해 표준 또는 나침반 역할을 할 것이다. 나아가 목적지와 방향이 정해지면 구체적인 로드맵을 마련할 수 있다. 셋째로 통일한국 비전은 통일 과정에서 사회적 갈등을 줄이고 통일을 위한 사회적 자본을 확대하는 효과를 불러올 것이다.

실제로 국가 비전을 만드는 것이 얼마나 중요한지는 독일의 사례를 통해서 잘 이해할 수 있다. 초기부터 나치스에 저항한 고백교회 운동의 지도자이며 신학자인 본 회퍼(Dietrich Bonhoefer)의 이름을 딴 '본 회퍼 그룹'의 학자들[프란츠 뵘(Franz Böhm), 발터 오이켄(Walter Eucken) 등]은 제2차 세계대전 이후의 국가 기본 체제를 준비하기 위해 새로운 정치·경제 질서를 위한 대안들을 연구했다. 이 연구는 '공동사회의 질서: 우리 시대의 정치적 위기 속에서 기독교적 양심의 확립을 위한 하나의 시도'라는 제목으로 진행되었고, 그 보고서는 전후 독일 정치·경제 제도의 기초가 되었다. 대한민국에도 본 회퍼 그룹이 필요하다.

한반도평화연구원은 2012년 중점연구주제를 '통일한국 그랜드 디자인'으로 정하고 헌법, 정치, 경제, 외교, 교육 등 영역별로 나누어 통일한국의 국가 비전, 핵심 가치, 기본 제도를 중심으로 학제 간 연구를 진행했다. 그런데 교육 분야의 연구가 먼저 그 결실을 거두게 되어 공개 포럼을 거쳐 출판을 하게 되었다.

가치 중심의 교육 비전

우리가 꿈꾸는 통일한국은 현재 남한의 모습이 아니다. 물론 현재 북한의 모습도 아니다. 우리가 꿈꾸는 통일 방식은 물리적 통합이 아니라 가치적 통합이다. 우리가 꿈꾸는 통일한국은 자유롭고, 평등하고, 정의롭고, 평화롭고, 공존·상생하고, 나눔과 배려가 넘치는 복지사회이다. 인간의 존엄성이 존중되면서도 공동체적 가치가 실현되는 사회이다. 남북한 국민들의 삶의 질이 높고 행복한 사회이다.

우리가 꿈꾸는 선진 한국 사회를 준비하기 위해 교육은 어떤 가치를 추구하며 어떤 모습으로 변해야 하는가? OECD에서 매년 발간하는 대표적인 교육 저서인 『OECD 교육지표』에서는 '교육의 기회', '교육의 수월성', '교육의 형평성' 등 세 가지 가치를 강조하고 있다. 즉, 선진국들은 위의 세 가지 교육 가치에 기초한 교육 시스템을 구성해서 교육을 실시하고 있는 것이다. 대한민국의 헌법과 교육기본법에서도 우리가 지향하는 교육 가치를 설정하고 있다. '균등한 교육기회 제공', '인격 도야', '민주시민 양성'을 교육의 핵심 가치로 강조하고 있다.

이 책에서는 선진국들이 추구하는 교육 가치 및 대한민국의 헌법과 교육기본법에 기초해서 통일한국이 추구해야 하는 교육 가치를 크게 다섯 가지로 구상했다.

첫째로, 균등한 교육기회의 제공이다. 양질의 교육기회를 풍부하고 균등하게 보장하는 사회가 우리가 꿈꾸는 사회이다. 교육기회는 인간의 삶의 기회를 풍부하게 하는 기초이고 사회참여와 통합을 이루는 데 결정적인 요인이다. 즉, 다양하고 풍부하며 균등한 교육기회를 제공하는 것은 개인의 발전에 결정적인 역할을 할 뿐 아니라, 사회를 발전시키기 위해서도 반드시 필요한 일이다.

둘째로, 교육의 형평성을 추구하는 것이다. 사회적·교육적 약자를 배려하고, 격차를 줄이고, 교육 희망사다리가 구축되어 있는 사회가 우리가 꿈꾸는 사회이다. 국가가 모든 국민에게 균등한 교육기회를 제공하기 위해 노력한다고 하더라도, 가정 배경 등 환경적인 요인에 의해 발생하는 교육적 격차를 해소하고, 교육경쟁 속에서 뒤처지는 교육적 약자들을 배려하고 돌보는 것은 교육의 형평성을 추구하는 데 매우 중요하다. 이 때문에 복지 선진국은 말할 것도 없고, 미국 등 자유주의 국가들에서도 교육 격차를 해소하고 교육복지를 확대하기 위해 적극적인 노력을 기울이고 있다. 현재의 남북한 격차를 고려하면 사회적·교육적 약자를 배려하는 일은 통일 후 사회통합을 이룬다는 관점에서도 매우 중요하다. 남북한 격차를 줄이고 약자를 위해 나누고 배려하는 것이 통일한국 사회의 핵심 과제 가운데 하나가 될 것이다.

셋째로, 공정한 교육을 실현하는 것이다. 교육의 기회나 결과가 개인의 능력이나 노력보다 환경적 요인에 지나친 영향을 받는 것은 공정하다고 말할 수 없다. 능력의 차이에 따른 차등은 사회적으로 인정하되, 지나치게 격차가 벌어지지 않도록 결과를 합리적으로 보정하는 것이 바람직하다. 특히, 취학 전 교육이 일평생 영향을 미치므로, 공정한 교육을 위해 출발점 평등을 이루도록 노력하는 것이 중요하다. 그렇게 되어야 실질적으로 균등한 교육기회를 실현할 가능성이 높아지고, 교육의 형평성이 제고될 수 있다. 더불어 공동체를 해치는 부정과 부패가 차단되고, 페어플레이가 존중되는 건강한 교육 시스템이 구축되어 있는 사회가 우리가 꿈꾸는 사회이다.

넷째로, 교육의 수월성과 경쟁력을 높이는 것이다. 교육은 인간의 천부적인 소질, 재능, 잠재력을 최대한 실현시켜 전인(全人)으로 성장시키고 행복한 삶을 영위하도록 돕는 행위이다. 학생의 잠재력을 최대한 실현시켜 수월성(human excellence)에 다다르는 것을 도모하는 행위이다. 그러기 위해서는 교육의 질적 수준을 향상시키려는 노력이 필요하다. 양질의 교육을 바탕으로 학생들의 성장 잠재능력을 최대한 실현시켰을 때 경쟁력 있는 인재가 배출될 수 있다. 그리고 그러한 경쟁력 있는 인재는 국가와 사회가 지속적으로 발전하는 데 원동력이 된다. 이렇게 교육의 질이 높고, 교육경쟁력이 높은 사회가 우리가 꿈꾸는 사회이다.

다섯째로, 행복하고 신뢰받는 교육공동체를 구축하는 것이다. 교육공동체가 행복하고 서로를 신뢰함으로써, 공존하고 발전하는 선진 시민사회가 우리가 꿈꾸는 사회이다. 그동안 한국은 압축성장 속에서 고도의 경제발전은 이루었으나, 성숙한 사회를 건설하지는 못했다. 우리가 꿈꾸는 미래 대한민국의 선진사회는 질적으로 성숙한 사회이다. 공동체적 신뢰를 바탕으로 공동체 모두가 행복한 사회이다. 공동체 구성원의 삶의 질이 높고 동시에 사회의 공동체성이 높은 사회이다. 이미 많은 선진국은 공동체 구성원들이 행복한 사회를 가꾸어가고 있다. 선진국 국민들은 높은 삶의 질을 바탕으로 삶에 대한 만족도가 높다. 우리가 꿈꾸는 사회로 먼저 가고 있는 것이다. 한국 사회가 양적 성장 사회에서 질적 성숙 사회로 변모하기 위해서는, 즉 미래 선진화된 한국 사회로 발전하기 위해서는 더 성숙한 가치를 필요로 한다. 배려, 나눔, 희생, 봉사, 책임 등 시민적 덕성의 함양을 통해 공동선을 추구하는 성숙한 공동체 문화가 필요하다. 그리고 미래 한국 사회에서 양극화 및 불평등 문제가 더욱 심화될 것으로 예견되면서 사회적 유대와 공존의 가치도 중요해졌다. 교육 역시 한 단계 성숙한 모습으로 바뀌어야 한다. 개인의 수월성과 경쟁력만을 추구하는 풍토에서 벗어나, 공동체성과 시민성을 함양하는 것이 중요하다. 학생들이 교육을 통해 협동, 공생, 공존의 시민성을 키우도록 지원하는 것이 정의롭고 행복한 교육공동체와 시민공동체를 만드는 데 기초가 될 것이다.

이러한 다섯 가지 교육 가치는 이 책을 구성하는 기본 틀이다. 이 틀을 준거로 이 책에서는 선진국과 비교해서 남한 교육 및 북한 교육의 현 수준과 문제점을 진단하고, 통일한국 교육의 바람직한 모습을 제시하고자 한다.

책의 내용 소개

이 책은 크게 네 개의 장으로 구성되어 있다. 제1장에서는 우리 교육의 수준을 선진국과 비교했다. 우리가 꿈꾸는 미래 선진사회를 구상하는 데 있어 우리보다 앞서 가고 있는 현재의 선진국들은 좋은 사례가 된다. 그들은 오래전부터 바람직한 사회의 모습을 고민하고 현재의 선진 사회를 발전시켰기 때문이다. 이 장에서는 선진국들의 모델을 크게 세 가지로 구분했다. 하나는 인간의 자유를 강조하는 자유주의 모델이다. 미국, 영국, 호주 등의 국가가 이에 해당한다. 다른 하나는 인간의 삶의 질과 복지(welfare)를 강조하는 복지 모델이다. 스웨덴, 핀란드 등 북유럽 국가들이 이에 해당한다. 마지막으로 자유와 평등의 균형 및 사회통합을 중시하는 사회민주주의(사회적 시장경제) 모델이다. 중유럽 국가들이 이에 해당한다고 할 수 있다. 이 장에서는 다양하고 균등한 교육기회, 교육의 형평성, 교육의 수월성과 경쟁력, 교육공동체의 신뢰 및 행복 등 네 가지 선진 교육 가치를 준거로 선진국 교육의 수준을 진단하고, 선진국과 비교하며 한국 교육의 현 위치와 문제점과 개선 과제를 살펴보았다.

제2장에서는 남한 교육의 문제점을 진단하고 개선 방향을 제시했다. 다양하고 균등한 교육기회, 교육의 형평성, 교육의 공정성, 교육의 수월성과 경쟁력, 교육공동체의 신뢰 및 행복이란 가치를 준거로 실태와 문제점을 정리하고 문제의 원인을 분석하며 개선 방향을 제시했다. 교육의 기회와 관련해서 형식적 기회는 확보되었으나 실질적 교육기회의 균등한 실현이 중요하고, 중도 탈락 학생 및 대안학교와 홈스쿨링에 대한 지원체제가 마련되어야 한다는 점을 강조했다. 교육의 형평성과 관련해서는, 교육 전반에 미치는 부모의 사회·경제적 영향력, 사회적 약자에 대한 배려 부족 등의 문제를 제기하고, 종합적이고 체계적인 교육복지 체제 구축, 의무교육 확대 및 내실화, 교육에 대한 국가 및 대학의 책무성이 강화되어야 한다는 점을 제안했다. 교육의 공정성과 관련해서는 입시 부정, 선행 학습 등이 불공정한 경쟁을 조장한다고 보고, 입시제도와 행정체제의 개혁을 통해 공정한 교육시스템을 구축해야 한다는 점을 강조했다. 교육의 수월성 및 경쟁력과 관련해서는, 국제 학업성취도 평가(PISA) 결과 및 IMD 교육경쟁력 데이터를 기초로 우리 교육이 경쟁열은 높지만, 역설적으로 경쟁력은 낮다는 문제를 제기하고, 교육의 본질에 근거한 교육과정 혁신, 고교 체제 개혁, 대학의 특성화 방안 등을 제안했다. 공동체적 신뢰 및 행복과 관련해서는 우리의 학교에서 배움의 기쁨과 평화적 관

계가 깨어진 것으로 진단하고, 학생의 진로와 적성을 고려한 교육과정 체제, 인성과 갈등해결 능력을 길러주는 교육이 필요하다는 점을 강조했다.

제3장에서는 북한 교육의 문제점을 진단하고 개선 과제를 제시했다. 통일한국 사회가 추구해야 할 교육 가치를 균등한 교육기회, 교육의 형평성 보장, 교육의 수월성 보장, 행복한 교육공동체 구축이라고 제시하고, 이 네 가지 준거에 기초해 북한의 교육현실을 진단하고 문제점과 개혁 과제를 제시했다. 균등한 교육기회와 관련해서는 국제적 호환성을 갖도록 학제를 개편하고, 대학교육 기회를 확대하고, 학생 중심 교육으로 교육과정을 수정할 것을 제안했다. 교육의 형평성과 관련해서는, 취학 전 무상 의무교육을 내실화하고, 교육인프라 및 교육환경을 개선하고, 지방 특성화 대학의 육성과 지역 간 불균형 해소가 필요하다는 점을 강조했다. 교육의 수월성과 관련해서는 교육 거버넌스의 개선, 직업훈련 제도의 개편과 시장교육 강화, 고등교육의 개혁을 제안했다. 행복한 교육공동체 구축과 관련해서는 민주시민 교육 및 공동체성 함양 교육, 성인 대상 기초소양 교육, 사회통합 능력 함양 교육 등을 강조했다.

제4장에서는 통일한국의 교육 비전, 철학, 제도 및 정책에 대해 살펴보았다. 통일한국의 교육은 남북한 교육의 단지 물리적인 통합이거나, 두 교육의 중간 지점에서의 만남을 의미하는 것이 아니라, 남북한의 구성원들이 합의하고 공유할 수 있는 비전으로 제시될 때 각각의 교육현실을 변화시키는 힘의 원천이 될 수 있다고 전제한다. 또한 남북한 교육실제와 여건의 통합을 넘어서는 공통의 교육 비전과 가치를 제시하고 이에 근거한 통일한국의 교육제도와 정책을 제안하는 데 초점을 맞추었다. 통일한국의 교육 비전으로 “다음 세대가 더불어 행복한 교육공동체”를 제안하고, 이러한 비전에 근거해 교육철학의 방향을 ‘교육복지’, ‘공동체교육’, ‘상생교육’, ‘변혁주의’, ‘세계지역화’ 등 다섯 가지로 제안했다. 이러한 비전과 교육철학에 기초해 공교육체제, 의무교육, 사립학교, 학교선택권, 교육과정, 교육복지, 입시제도와 사교육, 영

재교육, 전통문화교육, 민주시민 교육, 다문화교육 등의 영역에서 통일한국의 교육제도와 정책의 개선 방안을 제시했다.

다음 세대가 행복한 교육을 꿈꾸며

우리가 꿈꾸는 통일한국은 닥쳐오는 것이 아니라, 준비하고 맞이해야 하는 것이다. 즉, 우리가 꿈꾸는 통일 사회를 현실화하기 위해서는 준비가 필요하다. 우리보다 먼저 통일을 이루었던 독일의 경우에는 갑자기 통일이 이루어져 통일 이후 큰 사회적 혼란을 겪었다. 통일 후유증이 극심해 통일된 지 20여 년이 지난 지금도 그 후유증을 완전히 극복하지 못하고 있다. 물리적 장벽은 무너졌지만 심리적 장벽은 여전히 견고하게 세워져 있고, 이 점이 통일 독일의 사회통합을 가로막는 요인으로 작용하고 있다.

독일과는 달리 우리의 경우 통일이 올 것이라고 예견되고 있다. 통일의 날이 머지않다고 많은 전문가가 예측한다. 따라서 우리는 통일을 철저히 준비해야 한다. 독일을 반면교사로 삼아 독일과 같은 전철을 밟아서는 안 된다. 우리가 통일 사회를 잘 준비할 경우, 우리가 꿈꾸는 대한민국의 미래를 앞당길 수 있다. 우리의 후손에게 행복한 미래를 물려줄 수 있게 되는 것이다.

우리가 꿈꾸는 통일한국을 실현하기 위해 교육은, 이제 새로운 과제에 직면하고 있다. 통일한국의 가치를 실현할 수 있는 미래 세대를 키워야 하는 중차대한 과제를 안고 있다. 그러한 과제를 해결하기 위해서는 현재의 남북한 교육을 냉철하게 진단하고 나아가야 할 방향을 우선적으로 찾아야 한다. 이 책은 그러한 목적을 성취하기 위해 저술되었다. 이 책에서는 선진국과 비교하여 우리의 위상을 확인하고, 남한과 북한 교육의 문제점과 개선 과제를 도출하고, 통일한국 교육의 비전과 철학과 정책들을 제안했다. 이 책에서 제안하는 통일한국 교육의 비전과 과제는 결국 미래 한국 교육의 비전 및 과제와 동일한 것이다. 이 책에서 제안한 것처럼 우리가 지금부터 미래를 준비하는 교육을 설계하고 추진할 때 우리가 꿈꾸는 바람직한 통일 사회를 앞당기게 될 것이다. 그리하여 궁극적으로 다음 세대가 행복한 교육을 실현할 수 있을 것이다. 다음 세대가 행복한 교육이 실현될 때 궁극적으로 대한민국의 행복한 미래를 창조하는 것도 기대할 수 있다.

차례

제1장

선진국의 교육 가치 및 제도와 정책

김창환 | 한국교육개발원 선임연구위원

우리가 꿈꾸는 미래 선진사회를 구상할 때, 우리보다 앞서가고 있는 현재 선진국들은 좋은 사례가 된다. 그들은 오래전부터 바람직한 사회의 모습을 고민하고 현재의 선진사회를 발전시켜왔다. 현재의 선진국 모델은 크게 세 가지로 구분해서 볼 수 있다. 하나는 인간의 자유를 강조하는 자유주의 모델이다. 미국, 영국, 호주 등의 국가가 여기에 해당한다. 다른 하나는 인간의 삶의 질과 복지를 강조하는 복지 모델이다. 스웨덴, 핀란드 등 북유럽 국가들이 여기에 해당한다. 마지막으로 자유와 평등의 균형 및 사회통합을 중시하는 사회민주주의(사회적 시장경제) 모델이다. 중유럽 국가들이 여기에 해당한다고 할 수 있다. 선진국 모델들은 강조점에서 차이가 있으나, 추구하는 가치는 대체적으로 공유한다. 자유, 평등, 복지, 정의, 평화, 공생, 삶의 질, 사회의 질 등은 선진국이 공통적으로 추구하는 가치이다. 이러한 가치는 통일한국 사회에서도 적용될 수 있는 가치라고 할 수 있다.

이 장에서는 네 가지 선진 교육 가치를 준거로 선진국 교육의 수준을 진단하고 우리 교육이 나아가야 할 방향을 제시하고자 한다. 다양하고 균등한 교육기회, 교육의 형평성, 교육의 수월성과 경쟁력, 교육공동체의 신뢰 및 행복이 그것이다. 이러한 교육 가치들은 통일한국이 추구하는 미래 가치와도 부합된다. 이러한 가치들을 중심으로 이미 선진국에 진입한 국가들과 비교해서 한국 교육의 현 위치와 문제점, 개선과제를 살펴보고자 한다.

1. 다양하고 균등한 교육기회

미래 한국 사회에서 국민들에게 양질의 교육기회를 풍부하고 균등하게 보장하기 위한 네 가지 핵심 질문(key question)을 제기하고 답을 찾아보고자 한다.

* 핵심 질문
1) 유아기부터 평생 동안 교육의 기회가 모든 국민들에게 균등하게 제공되고 있는가?
2) 학교교육을 중단하는 학생(중도 탈락자)은 얼마나 되는가?
3) 양질의 교육기회를 제공하기 위한 교육여건이 적절하게 갖추어져 있는가?
4) 국가가 교육의 기회를 균등하게 제공하기 위해 충분히 투자하고 있는가?

1) 유아기부터 평생 동안 교육의 기회가 모든 국민들에게 균등하게 제공되고 있는가?

(1) 교육기회 실태

취학률

취학률(Enrollment Rate)은 교육을 얼마나 받고 있는지를 측정하는 지표로서, 교육기회를 살펴보는 가장 중요한 지표이다. 대부분의 선진국들이 높은 취학률을 보이고 있으며, 복지 모델 국가들의 취학률이 자유주의 모델 국가

〈그림 1.1〉 15~19세의 취학률(1995, 2000, 2005, 2011년)

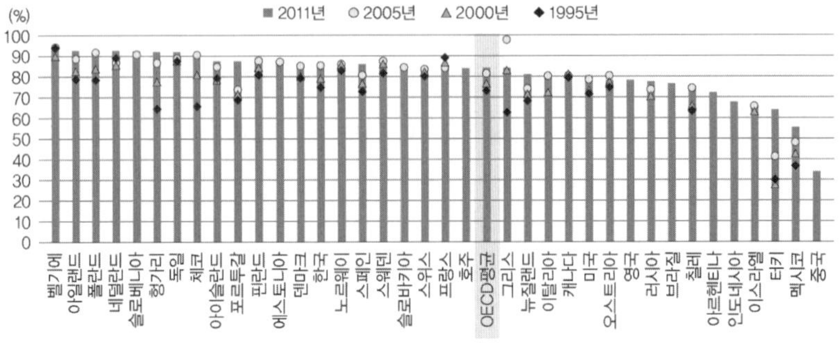

자료: OECD, "Education at a Glance"(2013).

보다 높은 수준을 유지하고 있다.

한국의 경우, 5세부터 14세의 취학률은 99%로서 OECD 국가 가운데 중상의 수준에 위치하고 있다. 이는 대부분의 어린이와 청소년이 학교에 다니고 있다는 것을 의미하고, 따라서 완전취학에 이르렀다고 판단할 수 있다. 15~19세의 취학률은 86%로, OECD 평균 84%보다 높은 비율을 유지하고 있다. 한국 학부모들의 교육에 대한 관심과 열정 덕분에 높은 취학률은 향후에도 유지될 것으로 판단된다.

대학입학률

대학입학률(Entry Rates into Tertiary Education)은 호주, 미국, 영국 등 자유주의 모델 국가에서 가장 높은 것으로 나타났다. 경쟁력을 강조하는 국가의 특성이 반영된 것으로 보인다. 핀란드, 스웨덴 등 복지 모델 국가의 경우도 비교적 대학입학률이 높은 것으로 확인되었다.

한국의 대학입학률은 1995년 41%에서 매년 지속적으로 상승해서 2011년에는 69%를 기록하고 있다. OECD 평균(60%)보다 높고 일본, 독일, 중국 등

〈그림 1.2〉 대학입학률(2011년)

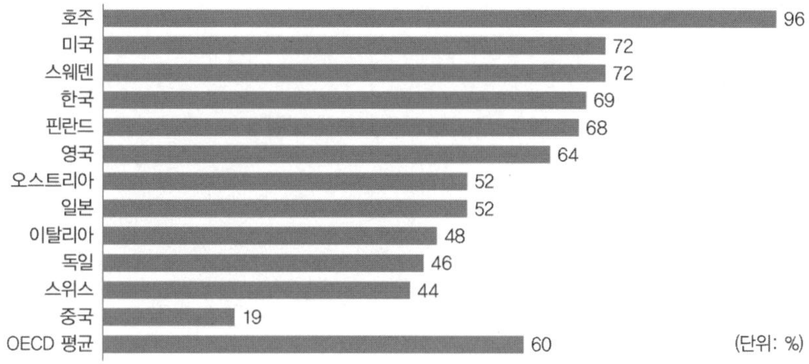

자료: OECD, "Education at a Glance"(2013).

주요 국가에 비해서도 높은 편이다. 대학교육이 점차 보편화되면서 이러한 추세는 향후에도 지속될 것으로 판단된다.

고등학교 졸업자 비율

고등학교를 졸업한 인구 비율(Population with at least upper Secondary Education)은 슬로바키아, 체코, 폴란드 등 동유럽 국가들이 가장 높은 것으로 나타났다. 보편교육을 강조하는 사회주의 국가의 특성이 잘 반영되었다고 볼 수 있다.

한국의 경우 높은 취학률 덕분에 고등학교를 졸업한 인구 비율도 계속 상승하고 있다. 중·고령자인 55~64세 인구 가운데 고등학교 이상을 졸업한 인구 비율은 45%로 OECD 평균(64%)에 비해 낮지만, 젊은 층인 25~34세 인구 가운데 고등학교를 졸업한 인구 비율은 98%로 OECD 국가 가운데 가장 높다. 이는 젊은 국민 대부분이 고등학교 이상의 교육을 받은 것을 나타내며, 교육기회가 국민들에게 충분히 제공되고 있다는 점을 의미한다. 현재의 고학력화 현상을 고려할 때, 이러한 추세는 앞으로도 지속될 것으로 전망된다.

〈그림 1.3〉 대학을 졸업한 인구의 비율(2011년)

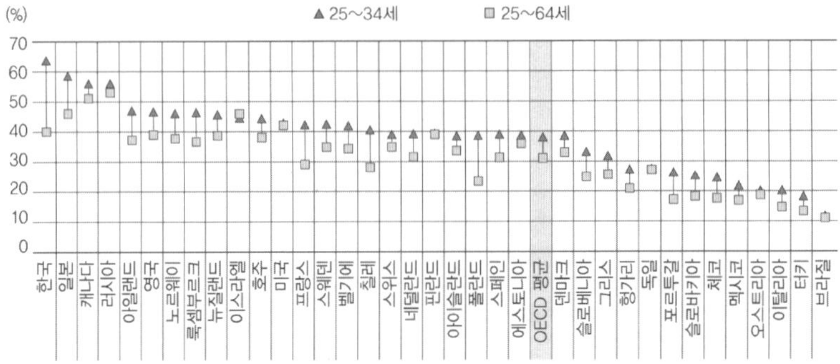

자료: OECD, "Education at a Glance"(2013).

대졸 학력자 비율

대학을 졸업한 인구의 경우, 선진국 모델별로 유형의 차이가 드러나지 않고 있다. 한국의 경우에는 대학을 졸업한 인구 비율(Population with Tertiary Education)도 지속적으로 상승하고 있다. 55~64세 중·고령자 인구 가운데 대학을 졸업한 비율은 13%로 OECD 평균(22%)과 G20 평균(20%)에 못 미치지만, 25~34세 젊은 층 인구 가운데 대학을 졸업한 인구 비율은 63%로서 OECD 국가 가운데 가장 높다.

대졸자 비율이 높다는 것은 우수한 인적자원이 풍부하다는 것을 의미한다. 그리고 높은 교육 수준을 바탕으로 국민들이 다양한 삶의 기회를 창출할 가능성이 높다는 것을 의미한다. 현재의 대학진학률을 고려하면 이러한 추세는 앞으로도 지속될 것으로 보인다.

평생학습 참여율

한국의 학교교육 참여율은 세계에서 가장 높다고 할 수 있다. 한국인의 높은 교육열 덕분이다. 앞으로도 이러한 추세는 지속될 것이다. 그렇다면 학교

〈그림 1.4〉 평생학습 참여율(2010년)

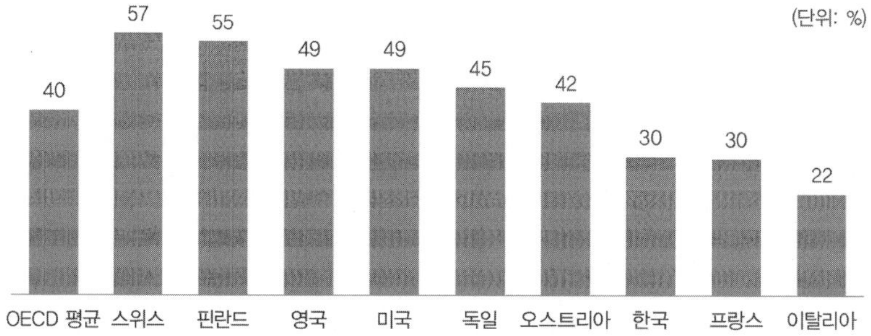

자료: OECD, "Education at a Glance"(2012).

졸업 이후 교육, 즉 평생교육 참여율(Participation Rate in Lifelong Learning)은 어느 정도일까?

OECD 국가 가운데 평생교육 참여율과 참여시간이 높은 국가는 핀란드, 스웨덴, 노르웨이, 덴마크 등 북유럽 국가들로 나타났다. 복지 모델 국가들이 평생교육을 중시하고 있는 것으로 드러났다. 한국의 경우 2010년 평생교육 참여율은 30%로, OECD 평균 40%에 비해 낮은 수준이다.

(2) 성과와 과제

유아기부터 노년까지 평생 동안 교육의 기회가 모든 국민들에게 균등하게 제공되고 있는지 살펴본 결과, 북유럽 복지 모델 국가들이 풍부하고 균등한 교육의 기회를 제공하고 있는 것으로 나타났다.

한국의 경우, 학교교육 참여율은 세계에서 가장 높은 수준에 도달했다는 점을 확인했다. 그러나 성인의 평생교육 참여율은 OECD 평균 수준에 미치지 못하고 있다는 점도 확인했다.

높은 교육열을 바탕으로 많은 국민이 교육을 받는 것은 대단히 바람직한 현상이다. 이러한 교육 수준을 통해 개인의 삶에서 기회가 확대되었고, 우수한 인적자원을 개발해서 국가발전에 기여했다.

그러나 양적인 기회 확대가 삶의 기회를 확대하고 삶의 질을 제고했는지에 대해서는 신중한 평가가 필요하다. 우수한 인적자원 개발이 국가 경제발전에는 분명 기여했지만, 개인의 삶의 질과 만족도는 여전히 낮고 사회의 질적 발전 역시 더딘 상황이기 때문이다. 또한 높은 고등교육 이수율은 양질의 고급 인적자원을 풍부하게 소유하게 된다는 점에서 지속가능한 국가경쟁력 확보를 위해 매우 고무적인 현상으로 판단되나, 동시에 지나친 고학력화로 수요와 공급의 불균형이 일어나 대졸자 취업난, 하향 취업 등의 사회적 문제도 일으키고 있다.

21세기를 평생학습 시대라고 부른다. 정보와 지식이 매우 빠르게 발전하기 때문에 학교에서 배운 지식과 경험으로는 평생을 준비하기에 미흡하다. 따라서 미래 사회에서 대한민국 국민 모두는 평생 동안 학습하며 살아가야 사회에 적응하고 자신에게 주어진 기회를 잘 활용할 수 있을 것이다. 이러한 관점에서 볼 때, 평생학습 참여율을 제고하는 것이 국가사회의 과제가 되고 있다. 특히, 직업능력을 지속적으로 높일 수 있는 학습 기회를 더욱 풍부하게 제공하는 것은 미래 고령화 사회를 준비하는 차원에서 매우 중요한 과제가 아닐 수 없다.

2) 학교교육을 중단하는 학생(중도 탈락자)은 얼마나 되는가?

(1) 중도 탈락 실태

학교 이탈자 비율

한국 국민들은 대부분 충분한 교육기회를 제공받고 있다고 할 수 있다. 그러나 높은 교육기회의 그늘에도 주의를 기울일 필요가 있다. 매년 5~7만 명

〈표 1.1〉학교 이탈자 통계(1997~2005년)

	1997년	1998년	1999년	2000년	2001년	2002년	2003년	2004년	2005년
중3									617,962
중2								621,340	688,204
중1							624,020	691,170	704,538
초6						623,841	691,809	703,702	688,764
초5					626,084	693,216	708,237	691,218	682,212
초4				626,943	695,519	708,981	695,416	684,657	
초3			626,697	696,861	711,508	695,784	689,120		
초2		625,614	696,413	712,916	698,542	689,811			
초1	629,328	697,897	713,500	699,032	690,682				
	2006	2007	2008	2009	2010	2011	2012	2013	
고졸				576,298	633,539	648,468	636,724	631,197	
고3			577,167	634,336	649,515	637,536	631,835		
고2		589,452	646,630	661,416	649,524	642,398			
고1	607,411	668,597	683,181	670,040	663,317				
중3	683,813	696,987	681,776	673,513					
중2	701,958	686,058	677,485						
중1	689,540	680,114							
초6	679,564								

자료: 한국교육개발원(각 년도).

의 학생들이 학교를 그만두고 중도 탈락하고 있다. 1997년에 초등학교 1학년에 입학한 학생은 62만 9,328명이지만 이들 가운데 고등학교를 졸업한 학생은 57만 6,298명이다. 5만 3,030명이 중도에 학교를 그만둔 것이다. 2001년에 초등학교에 입학한 69만 682명 가운데 63만 1,197명이 고등학교를 졸업하고 5만 9,485명이 중도에 학교를 그만두었다.

고등학교 졸업률

중도 탈락 학생 수에 대한 국제 비교 데이터는 현재 산출되지 않고 있다.

〈그림 1.5〉 고등학교 졸업률(2011년)

자료: OECD, "Education at a Glance"(2012).

하지만 유사한 데이터로 그 규모를 추정해볼 수 있다. 위의 고등학교 졸업률(Upper Secondary Graduation Rates) 데이터는 동일 연령 가운데 고등학교를 졸업한 학생 수 비율을 의미한다.

OECD 국가들의 경우 고등학교 졸업률에서 국가 모델별로 차이가 드러나지 않고 있다. 한국의 경우 고등학교 졸업률이 93%로, OECD 평균 83%보다는 높지만 일본, 핀란드, 영국보다 낮은 비율을 나타내고 있다. 중도에 탈락하는 학생 비율이 OECD 평균보다는 낮은 것으로 추정할 수 있다.

교육을 받지 못하고 실업상태에 있는 청소년 비율

교육을 받지 못하고 실업상태에 있는 청소년의 비율(NEET: Not in Education, Employment or Training)은 국가 모델별로 차이가 드러나지 않고 있다. 한국의 경우, 15~19세 청소년 가운데 학교를 중도 탈락한 비율은 11.3%(OECD 평균 14.2%)로 나타났고, 중도 탈락한 학생 가운데 직업을 갖지 않는 비율은 8.7%(OECD 평균 8.3%)로 나타났다.

〈그림 1.6〉 교육을 받지 못하거나 실업 상태에 있는 청소년 비율

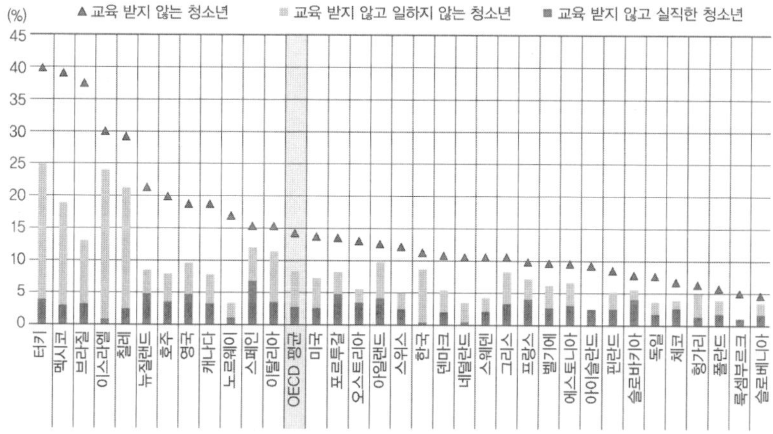

자료: OECD, “Education at a Glance”(2012).

(2) 성과와 과제

중도 탈락 학생들이 OECD 평균보다 낮은 것은 다행한 일이다. 그러나 매년 5만~6만 명의 학생들이 중도에 학교를 그만두는 것은 역시 사회적 문제다. 전체 청소년 열 명 가운데 한 명은 고등학교를 졸업하지 못하고 있는 것이다. 중도 탈락 학생들은 적절한 직업교육 기회를 갖지도 못해 결국 사회에 적응하기 어렵고, 사회적으로 큰 부담 요인이 될 수 있다. 따라서 이들이 재기할 수 있는 기회를 마련하고 제공해주는 것이 사회적 과제로 제기되고 있다. 특히, 중도 탈락 학생 가운데 다문화 가정이나 북한 이탈 가정 학생들이 상당수가 포함되어 있다는 점은 통일 이후를 준비하는 우리에게 경각심을 불러일으키고 있다.

3) 양질의 교육기회를 제공하기 위한 교육여건이 적절하게 갖추어져 있는가?

(1) 교육여건 실태

학급당 학생 수

학급당 학생 수(Average Class Size)는 한 학급에서 공부하는 학생 수를 나타내는 것으로, 학교교육의 여건을 파악하는 중요한 지표이다. 학급당 학생 수 비율의 경우, 선진국 모델별로 유형의 차이가 드러나지 않고 있다.

1970년대 한국 초등학교의 학급당 학생 수는 60~80명으로, 과밀학급이란 말이 유행했다. 2011년 한국의 학급당 학생 수는 초등학교의 경우 평균 26.3명, 중학교 평균 34.0명으로 OECD 평균(초등학교 21.2명, 중학교 23.3명)에 비해 높은 수치를 보이고 있다. 이전에 비해서 학급당 학생 수가 많이 감소했으나, OECD 국가와 비교하면 여전히 높은 수치를 기록하고 있다.

교사 1인당 학생 수

교사 1인당 학생 수(Ratio of Students to Teaching Staff)는 전체 교사 수 대비 학생 수를 말한다. 교사 1인당 학생 수 비율은 교사 한 명이 가르치고 지도해야 할 학생 수가 얼마나 되는지, 즉 교사의 학생지도 부담이 어느 정도인지 파악할 수 있는 지표로서 학급당 학생 수와 함께 교육의 여건을 파악하는 데 쓰이는 대표적인 지표이다. 교사 1인당 학생 수가 적을수록 개별 학생들에게 교육적 도움을 제공할 수 있는 여건이 좋아져, 교육의 질을 제고할 가능성이 높아진다. 교원 1인당 학생 수 비율의 경우, 선진국 모델별로 유형의 차이가 나타나지 않고 있다.

2009년 한국 교사 1인당 학생 수 비율은 초등학교의 경우 19.6명으로

〈그림 1.7〉 교육단계별 평균 학급당 학생 수(2011년)

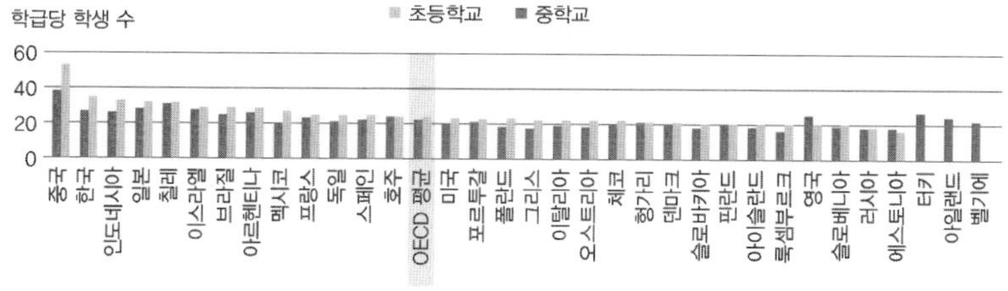

자료: OECD, “Education at a Glance”(2013).

OECD 평균 15.4명에 비해 높은 수준인 것으로 나타났다. 멕시코, 터키에 이어 세 번째로 열악한 수치이다. 중학교의 경우, 교사 1인당 학생 수가 18.8명으로 OECD 평균 13.3명에 비해 높은 수준인 것으로 나타났다. 고등학교의 경우에도, 교사 1인당 학생 수가 15.8명으로 OECD 평균 13.9명에 비해 높은 수준인 것으로 나타났다.

(2) 성과와 과제

양질의 교육기회를 제공하기 위해 좋은 교육여건을 마련하는 것은 필수적이다. 그동안 학급당 학생 수와 교사 1인당 학생 수가 많아 양질의 맞춤형 교육을 실시하기 어려웠다. 따라서 적정한 교육여건을 확보하는 노력을 기울이는 일은 매우 중요하다. 학급당 학생 수와 교원 1인당 학생 수의 경우 여건이 지속적으로 좋아지고 있으나, 아직도 OECD 국가 평균에 비해 열악한 수준이다. 교육의 선진화, 양질의 교육기회 제공을 위해 이 부분을 앞으로도 지속적으로 개선해나갈 필요가 있다.

4) 국가가 교육기회를 균등하게 제공하기 위해 충분히 투자하고 있는가?

균등한 교육기회 실현을 위해서는 모든 사람들에게 교육에 대한 접근을 용이하게 하는 형식적 기회균등도 중요하지만, 가정적 배경 등 환경적 요인에 의한 차이를 줄이고 보정하는 실질적 기회균등도 중요하다. 특히 사적인 교육이 강화되고 사부담 교육비가 늘어날수록 교육 격차가 확대되어 교육기회가 균등하게 제공되지 못하고, 따라서 기회의 형평성에 문제가 발생하게 된다. 이러한 측면에서 국가가 교육기회를 균등하게 제공하기 위해 투자를 확대하는 것이 중요하다. 교육 투자가 교육의 기회를 확대하고 불평등한 기회를 교정한다는 차원에서, 선진국에서는 교육 투자에 많은 노력을 기울이고 있다. 보편적이고 균등한 교육을 제공하기 위한 국가의 노력이 높을수록 형평성이 높아진다고 판단할 수 있다.

(1) 국가 교육 투자 실태

GDP 대비 공교육비 투자

GDP 대비 공교육비 투자(Expenditure on educational Institutions as a Percentage of GDP)는 국가 GDP에 비해 학교교육에 투자한 규모가 어느 정도 되는지를 판단할 수 있는 데이터이다. GDP 대비 공교육비 투자의 경우, 선진국 모델별로 유형의 차이가 드러나지 않고 있다.

2008년 한국은 GDP 대비 공교육비 비율이 7.6%로 덴마크(8.0%), 아이슬랜드(7.7%) 다음으로 높은 나라에 속한다. OECD 평균 6.3%에 비해 높은 수준이고 미국, 일본, 독일 등 주요 국가에 비해서도 높은 수준이다. 이는 한국이 학교교육에 많은 투자를 하고 있는 나라에 속하는 것을 의미하는 긍정적

〈그림 1.8〉 GDP 대비 공교육비

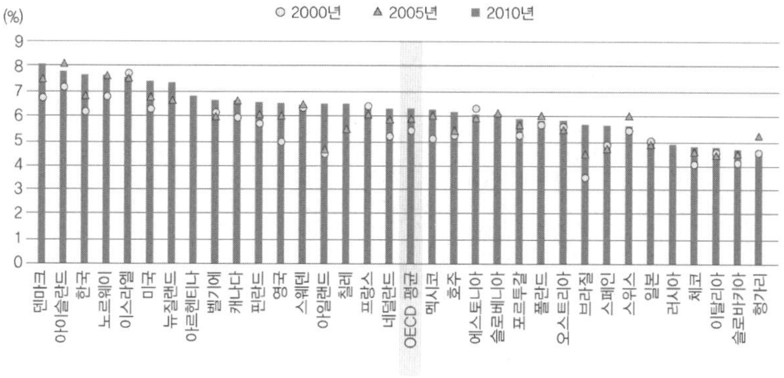

자료: OECD, "Education at a Glance"(2013).

인 결과로 볼 수 있다.

민간부담 공교육비 비율

공교육비 투자는 정부가 투자한 것과 민간이 투자한 것을 합한 수치이다. 정부가 투자한 것을 '정부부담 공교육비'라고 부르고, 민간이 투자한 것을 '민간부담 공교육비(Private Expenditure on Educational Institutions as a Percentage of GDP)'라고 부른다.

전체 공교육비 가운데 정부가 투자한 공교육비 비율을 살펴보면, 선진국 모델 유형별로 분명한 차이가 나타나고 있다. 노르웨이, 덴마크, 핀란드 등 북유럽 복지 모델 국가들의 경우 민간부담이 매우 낮은 수준인 것으로 나타났다. 교육을 복지로 인식하고 공적 책임을 강조하기 때문이다. 반면, 미국, 일본, 호주, 캐나다 등 자유주의 모델 국가의 경우 민간부담 비율이 높은 것으로 나타났다.

한국의 경우 정부부담 공교육비가 GDP 대비 4.7%로서 OECD 평균(5.0%)보다 낮은 수준이다. 반면, 민간이 투자한 비율을 살펴보면, 한국은 2.8%로

〈그림 1.9〉 GDP 대비 민간부담 공교육비(2010년)

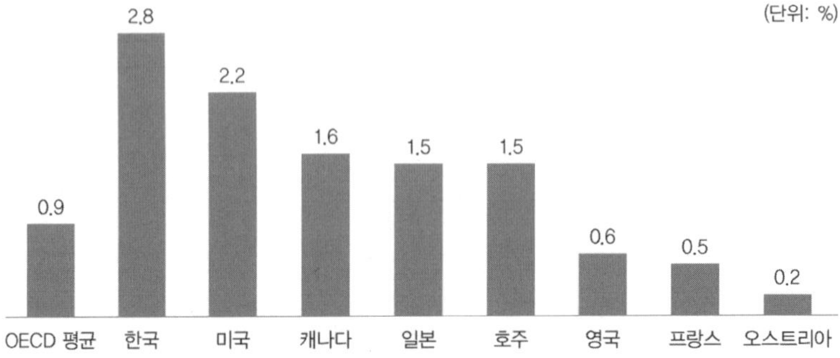

자료: OECD, "Education at a Glance"(2013).

서 OECD 평균(0.9%)보다 월등히 높을 뿐 아니라, 전체 OECD 국가 가운데 가장 높다. 즉, 학교교육을 위해 정부가 투자한 비율은 OECD 평균보다 낮고, 민간이 투자한 비율은 OECD 평균보다 훨씬 높다는 것이다. 이 점은 공교육을 위해, 즉 균등한 교육기회를 제공하기 위해 가계의 부담을 줄이고 정부의 투자가 더 많아져야 한다는 점을 의미한다.

가계부담 공교육비

민간이 투자하는 공교육비는 학부모가 부담하는 공교육비와 기타 민간기관이 지출하는 공교육비로 구분된다. 호주, 일본, 미국, 영국 등 자유주의 모델 국가에서 학부모의 가계 부담 교육비(Household Expenditure on Educational Institutions) 비율이 높은 것으로 나타났다.

한국의 경우 공교육비 전체를 100%로 보고, 정부부담, 민간부담, 가계부담으로 구분해 비율을 살펴보면, 정부부담 61.6%, 민간부담 10.7%, 가계부담 27.7%로 공교육비의 약 30%를 학부모가 부담하고 있는 것으로 나타났다. 가계부담 공교육비 비율 27.7%는 OECD 국가 가운데 두 번째로 높은 비율이다.

〈그림 1.10〉 가계부담 공교육비(2010년)

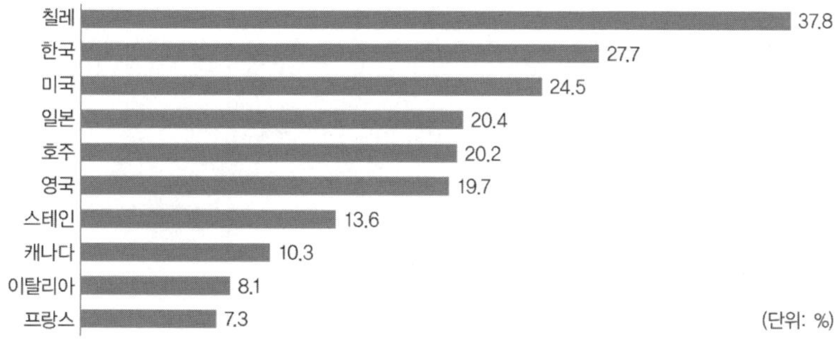

자료: OECD, "Education at a Glance"(2013).

(2) 성과와 과제

국가가 교육의 기회를 균등하게 제공하기 위해 충분히 투자하고 있는지 살펴본 결과, 북유럽 복지 모델 국가들의 정부부담 교육비 투자 비율이 높은 것으로 나타났다. 반면, 자유주의 모델 국가의 경우 민간부담 교육비 비중이 높은 것으로 확인되었다.

한국은 민간부담 교육비 비중이 높은 나라에 속하는 것으로 나타났다. 가계부담 공교육비 비율이 OECD 국가 가운데 최고 수준이고, 이에 더해 한국 학부모들은 연간 20조 원(2011년 기준, GDP의 약 1.6%)의 사교육비를 추가로 부담하고 있다. 민간부담 공교육비(GDP 대비 2.8%)와 사교육비(GDP 대비 1.6%)를 합하면 약 4.4%로서 정부가 투자하는 공교육비(GDP 대비 4.8%)와 유사한 규모이다.

종합적으로 볼 때, 한국의 교육비 투자 규모는 OECD 국가 가운데 가장 높은 수준이나, 이 가운데 가계가 부담하는 비율이 대단히 높은 것이 특징이다. 민간부담 교육비는 그 안에 격차를 내포하고 있기 때문에 가계부담 교육비 비율이 높다는 것은 교육 격차가 확대되고 균등한 교육기회 실현에 역행할 수 있다는 것을 의미한다. 국가가 양질의 교육기회를 균등하게 제공하는 것이 중요하다는 관점에서 볼 때, 향후 국가의 교육 투자가 더욱 확대될 필요가 있다. 불균등한 교육기회의 원천인 사교육비를 줄이는 것도 국가·사회적 과제로 제기되고 있다.

2. 교육의 형평성

교육의 형평성을 높이려는 노력을 위한, 즉 사회적·교육적 약자를 배려하고, 교육의 격차를 줄이고, 교육 희망사다리를 구축하기 위한 세 가지 핵심 질문을 제기하고 답을 찾아보고자 한다.

*핵심 질문

1) 인생의 출발점, 교육의 출발점을 평등하게 하기 위한 사회적 노력은 어느 정도인가?
2) 교육의 격차 수준은 어느 정도이고, 이를 극복하기 위한 교육적 노력은 어떻게 이루어지고 있는가?
3) 환경이 불리한 학생과 뒤처지는 학생을 위한 교육복지 수준은 어느 정도 갖추어져 있는가?

1) 인생의 출발점, 교육의 출발점을 평등하게 하기 위한 사회적 노력은 어느 정도인가?

유아교육 단계는 삶의 시작 단계이면서, 한 인간의 인성과 습관이 형성되는 결정적 시기(critical period)이기 때문에 개인의 성장과 국가사회 발전 모두에 매우 중요한 시기라는 점은 널리 알려져 있다. 또한 유아기의 교육 격차는 이후 누적적 격차를 발생시키기 때문에 유아기에 평등한 교육기회를 제공하는 것은 정의로운 사회를 만드는 기초가 된다. 이러한 이유로 많은 선진국은 유아교육에 큰 관심을 두고 적극적으로 투자하고 있다. 미국은 취약계층 어린이를 대상으로 하는 '헤드스타트(Head Start)' 프로그램을 가동하고 있고, 월드뱅크는 '인베스트얼리(Invest Early)', OECD는 '스타팅스트롱(Starting Strong)'을 주창하고 있다.

특히 미국 대통령 오바마(Barack Obama)는 교육복지 정책을 강화할 것을 강조했는데, 그 가운데 영유아교육에 집중 투자하는 정책을 펴고 있다. 0~5세의 영·유아와 부모에 대한 지원을 강화하고, 영유아 대상 헤드스타트 정책을 확충하며, 저소득층 가정의 보육 부담을 줄이기 위한 양질의 맞춤형 보육 서비스를 제공하는 정책을 추진하고 있다.

(1) 유아교육 투자 실태

GDP 대비 유아교육 투자

GDP 대비 유아교육비 투자(Expenditure on Pre-Primary Education as a Percentage of GDP) 규모를 살펴볼 때, 호주, 일본, 영국, 미국 등 자유주의 모델 국가의 유아교육비 투자가 낮은 것으로 나타났다.

한국의 경우, 2008년 기준 한국의 GDP 대비 유아교육비 투자는 0.3%로, OECD 평균 0.6%에 훨씬 못 미치는 수준이다. 유아교육의 중요성과 교육기회의 균등한 실현을 위해 국가적 투자가 시급히 확충되어야 한다. 다행히 2012년 5세 누리과정이 도입되고, 2015년부터 누리과정이 3~4세로 전면 확대될 경우 유아교육에 대한 국가재정 투자가 확대될 것으로 전망된다.

〈그림 1.11〉 2010년 GDP 대비 유아교육비 투자(2010년)

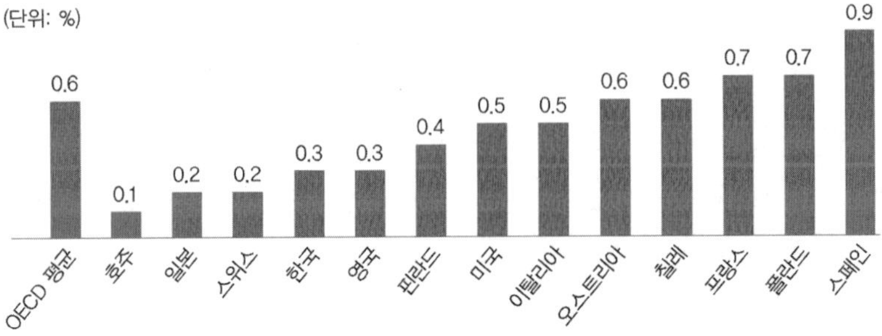

자료: OECD, "Education at a Glance"(2013).

〈그림 1.12〉 유아교육 투자의 가계부담(2010년)

(단위: %)

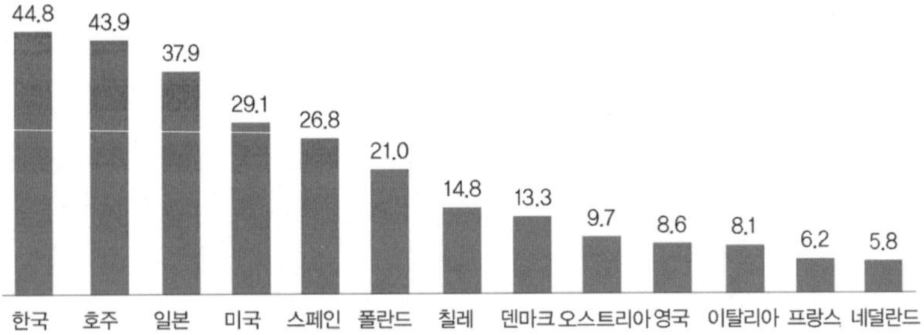

자료: OECD, "Education at a Glance"(2013).

유아교육 투자의 가계부담

유아교육 투자에서 가계 부담(Household Expenditure on Pre-Primary Education)이 차지하는 비율을 살펴보면, 호주, 일본, 미국 등 자유주의 모델 국가의 유아교육비 투자가 낮은 것으로 나타났다.

한국 유아 공교육비 전체를 100%로 보고, 정부부담과 민간부담과 가계부담으로 구분해서 그 비율을 살펴보면, 정부부담 52.5%, 민간부담 2.7%, 가계부담 44.8%로 유아 공교육비의 절반가량을 학부모가 부담하고 있는 것으로 나타났다. 가계부담 44.8%는 OECD 국가 가운데 가장 높은 비율이다.

(2) 성과와 과제

유아기와 유아교육의 중요성에 비추어볼 때, 인생과 교육의 출발점인 유아교육의 기회를 평등하게 제공하려는 노력은, 개인의 삶의 기회 창출과 국가사회 발전을 위해 매우 중요하다고 할 수 있다.

OECD 국가들을 유형별로 비교해볼 때, 자유주의 모델 국가들의 유아교육비 투자가 낮은 편이고, 민간부담이 높은 것으로 나타났다.

한국은 그동안 유아교육에 대한 국가적 관심이 미흡했다. 그러나 2014년 3~5세 누리과정 도입으로 유아교육과 보육에 대한 국가적 지원 노력이 시작되었다. 선진국과 국제기구 등 유아교육 투자에 대한 세계적 추세를 고려할 때 이런 노력은 매우 의미 있는 출발점이라고 평가할 수 있다. 양질의 교육기회를 제공하고, 기회의 형평성을 제고하는 차원에서 국가의 유아교육 투자를 지속적으로 확대할 필요가 있다.

2) 교육의 격차 수준은 어느 정도이고, 이를 극복하기 위한 교육적 노력은 어떻게 이루어지고 있는가?

(1) 교육 격차 실태

교육 수준별 고용률

교육 수준별 고용률(Employment Rates by Educational Level)을 살펴볼 때, 노르웨이, 아이슬랜드, 스웨덴, 덴마크 등 북유럽 복지 모델 국가들이 비교적 높은 고용률을 보이고 있고, 그 격차도 상대적으로 낮은 것으로 나타났다.

2011년을 기준으로 한국의 교육 수준별 고용률을 살펴보면, 대졸자의 경

〈그림 1.13〉 교육 수준별 25~64세 고용률(2011년)

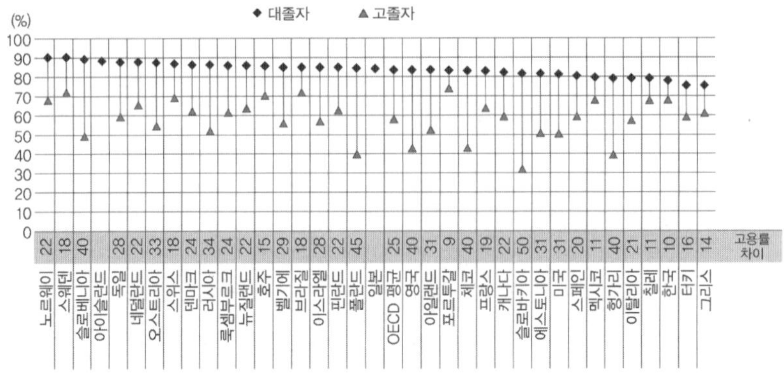

자료: OECD, "Education at a Glance"(2013).

우 77%, 고졸자 71%, 고졸 이하 65%로 학력이 높을수록 고용률이 높은 것으로 나타났다. OECD 평균(대졸자 83%, 고졸자 74%, 고졸 이하 55%)과 비교할 때 고졸 이하의 경우 한국의 고용률이 높고, 고졸자와 대졸자의 경우 OECD 평균에 비해 낮은 것으로 나타났다.

그러나 위 〈그림 1.13〉에서 제시된 바와 같이 학력 간 고용률의 격차는 OECD 국가들과 비교해 낮은 편에 속한다. 즉, 고용률은 OECD 국가들과 비교해 낮은 편이라 문제가 있지만, 학력 간 격차 면에서는 OECD 국가들과 비교해 낮은 것으로 나타나 긍정적이라고 평가할 수 있다.

교육 수준별 임금 격차

교육 수준별 임금 격차(Relative Earnings by Educational Level)를 비교할 때, 스웨덴, 덴마크, 노르웨이 등 복지 모델 국가들의 격차가 상대적으로 작은 것으로 나타났고, 동유럽 국가들과 미국, 영국 등 자유주의 모델 국가들의 임금 격차가 상대적으로 큰 것으로 나타났다.

2011년을 기준으로 한국의 교육 수준별 임금을 살펴보면, 고졸자들의 평

〈그림 1.14〉 교육 이수 수준에 따른 상대적 소득(2011년)

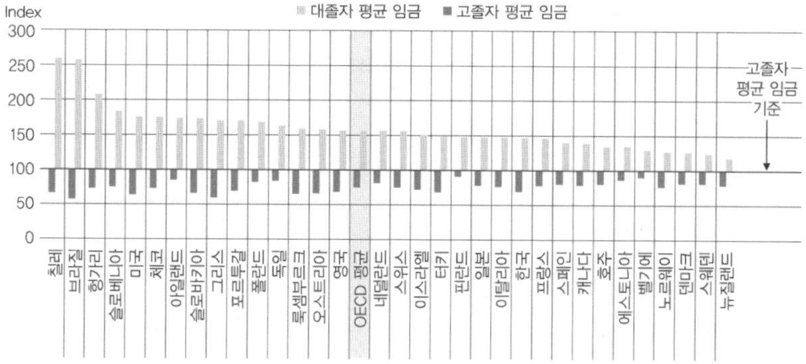

자료: OECD, "Education at a Glance"(2013).

〈표 1.2〉 교육 수준별 임금 격차 추이(1980~2011년)

연도	중졸이하	고졸(B)	전문대졸	대졸 이상(A)	차이(A-B)
2011	83.2	100.0	108.3	154.0	54.0
2010	86.0	100.0	106.3	154.4	54.4
2005	85.5	100.0	103.5	154.9	54.9
2000	87.8	100.0	103.4	150.9	50.9
1999	88.9	100.0	103.5	151.7	51.7
1998	87.5	100.0	106.6	149.0	49.0
1997	88.5	100.0	106.0	145.5	45.5
1996	89.4	100.0	107.7	147.2	47.2
1995	90.9	100.0	108.7	146.8	46.8
1990	87.7	100.0	116.7	174.6	74.6
1985	79.3	100.0	129.5	214.7	114.7
1980	72.7	100.0	145.7	217.3	117.3

자료: 고용노동부(각 년도).

균 임금을 100으로 할 때, 고졸 이하는 평균 72, 대졸자들은 평균 137의 임금을 받는 것으로 조사되었다. 이는 OECD 평균(고졸이하 77, 대졸 162)에 비해 고졸 이하 및 대졸자 모두 상대적으로 더 낮은 수준이다.

그러나 고졸자 대비 고졸 이하 임금 격차는 한국이 OECD 평균보다 높고, 고졸자 대비 대졸자 임금 격차는 한국이 OECD 평균보다 낮은 것으로 나타났다. 즉, 학력 간 임금 격차는 OECD 국가들과 비교해 상대적으로 낮은 것으로 나타났다.

그러나 최근 고졸과 대졸 이상 임금 격차가 더욱 벌어지고 있는 것으로 나타났다. 고졸 평균임금을 100으로 볼 때 대졸 이상 임금과의 격차는 1990년대까지 지속적으로 감소했다(1980년 117.3 → 1998년 49.0). 그러나 외환위기 이후 글로벌 경쟁 강화와 지식기반산업화에 따른 고숙련 인력 수요 증가로 고졸-대졸 임금 격차가 확대되고 있다(2000년 50.9 → 2011년 54.0).

지니계수

소득 간 격차를 보여주는 지니(GINI)계수의 경우, 덴마크, 스웨덴, 핀란드, 노르웨이 등 북유럽 복지 모델 국가들과 동유럽 국가들의 지니계수가 낮은 것으로 나타났고, 미국, 영국, 뉴질랜드, 아일랜드 등 자유주의 모델 국가들의 지니계수가 높은 것으로 나타났다.

한국의 지니계수는 0.312로 OECD 평균(0.311)보다 약간 높은 수준이다. 2000년대 들어 소득 불평등이 심각해지면서 계층 간 양극화가 심해지고 있고, 이는 사회통합을 저해하는 요인으로 작용하고 있다. 통계청 조사에 의하

〈표 1.3〉지니계수, 5분위배율, 상대적 빈곤율(도시 2인 이상 가구, 가처분소득 기준)

연도	1990	1995	2000	2001	2002	2003	2004	2005	2006	2007	2008	2009	2010	2011	2012	2013
지니계수	0.256	0.251	0.266	0.277	0.279	0.270	0.277	0.281	0.285	0.292	0.294	0.295	0.289	0.289	0.285	0.280
5분위배율	3.72	3.68	4.05	4.29	4.34	4.22	4.41	4.55	4.62	4.84	4.88	4.97	4.82	4.82	4.67	4.56
상대적빈곤율	7.1	7.7	9.2	10.1	10.0	10.6	11.4	11.9	11.9	12.6	12.5	13.1	12.5	12.4	12.1	11.8

자료: 통계청(2014).

〈그림 1.15〉 국가별 지니계수

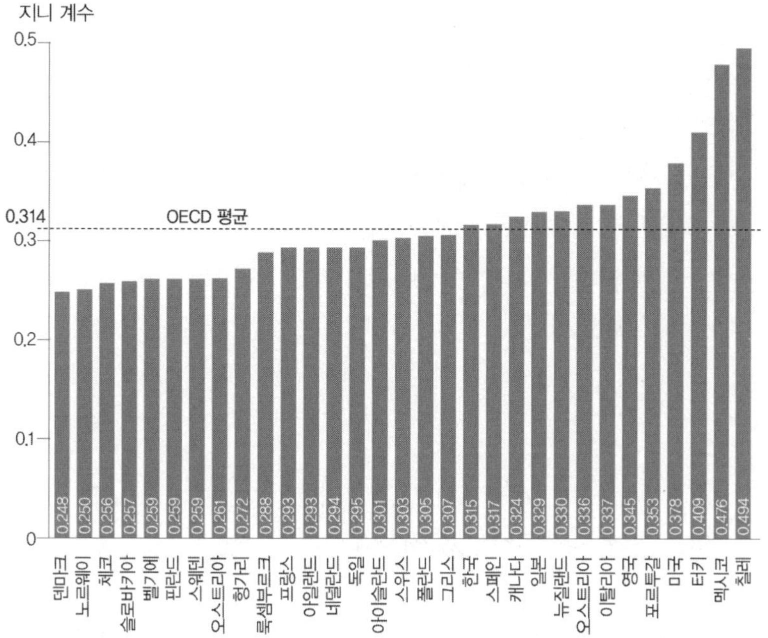

자료: Bertelsmann Stiftung(2011).

면 지니계수, 5분위 배율, 상대적 빈곤율 등 모든 지표가 2000년대 들어 소득 분배 상황이 악화되고 있음을 보여주고 있다.

양극화와 함께 중산층은 점차 감소하고 빈곤층은 점차 증가하는 등 계층 간 불평등은 심화되어왔으며, 이 같은 추세는 크게 개선되지 않을 것으로 전망된다. 특히 한국은 지니계수 상승국가로서 과거 10년간 지니계수가 꾸준히 상승했다. 지니계수가 상승한다는 것은 계층 간 소득 불평등이 심화된다는 것을 의미한다.

(2) 성과와 과제

OECD 국가들의 교육 격차 수준을 비교해볼 때, 북유럽 복지 모델 국가들의 격차 수준이 낮은 것으로 나타났고, 자유주의 모델 국가들의 격차가 상대적으로 높은 것으로 나타났다.

학력별 고용률과 학력별 임금 수준을 다른 OECD 국가와 비교할 때, 한국의 경우 아직은 학력별 격차가 작은 국가에 속하고 있다. 그러나 최근 들어 소득 격차가 계속 벌어지고 있는 상황은 사적인 교육 투자 격차가 더욱 벌어질 것임을 예고하고 있다. 사적인 교육 격차는 교육불평등과 양극화를 심화시키는 주원인임을 고려할 때 이에 대한 대책 마련이 시급하다고 할 수 있다.

3) 환경이 불리한 학생과 뒤처지는 학생을 위한 교육복지 수준은 어느 정도 갖추어져 있는가?

소득 불평등과 경제적 양극화가 심화되면서 취약계층이 가장 어려운 상황으로 내몰리고 있다. 경제적으로 취약한 계층은 교육에 대한 투자가 줄어들면서 충분한 교육기회를 누리지 못해, 결과적으로 가난의 대물림이 이어질 가능성이 높다. 즉, "부모의 낮은 사회·경제적 지위 → 경제적 빈곤 → 자녀의 낮은 교육 성취 → 자녀의 낮은 수준의 노동시장 진입 → 자녀의 낮은 사회·경제적 지원 → 경제적 빈곤"으로 이어지고, "부모의 높은 사회·경제적 지위 → 경제적 풍요 → 자녀의 높은 교육 성취 → 자녀의 높은 수준의 노동시장 진입 → 자녀의 높은 사회·경제적 지위 → 경제적 풍요"로 이어지게 되는 것이다. 결과적으로 경제 양극화와 교육 양극화는 강한 양(+)의 상관관계를 가지며, 이는 사회이동에 직접적으로 영향을 주고, 대(代)를 이어 경제 양극화, 교육 양극화, 사회 양극화를 야기하는 결과를 초래한다.[1)]

이러한 문제를 해결하기 위해 교육의 형평성을 높이고 교육복지에 적극 투자하는 것이 중요하다. 사회안전망을 탄탄히 구축해서 교육이 계층 세습의 도구가 되는 것이 아니라, 계층 상승의 희망사다리가 되는 구조로 변화시킬 필요가 있다.

(1) 교육복지 실태

의무교육과 무상교육

무상교육(Free Education)은 자녀가 받는 교육에 대해 보호자에게 경비를 부담시키지 않고, 국가 또는 지방자치단체가 교육비를 부담해서 제공하는 교육을 말한다. 의무교육(Compulsory Education)은 반드시 받아야 하는 교육을 말하고(취학 의무), 무상교육은 국가가 경비를 부담하는 교육을 말한다. 대체적으로 의무교육과 무상교육은 동일한 것으로 받아들여지고 있지만, 의무교육으로 규정하고 학부모에게 경비를 부담시키는 경우도 있고, 의무교육으로 규정하고 있지는 않지만 필요에 의해 무상교육을 실시하는 경우도 있다(예를 들어, 5세 누리과정).

의무교육 종료 연령은 국가 유형별로 큰 차이가 없는 것으로 나타났다. 한국의 경우 의무교육 종료 연령이 14세로 OECD 국가 가운데 가장 낮은 것으로 나타났다. 교육복지 향상 차원에서 의무교육 기간 연장에 대한 사회적 논의가 필요한 실정이다.

무상교육의 경우 스웨덴, 핀란드, 독일 등 복지국가들은 유치원부터 대학까지 무상교육을 제공하고 있다. 반면, 한국과 일본의 경우 중학교까지 무상교육을 제공하고 있다. 한국은 누리과정을 도입해서 유아교육 단계의 무상교육이 시작되었고, 향후 고등학교 단계까지 무상교육을 확대하는 것이 과제

1) 김승권, 「양극화와 복지」, 미래 교육 쟁점 발굴 토론회(2011).

〈그림 1.16〉 의무교육 종료 연령

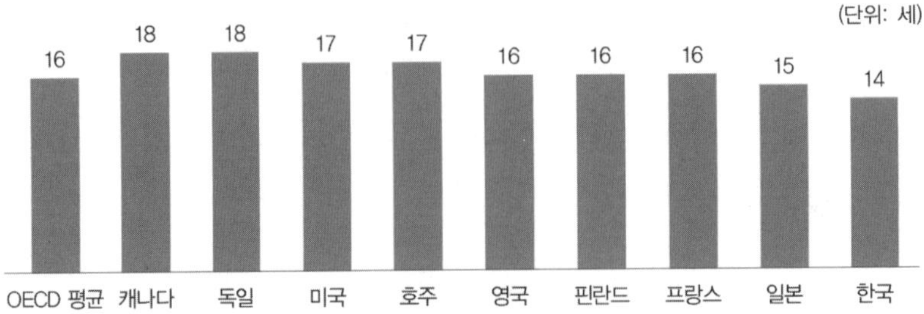

자료: OECD, "Education at a Glance"(2013).

로 제시되고 있다.

보육지원율

보육지원율을 국가별로 살펴보면, 사회민주주의 모델 국가들과 북유럽 국가들이 높은 지원율을 보였다. 반면, 아일랜드, 캐나다, 미국 등 자유주의 모델 국가들의 보육지원율이 낮은 것으로 나타났다. 한국의 경우 보육지원율은 70.8%로 OECD 국가 가운데 중간 정도 수준인 것으로 나타났다.

공공 사회복지 지출

공공 사회복지 지출(Public Social Spending)의 경우에도, 사회민주주의 모델 국가들과 북유럽 국가들의 지출률이 높은 것으로 나타났다. 반면, 호주, 미국, 캐나다 등 자유주의 모델 국가들의 공공 사회복지 지출 비율이 낮은 것으로 나타났다. 한국의 경우 OECD 국가 가운데 최하위권이다. 연금, 의료비, 소득 보전, 기타 사회 서비스 비용을 합친 사회보장 지출이 GDP 대비 7.5%로 주요 국가의 20~25%에 크게 미치지 못하고 있다.

〈표 1.4〉 보육지원율 국가별 순위

순위	국가	보육지원율(%)	순위	국가	보육지원율(%)
1	벨기에	96.0	16	슬로바키아	65.9
2	이탈리아	91.9	17	핀란드	63.7
3	프랑스	89.6	18	뉴질랜드	62.3
4	에스파냐	88.8	19	오스트리아	61.8
5	노르웨이	82.3	20	영국	61.6
6	덴마크	82.2	21	호주	54.6
7	독일	81.6	22	네덜란드	49.7
8	룩셈부르크	80.6	23	그리스	44.5
9	헝가리	80.5	24	멕시코	44.5
10	스웨덴	79.9	25	미국	42.3
11	아이슬란드	78.9	26	캐나다	42.0
12	일본	76.7	27	폴란드	36.7
13	포르투갈	75.7	28	스위스	35.0
14	체코	74.8	29	아일랜드	32.2
15	한국	70.8	30	터키	10.3

자료: 김용하 외(2011).

〈표 1.5〉 공공 사회복지 지출 국가별 순위

순위	국가	복지지출(%)	순위	국가	복지지출(%)
1	프랑스	28.4	16	네덜란드	20.1
2	스웨덴	27.3	17	폴란드	20.0
3	오스트리아	26.4	18	체코	18.8
4	벨기에	26.3	19	일본	18.7
5	덴마크	26.1	20	스위스	18.5
6	독일	25.2	21	뉴질랜드	18.4
7	핀란드	24.9	22	캐나다	16.9
8	이탈리아	24.9	23	아일랜드	16.3
9	헝가리	23.1	24	미국	16.2
10	포르투갈	22.5	25	호주	16.0
11	에스파냐	21.6	26	슬로바키아	15.7
12	그리스	21.3	27	아이슬란드	14.6
13	노르웨이	20.8	28	터키	10.5
14	룩셈부르크	20.6	29	한국	7.5
15	영국	20.5	30	멕시코	7.2

자료: 김용하 외(2011).

(2) 성과와 과제

교육복지 수준을 국가별로 비교한 결과, 북유럽 복지 모델 국가들과 사회민주주의 모델 국가들의 교육복지 수준이 높은 것으로 나타났고, 자유주의 모델 국가들의 복지 수준은 상대적으로 낮은 것으로 나타났다.

한국의 경우, 갈수록 확대되는 양극화 및 불평등 현상에 적극 대처하기 위해서는 사회 안전망을 구축하는 것이 중요한 국가적 과제로 부상하고 있다. 무상교육, 대학 등록금, 아동 및 보육지원, 공적 사회복지 지출 비용을 기준으로 살펴볼 때 한국의 사회안전망과 교육복지는 취약한 편이다.

의무교육 종료 연령이 14세이고, 무상교육 제공 기간이 10년(중학교까지)으로 조사 대상 국가 가운데 가장 낮은 수준이다. 보편적 교육기회의 확대, 교육복지 수요 확대 등의 추세를 고려할 때 무상교육과 의무교육 확대를 준비할 필요가 있다.

3. 교육의 수월성 및 경쟁력

21세기 지식기반 사회로 전환하면서 미국, 독일, 핀란드 등 선진국들은 우수 인재 육성을 국가 발전의 핵심 전략으로 설정하고 인재 개발을 위한 교육의 수월성을 추구하고 있다. 우수한 교육과 그것을 통한 인재 개발이 지속가능한 경쟁력을 확보하기 위한 해법이라고 보는 것이다. 교육의 질을 높이고 교육경쟁력이 높은 사회를 추구하기 위해 두 가지 핵심 질문을 제기하고 답을 찾아보고자 한다.

* 핵심질문

1) 한국의 교육경쟁력 수준은 어느 정도인가?

2) 교육의 수월성을 추구하기 위한 노력은 어떻게 이루어지고 있고, 그 결과는 어떠한가?

1) 한국의 교육 경쟁력 수준과 교육의 수월성 추구를 위한 노력

(1) 교육의 수월성 및 경쟁력 실태

IMD 교육경쟁력

스위스 국제경영개발대학원(IMD) 조사에 따르면, 2013년도 교육경쟁력 순위에서 스웨덴, 핀란드 등 북유럽 국가들이 상위권을 차지한 것으로 드러났다. 자유주의 모델 국가인 영국(16위), 미국(18위), 일본(28위) 등은 상대적으로 경쟁력이 낮은 것으로 나타났다.

한국의 국가경쟁력 순위는 1997년 30위에서 2011년에는 22위로 개선되었다. 같은 기간 교육경쟁력 순위 역시 39위에서 29위로 나아졌다. 국가경쟁력과 교육경쟁력 순위 변동이 거의 같은 패턴을 보이고 있다. 한국의 경우 지난 10여 년 동안 교육경쟁력이 완만하게 제고되고 있기는 하나, 여전히 중위권에 머물고 있어 지속적인 경쟁력 향상 노력이 필요한 실정이다.

〈그림 1.17〉 우리나라의 IMD 국가경쟁력 및 교육경쟁력 순위 변화(1997~2013년)

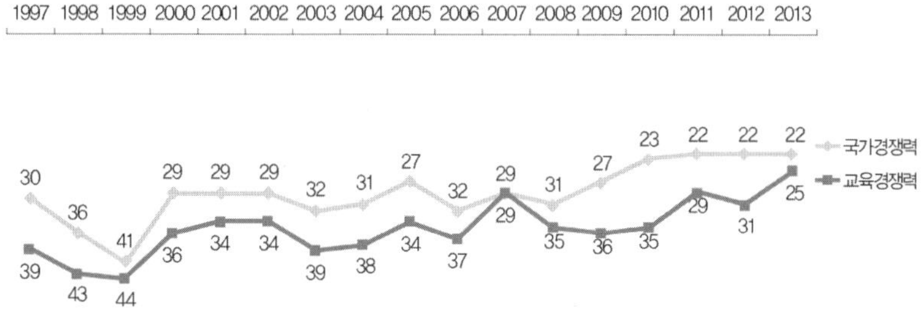

자료: IMD(각 년도).

〈표 1.6〉 국제 학업성취도평가(PISA) 결과

	PISA 2000	PISA 2003	PISA 2006	PISA 2009	PISA 2012
읽기	6위	2위	1위	2~4위	1~2위
수학	3위	3위	1~4위	3~6위	1위
과학	1위	4위	7~13위	4~7위	2~4위

자료: OECD, "Education at a Glance"(각 년도).

국제 학업성취도평가 결과

만 15세 학생을 대상으로 하는 국제 학업성취도평가(PISA) 결과를 비교해 볼 때, 선진국 모델 유형별로 차이가 드러나지 않는 것으로 나타났다.

한국은 국제 학업성취도평가에서 매우 좋은 성적을 거두고 있다. 2000년부터 2012년까지 총 5회 평가에서 OECD 회원국 가운데 핀란드와 함께 가장 높은 성취도를 보이는 국가로 확인되었다. 학업성취도 측면에서 한국 학생들의 경쟁력은 세계 최고 수준이라고 평가할 수 있다.

QS 세계대학 평가

영국의 글로벌 대학평가기관 QS(Quacquarelli Symonds)가 평가한 결과에 따르면, 2013년을 기준으로 세계 200위권의 대학 가운데 미국, 영국, 호주 등의 대학들이 다수 포함되어, 자유주의 모델 국가들의 대학경쟁력이 높은 것으로 나타났다.

한국의 경우 6개의 대학이 200위권 안에 포함되었다. 고등교육 경쟁력 제고를 위해 많은 노력을 기울이고 있으나 여전히 미흡한 수준이고, 향후에도 지속적인 경쟁력 제고 노력이 필요하다는 점을 보여주고 있다.

교육의 글로벌 경쟁력

글로벌화에 따라 대학·학생의 국가 간 이동이 확대되고 있다. 대학의 해외

〈그림 1.18〉 유학 국가별 고등교육단계 외국인학생의 분포(2011년)

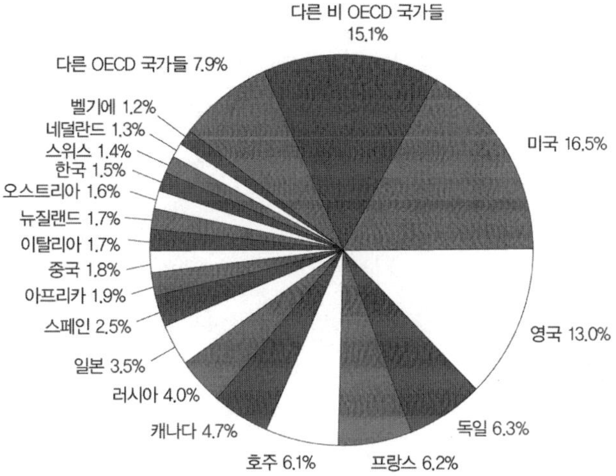

자료: OECD, "Education at a Glance"(2013).

캠퍼스 설치 및 외국 대학과의 공동 교육과정 운영 등 대학의 국경 이동 및 국제교류가 활발히 진행되고 있다. 이제 교육의 국경 넘기가 세계적 추세가 되고 있다. 교육을 목적으로 국경을 넘나드는 학생 수가 큰 폭으로 증가해서 1975년에는 80만 명, 2000년에는 200만 명 수준이었으나, 2011년에는 430만 명으로 늘어났다.

유학 국가별 고등교육 단계 외국인 학생 분포를 살펴보면, 미국, 영국, 호주 등 자유주의 모델 국가들의 비율이 높은 것으로 나타났다.

한국의 외국인 유학생(대학)은 2004년 1만 6,832명, 2006년 3만 2,557명, 2008년 6만 3,952명, 2010년 8만 3,842명으로 지속적으로 증가했다. 외국인 교수 역시 2007년 2,919명(전체 교원의 4.1%), 2008년 3,432명(4.7%), 2008년 4,056명(5.4%)으로 지속적으로 증가하고 있다. 그럼에도 2011년 기준 한국에 유학 온 외국인 학생 비율은 1.5%로, 미국 16.5%, 영국 13.0%, 독일 6.3%,

일본 3.5%에 비해 매우 낮은 수준이다.

(2) 성과와 과제

교육의 수월성과 경쟁력을 기준으로 OECD 국가들을 비교해볼 때, 자유주의 모델 국가와 복지 모델 국가의 경쟁력이 높은 것으로 나타났다. 대학교육의 경쟁력 부문에서는 자유주의 모델 국가들이 앞서고 있는 것으로 나타났다.

한국은 교육을 통해 발전한 나라이다. 교육을 통해 인재를 개발했고, 인재들이 국가사회에서 제 역할을 충실히 담당해서 현재의 국가경쟁력을 확보할 수 있었다. 그러나 현재의 교육문화를 살펴보면 한국의 높은 경쟁력이 지속될 수 있을 것인지 우려를 갖게 된다.

세계 최고의 학업성취도, 유학생 증가 등 외형적인 측면에서 한국의 경쟁력은 향상되었다고 볼 수 있다. 그러나 표준화된 경쟁, 모두 같은 것을 추구하는 획일적 경쟁, 쓸모없는 지식 경쟁, 실력 경쟁이 아닌 간판 경쟁, 의욕과 동기부여가 되지 않는 타율적인 경쟁, 능력의 차이와 관계없이 동일 기준에서 시행되는 경쟁, 참된 교육적 성취에는 관심 없고 남과 겨뤄 이기기만 하면 된다는 순위 경쟁 등의 교육문화가 한국 교육과 학생들의 수월성을 저하시키고 경쟁력을 떨어뜨리고 있다.

과당 경쟁은 사회적·경제적 손실을 불러오고 있다. 학생과 학부모에게 극심한 경쟁 스트레스도 준다. 경쟁 스트레스는 삶의 만족도를 저하시키고, 정신 건강의 손상을 낳는다. 미국의 AP통신이 2006년 조사한 연구에 따르면 한국 국민의 81%가 스트레스를 받고 있다고 응답해서, 조사 대상 10개국 중 최고 수준을 나타냈다. 한국 학생의 삶의 만족도는 OECD 최하위 수준이다. 학년이 높아질수록 공부와 경쟁에서 생긴 압박감 때문에 스트레스 수준도 높아지고 있다.

한국에서 고등학교 3년은 지속가능한 교육경쟁력(특히, 우수 인재 개발)에서 아킬레스건이다. 서구 선진국의 경우 고등학교 3년 동안 고차적 사고 능력, 토론 능력, 자기주도 학습 능력을 집중 훈련해서 대학수학능력을 키우고 있다. 한국의 경우 시험지식 교육, 문제풀이 교육, 타인의 도움에 의존하는 교육으로 막대한 능력 손실을 초래하고 있다. 고차적 사고능력 개발이 거의 불가능하고, 창의성 개발 및 인성 교육에 심대한 타격을 주고 있다.

저출산·고령화 시대를 맞이해 인재의 양보다 질을 제고하는 것, 글로벌 시대를 맞이해 글로벌 역량을 강화하는 것, 창의 시대를 맞이해 창의 인재를 육성하는 것이 국가사회적 핵심 과제로 부상하고 있다. 미래 선진사회를 준비하며 지속가능한 국가사회 발전을 위해서는 참된 교육 성취(Authentic Achievement), 참된 교육경쟁력을 갖추도록 국가교육의 틀을 변화시키는 노력이 필요하다.

4. 교육공동체의 신뢰 및 행복

성숙한 교육공동체를 구성하기 위해 세 가지 핵심 질문을 제기하고 답을 찾아보고자 한다.

* 핵심질문

1) 현재 우리 학생들의 민주시민 역량과 공동체 역량 수준은 어느 정도인가?

2) 행복한 교육공동체가 형성되어 있는가?

3) 교육이 행복하고 믿을 수 있는 사회발전에 기여하고 있는가?

1) 현재 우리 학생들의 민주시민 역량과 공동체 역량 수준은 어느 정도인가?

(1) 학생들의 민주시민 역량 실태

학생의 사회참여

2009년 국제 청소년시민의식 실태조사(ICCS: International Civic and Citizenship Education Study) 결과, 국가 유형별로 차이가 없는 것으로 나타났다. 그러나 한국 학생의 사회참여 활동은 매우 낮은 것으로 나타났다. 학생들의 사회참여(Students' Civic Participation) 현황을 파악하는 여섯 가지 전 영역에서 한국 학생의 사회참여 활동은 ICCS 조사 대상 국가 평균에 훨씬 미치지 못하는 것으로 나타났다.

〈표 1.7〉 학생의 사회참여(Students' Civic Participation)

국가	아래 활동들에 참여한 적이 있는 학생 비율 (%)						
	정치연합 소속 청소년단체	환경단체	인권단체	지역봉사 단체	사회기부 단체	민족문화 단체	사회적 이슈 홍보 청소년단체
ICCS 평균	10	29	16	34	39	14	29
한국	4	5	2	18	8	2	10
핀란드	3	9	1	14	20	2	10
스웨덴	7	8	7	14	23	6	14
이탈리아	5	26	14	23	24	11	23
에스파냐	5	18	14	26	32	7	22
영국	15	18	8	39	46	12	17
스위스	6	21	13	26	49	8	23

자료: IEA(2010).

〈그림 1.19〉 학생의 사회제도에 대한 신뢰(2009년)

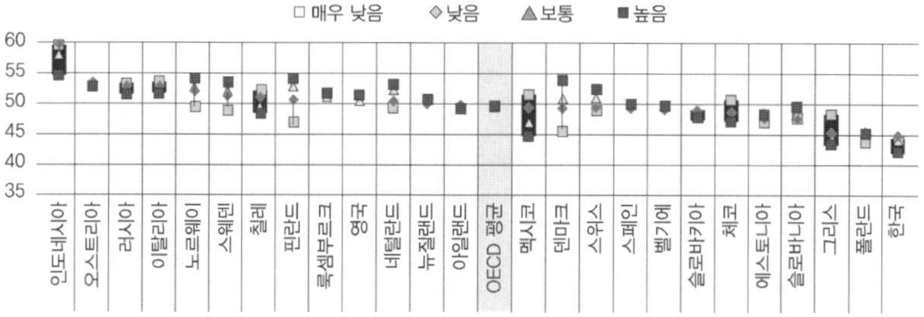

자료: OECD, "Education at a Glance"(2011).

학생의 사회제도에 대한 신뢰

학생들이 성인이 되었을 때 사회제도에 대한 신뢰(Students' Trust in Civic Institutions) 수준을 예측한 결과, 북유럽 복지국가들의 신뢰 수준이 비교적 높은 것으로 나타났으나, 국가 유형별로 큰 차이가 드러나지는 않았다. 그러나 한국 학생들의 경우 사회제도에 대한 신뢰 수준 예측치는 가장 낮은 것으로 나타났다. 사회제도를 신뢰하지 않는 학생들은 성인이 되었을 때 사회제도에 대한 불신이 매우 강할 것으로 조사되었다.

학생들의 성 평등 의식

학생들이 성인이 되었을 때 성 평등에 대한 태도(Students' Attitude toward Gender Equality)를 예측한 결과, 북유럽 복지국가들의 성 평등 의식 수준이 비교적 높은 것으로 나타났으나, 국가 유형별로 큰 차이가 드러나지는 않았다. 그러나 한국 학생들의 성 평등에 대한 태도 예측치는 OECD 평균에 미치지 못하는 중하위권 정도이다.

〈그림 1.20〉 학생들의 성 평등 의식(2009년)

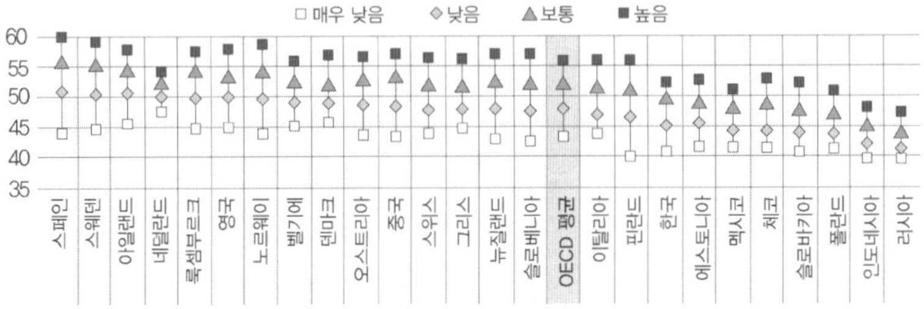

자료: OECD, "Education at a Glance"(2011).

(2) 성과와 과제

학생들의 민주시민 역량과 공동체 역량을 국제 비교한 결과, 북유럽 복지모델 국가들의 수준이 비교적 높은 것으로 나타났다. 학생들의 전인적인 성장과 발달은 교육의 최우선 목표이다. 학생의 발달을 정신(mental), 신체(physical), 사회(social), 감정(emotional) 영역으로 구분해서 평가할 때, 한국 학생들은 지적인 역량(학업성취도)만 높고, 민주시민 역량과 공동체 역량 모두 낮은 수준이라고 볼 수 있다.

OECD는 미래 핵심 역량으로 지적인 도구를 사용할 수 있는 능력, 자율적으로 판단할 수 있는 능력, 다른 사람과 소통할 수 있는 능력을 제시하고 있다. 이러한 능력 기준에 비추어볼 때, 한국 학생들은 암기 능력과 문제풀이 능력 등 일부 지적인 능력 개발에 치우쳐, 전인적인 성장과 능력 신장을 제대로 하지 못하고 있다고 판단할 수 있다.

한국 학생들의 경우 개인의 역량은 뛰어나나 공동체 역량이 매우 약한 상황임을 고려할 때, 민주시민 역량과 인성을 함양하는 교육을 향후 대폭 강화할 필요가 있다.

2) 행복한 교육공동체가 형성되어 있는가?

교육의 장(場)인 학교는 교사, 학생, 학부모가 함께하는 공동체이다. 교육은 공동체 안에서 공동체의 행복을 위해 이루어지는 행위이다. 따라서 공동체 문화를 형성하고 공동체가 신뢰를 바탕으로 행복한 교육을 하는 것은 교육의 본질적 과제이다.

(1) 공동체 문화 실태

즐겁게 학습하는 학생 비율

학생의 소질과 능력에 부합하는 다양한 교육 프로그램을 제공하는 것은 교육공동체의 행복을 위해 매우 중요하다. 학습자에게 적합한 유의미한 교육기회를 제공할 때 학생들은 흥미를 느끼고 교육활동에 적극 참여하게 된다.

〈그림 1.21〉 즐겁게 학습하는 학생 비율(2009년)

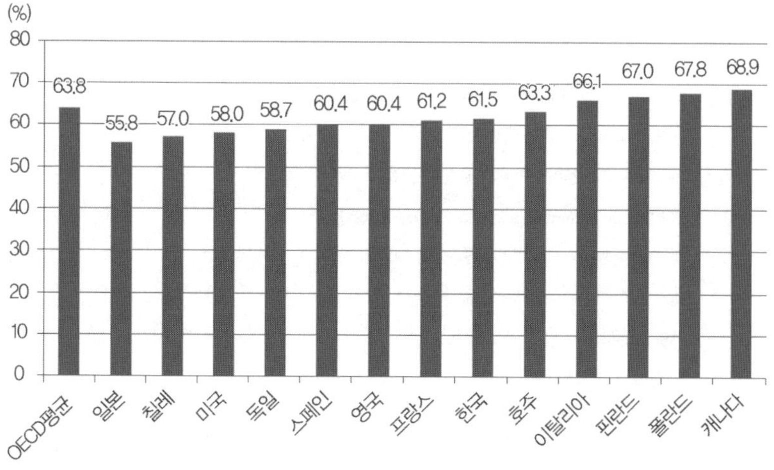

자료: OECD, "PISA 2009 Results. Vol. 5"(2010).

즐겁게 학습하는 학생 비율(Students Reading for Enjoyment)을 국제 비교한 결과 국가 유형별로 큰 차이가 드러나지 않는 것으로 나타났다. 그러나 위 그래프에서 확인되듯이 한국의 학생 가운데 즐겁게 학습하는 학생의 비율은 61.5%로서 OECD 평균 63.8%보다 낮은 수준이다. 이 점은 PISA 학업성취도 평가 결과에서 학생들의 성적은 좋으나, 학업에 대한 흥미와 관심이 매우 낮다는 결과와 맥을 같이 한다. 한국의 많은 학생에게 학습은 그다지 즐겁지 않은 것으로 보인다.

교사-학생 관계

교사-학생 관계(Student-teacher Relations)에 대한 조사에서는, 국가 유형별로 큰 차이가 나타나지 않았다. 다만, 일본과 한국 등 동양권 국가에서 교사-학생 관계가 원만하지 않은 비율이 높은 것으로 조사되었다. 교사-학생 관계가 원만하지 않은 한국 학생 비율은 30.6%로서 10명 가운데 3명이 교사와

〈그림 1.22〉 부정적인 교사-학생의 관계에서 학교를 다니는 학생 비율(2009년)

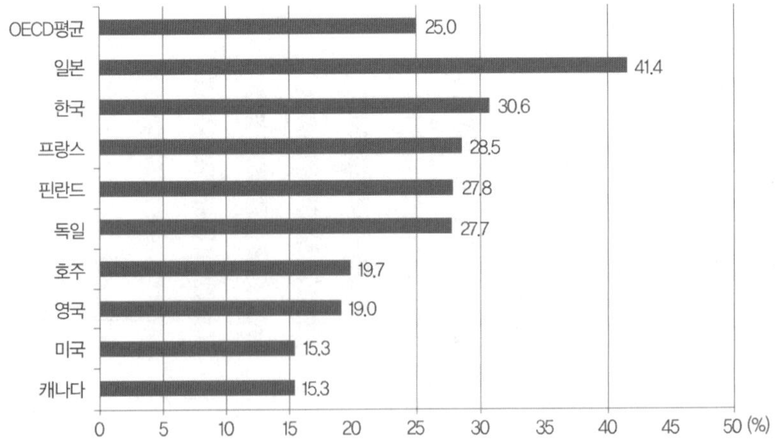

자료: OECD, "PISA 2009 Results. Vol. 4"(2010).

의 관계에서 어려움을 겪고 있는 것으로 조사되었다. 이는 OECD 평균 25.0%에 비해 높은 편이고, 일본(41.4%)에 이어 두 번째로 높은 비율이다.

학생의 행복도

2013년 어린이·청소년의 주관적 행복지수(Students' Happiness Index)를 국제 비교한 결과, 국가 유형별로 큰 차이가 나타나지 않았다. 그러나 한국 어린이·청소년의 주관적 행복지수는 72.54점으로, OECD 23개국 중 최하 점수를 기록했다. 행복지수가 가장 높은 에스파냐(104.76점)보다 32.22점 낮고, OECD 평균(100점)에서는 27.46점이나 모자란다. 또 한국은 2009년 64.3점, 2010년 65.1점, 2011년 66.0점, 2012년 71.4점을 기록하는 등 5년 연속 OECD 국가 가운데 주관적 행복지수에서 최하위에 머물렀다. 한·중·일 3국과 비교해도 한국 학생의 행복도가 가장 낮은 것으로 조사되었다.

(2) 성과와 과제

행복한 교육공동체가 형성되어 있는지 국제적으로 비교한 결과, 국가 유형별로 큰 차이점이 발견되지 않았다. 그러나 한국의 경우 학생의 행복도가 낮은 수준인 것이 확인되었다.

현재 한국의 학교는 원만한 공동체 문화가 형성되어 있지 못한 상태이고, 학생의 인성, 사회성, 창의성 등 다양한 생애 능력 함양보다는 입시 중심의 공부 문화가 지배하고 있고, 폭력적이고 타율적이며 수동적인 문화가 자리잡고 있어서 교육공동체 모두가 행복하지 못한 상태이다. 행복한 학교문화를 만들기 위해서는 자율적인 문화, 공동체 문화가 회복되어야 하고, 이에 기여하는 방향으로 학교운영 시스템과 교육과정의 개선이 요구되고 있다.

학생들은 적극적인 교육 프로그램 참여(흥미)와 원만한 인간관계(교사 및 교우)가 형성될 때 만족도가 제고된다는 점을 고려해서 학교운영 목표를 설

〈그림 1.23〉 한국학생의 행복 지수(2013년)

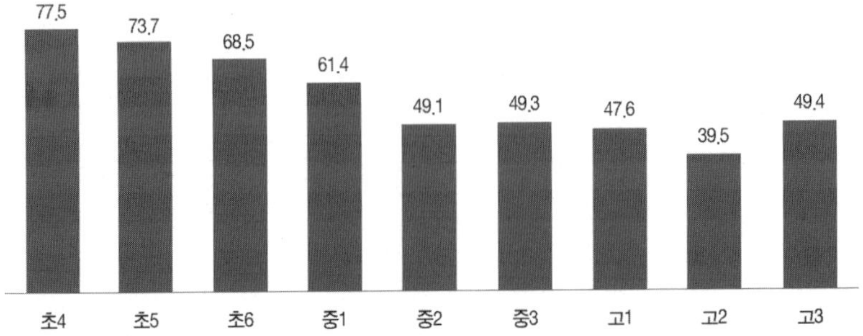

자료: 한국방정환재단·연세대 사회발전연구소(2013).

〈그림 1.24〉 어린이-청소년 행복지수 국제 비교

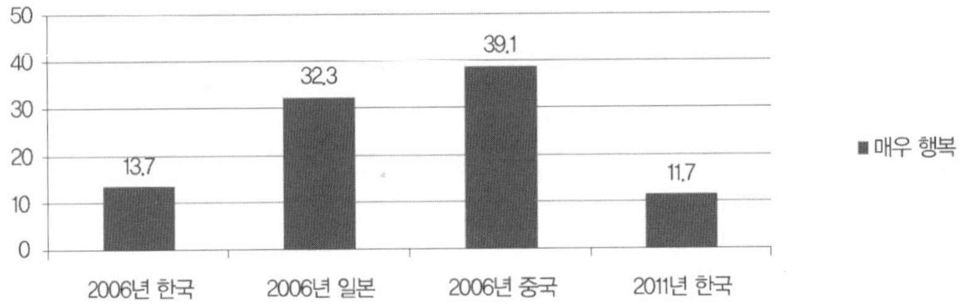

자료: 한국방정환재단·연세대 사회발전연구소(2011).

정할 필요가 있다.

학생 문화에 대한 교사의 이해를 높이는 것도 중요하다. '현재 학교교육에서 교원의 가장 큰 문제점이 무엇이라고 생각하느냐?'라는 질문에 교원들은 '학생들의 변화에 대한 이해 부족(35.8%)'을 가장 높게 꼽고 있다(한국교원총연합회, 2012.5.15). 학생지도 전문성 강화를 위한 교원 연수를 강화하고, 교원의 학생들에 대한 다양한 특성과 문화에 대한 이해를 제고하고, 스승과 제자

간 소통문화 활성화에 힘쓸 필요가 있다.

수요자의 요구를 반영한 학교교육 과정을 운영하는 것도 필요하다. 학생들이 원하고, 다수가 만족하는 교육 프로그램을 개설해야 한다. 학교교육 활동 및 교육 프로그램의 개념을 교과 중심 활동에서 탈피해 교과와 경험이 병행되는 시스템을 구축할 필요가 있다. 더불어 다양한 선택 교과목을 개설하고 창의적 체험활동을 활성화할 경우 다수 학생을 만족시키는 것으로 연구결과가 나오고 있다.[2)]

3) 교육이 행복하고 믿을 수 있는 사회발전에 기여하고 있는가?

최근 우리 사회에서 사회의 질과 사회발전에 관한 관심이 급증하고 있다. 국가 발전을 위해 양극화 해소와 사회통합, 삶의 질과 사회의 질을 향상시키는 것이 국가적 과제로 부상하고 있다. 한국이 소득 3만~4만 달러의 선진국이 되기 위해서는 경제발전 정책만으로는 한계가 있으며, 사회통합과 사회의 질을 향상시키는 노력이 반드시 경주되어야 함을 강조하는 것이다.

'경제'에서 '사회'로 관심의 축이 이동하면서 사회통합과 사회발전을 위한 교육의 기능에도 관심이 높아지고 있다. 교육의 결과가 성숙한 시민을 양성해서 신뢰와 관용이 풍부한 사회공동체를 만드는 데 기여하는 것이 되어야 한다는 공감대가 확산되고 있다.

그동안 교육은 국가 경제발전의 원동력이 되어왔다. 한국 국민의 높은 교육열을 기반으로 해서 국민의 평균 학력도 세계 최고 수준이다. 교육에 대한 열정과 높은 학력이 건강한 사회공동체 형성과 발전에 어느 정도 기여하고 있는지 주요 사회지표를 중심으로 살펴보고자 한다.

---

2) 임지연, 『2009 한국 아동·청소년 활동·문화 조사』(서울: 한국청소년정책연구원, 2009).

(1) 사회의 질 실태

개방성

2009년 스위스 국제경영개발대학원(IMD)에서 외부 아이디어에 대한 개방(Openness) 정도를 조사한 바에 따르면, 국가 유형별로 뚜렷한 차이가 드러나지는 않고 있다. 그러나 한국의 개방성 정도는 낮은 것으로 나타났다. 한국은 57개국 가운데 56위를 기록해 태국, 인도, 중국, 일본 등 아시아 국가 가운데서도 가장 낮은 순위를 기록하고 있다. 글로벌화 추세와는 반대로 한국 사회는 아직도 폐쇄적인 특징을 지니고 있다. 미래 글로벌 사회를 준비하기 위해 한국 사회의 폐쇄성을 극복하는 노력이 필요한 시점이다.

관용성

OECD 국가를 대상으로 관용성(Tolerance)을 조사한 결과, 캐나다, 호주 등 자유주의 모델 국가의 관용성 수준이 높은 것으로 나타났으나, 국가 유형별

〈그림 1.25〉 외부 아이디어에 대한 개방 정도

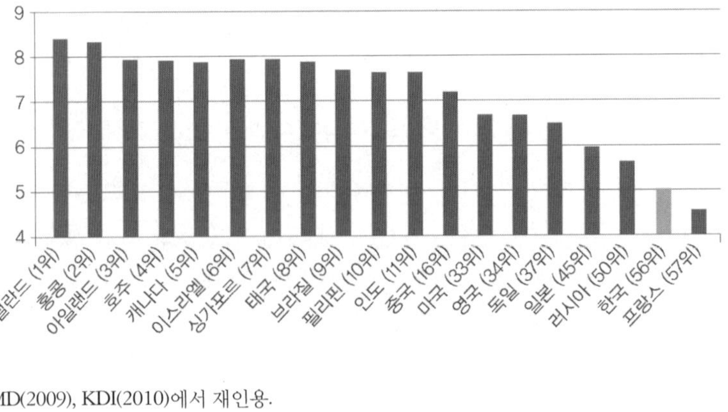

자료: IMD(2009), KDI(2010)에서 재인용.

로 큰 차이가 나타나지는 않고 있다. 한국의 경우, 국민의 43%만이 사회 소수자 그룹에 대한 관용적 태도를 지니고 있는 것으로 나타났다. 캐나다(84%), 호주(84%), 뉴질랜드(81%)의 절반 수준이고, OECD 평균 61%에 비해서도 매우 낮은 수준이다. 한국 국민들에게 사회적 약자를 배려하고 그들과 더불어 살아가는 능력이 매우 부족하다는 점을 확인할 수 있다.

신뢰성

OECD 국가를 대상으로 신뢰도(Trust)를 조사한 결과, 북유럽 복지 모델 국가들의 신뢰도 수준이 전반적으로 높은 것으로 나타났다. 한국 국민들이 다른 사람을 신뢰한다고 응답한 비율은 46%로서 덴마크(89%), 노르웨이(88%), 핀란드(86%)의 절반 수준이고, OECD 평균 59%보다 많이 낮은 수준이다. 함께 살아가는 사람에 대한 신뢰도는 사회공동체의 건강성을 측정하는 대표적인 지표이다. 신뢰성이 낮다는 것은 우리 사회의 건강도와 응집성이 낮은 수준이라는 것을 의미하고, 결과적으로 교육의 효과에 대한 근본적인 물음을 제기하게 한다.

부패 수준 및 사회제도에 대한 신뢰

OECD 국가를 대상으로 부패 지수와 신뢰도 지수를 조사한 결과, 북유럽 복지 모델 국가들의 부패 정도가 낮고 신뢰 수준이 높은 것으로 나타났다. 자유주의 모델 국가의 경우 뉴질랜드, 호주, 캐나다 등은 신뢰 수준이 높은 것으로 나타났으나, 미국, 일본 등은 중하위권이었다.

한국의 부패지수는 64로서 덴마크(15), 핀란드(17), 스웨덴(20)에 비해 압도적으로 높은 수준이고, OECD 평균 56보다도 높다. 반면, 사회제도에 대한 신뢰도 지수는 41로서, 핀란드(82), 덴마크(75) 등의 선진국보다 매우 낮은 수준이고, OECD 평균 56보다 낮다. 부패 수준은 높고, 사회제도에 대한 신뢰도는 OECD 국가 가운데 최하위권이라는 점은 우리 사회의 투명도와 건강도가 많이 떨어진다는 것을 의미한다.

한국의 경우, 입법부, 행정부, 사법부 등 공공기관에 대한 신뢰도가 전반적으로 낮았고, 특히 사회지도층에 대한 신뢰도가 매우 낮은 것으로 나타났다(이재열, 2011).[3] 건강하고 성숙한 사회를 만들기 위한 핵심 위치에 있고, 가장 신뢰를 많이 받아야 할 위치에 있는 계층이나 기관이 가장 신뢰를 받지 못하고 있는 것이다. 다른 말로 표현하면 교육을 잘 받은 우수한 집단에 대한 신뢰도가 더 낮다는 것을 의미하는 것으로, 한국 교육의 지향점과 목표에 대한 심각한 고민이 필요하다고 볼 수 있다.

삶에 대한 만족도

OECD 국가를 대상으로 국민들의 삶의 만족도(Life Satisfaction)를 조사한 결과, 덴마크, 핀란드, 스웨덴, 노르웨이 등 복지 모델 국가 국민들의 만족도가 가장 높은 것으로 나타났다.

한국의 경우 삶에 대한 만족도가 매우 낮은 것으로 나타났다. 전반적으로 낮은 수준이지만 학력별 격차도 커서, 특히 저학력자의 삶의 만족도가 떨어지는 것으로 나타났다(고졸 미만의 경우 34.0%, 고졸자의 경우 44.0%, 대졸자의 경우 53.0%가 만족).

소득 수준 대비 삶의 만족도 수준을 살펴보았을 때에도 한국은 만족도가 낮은 나라에 속한다.

자살률

OECD 국가별 자살 사망률을 살펴보면, 국가 유형별로 차이가 드러나지

---

3) 이재열, 「한국사회의 트렌드를 읽는다」, 미래 교육 쟁점 발굴 토론회(2001).

〈표 1.8〉 자살률 국가별 순위

순위	국가	자살률(명)	순위	국가	자살률(명)
1	한국	33.3	18	스웨덴	11.7
2	헝가리	22.8	19	슬로바키아	11.3
3	일본	20.9	20	캐나다	11.1
4	슬로베니아	18.6	21	아일랜드	11.0
5	벨기에	17.9	22	독일	10.8
6	핀란드	16.4	23	룩셈부르크	10.4
7	프랑스	16.2	24	호주	10.1
8	에스토니아	15.3	24	덴마크	10.1
9	폴란드	15.1	26	네덜란드	9.5
10	체코	14.3	27	포르투갈	8.5
10	오스트리아	14.0	28	이스라엘	7.4
12	칠레	13.3	29	영국	6.7
13	미국	12.5	30	에스파냐	6.2
14	노르웨이	12.1	31	이탈리아	5.8
15	뉴질랜드	12.0	32	멕시코	4.8
16	스위스	11.9	33	그리스	3.1
17	아이슬란드	11.8		OECD 평균	12.6

자료: 보건복지부·한국보건사회연구원(2013).

않고 있다. 우리나라의 경우, 인구 10만 명당 33.3명으로 자살률이 가장 높은 수준이다. 영국(6.7명), 독일(10.8명), 미국(12.5명) 등의 나라에 비해 매우 높다. 자살률만 최고 수준인 것이 아니라, 증가율 또한 최고 수준인 것으로 나타났다.

한국의 낮은 삶의 질 수준은 자살률을 통해 극단적으로 나타난다. OECD 국가들과 비교해서 한국은 삶의 만족도는 가장 낮고 자살률은 가장 높은 나라에 속하고 있다. 압축성장 속에서 병든 한국 사회의 단면을 확인할 수 있다.

2) 성과와 과제

행복하고 신뢰가 깊은 사회가 성숙한 사회라는 관점에서 볼 때, 북유럽 복지 모델 국가들의 수준이 전반적으로 높은 것으로 나타났다. 이러한 조사 결과는 독일에서 2011년 조사해 발표한 사회정의지수(Social Justice Index)와 맥을 같이 한다. OECD 국가의 사회정의 수준 조사에서 아이슬란드(1위), 노르웨이(2위), 덴마크(3위), 스웨덴(4위), 핀란드(5위) 등 북유럽 복지 모델 국가들이 상위권을 차지했고, 프랑스(10위), 오스트리아(13위), 독일(14위) 등 중유럽 국가가 중위권을 차지했으며, 일본(22위), 한국(25위), 미국(27위) 등 자유주의 모델 국가들이 하위권을 차지했다.

한국의 경우 사회정의 수준뿐 아니라, 사회통합 및 사회의 질 수준이 전반적으로 낮은 편이다. 대학교육을 받는 인구는 세계 최고 수준이지만, 그러한 교육의 결과가 사회발전과 사회의 질을 높이는 데에는 기여하지 못하는 것이다.

양극화, 불평등, 정의, 공생발전, 사회통합 등의 문제는 현재의 문제일 뿐 아니라, 미래 한국 사회의 최대 화두가 될 전망이다. 이러한 맥락에서 OECD는 2011년 한국 사회의 최대 과제가 사회통합임을 강조하고 한국 정부에 관련 정책을 추진할 것을 권고했다. 「한국의 성장과 사회응집성에 대한 기본틀(A Framework for growth and social cohe sion in Korea)」이라는 보고서에서 사회통합이 한국의 최우선 과제임을 강조했고, 교육 분야에서는 형평성 확보가 중요 과제임을 지적했다. 우리 교육이 추구해야 할 방향을 재정립할 시점에 와 있다고 평가할 수 있다.

5. 나가는 말

지금까지 통일한국이 추구해야 할 교육적 가치를 설정하고, 선진국 모델들과 비교하며 한국 교육의 현 위치와 문제점, 개선과제를 살펴보았다. OECD 선진국 모델을 비교·평가하고, 통일한국 교육이 나아가야 할 방향을 제시하도록 하겠다.

먼저, OECD 선진국들을 모델별로 구분해 비교한 결과, 북유럽 복지 모델 국가들이 통일한국이 추구해야 할 교육적 가치들을 가장 잘 구현하고 있는 것으로 나타났다. 반면, 자유주의 모델 국가들의 경우, 교육의 수월성과 경쟁력을 추구하는 것 외에는 통일한국이 추구하는 가치와 거리가 있는 것으로 나타났다. 사회민주주의 모델 국가들의 경우, 중간적 위치의 특징, 즉 자유주의를 원칙으로 하면서 복지국가 모델을 추구하는 특징이 잘 드러났다.

통일한국이 추구해야 할 우선적 교육 가치인 '다양하고 균등한 교육기회' 제공 측면에서 볼 때, 북유럽 복지 모델 국가들이 가장 앞서가고 있다. 모든 국민에게 균등하고도 충분한 교육기회를 제공하기 위해 노력하고 있고, 국가의 투자도 견실히 이루어지고 있다. 자유주의 모델 국가들도 균등한 교육기회 실현을 위해 노력하고 있지만, 민간부담 교육비 비중이 높은 것으로 확인되었다.

통일한국이 추구해야 할 두 번째 교육 가치인 '교육의 형평성' 제고 측면에서도 북유럽 복지 모델 국가들이 앞서고 있다. 자유주의 모델 국가들에 비해 교육 격차 수준이 낮고, 교육복지 수준은 높은 것으로 나타났다.

통일한국이 추구해야 할 세 번째 교육 가치인 '교육의 수월성과 경쟁력' 제고 측면에서 볼 때, 자유주의 모델 국가가 앞서고 있는 것으로 나타났다. 복지 모델 국가들의 경쟁력도 비교적 높은 것으로 나타났지만, 대학교육의 경쟁력 부문에서는 자유주의 모델 국가들의 경쟁력이 앞서고 있는 것으로 나타났다.

통일한국이 추구해야 할 네 번째 교육 가치인 '교육공동체의 신뢰 및 행복' 제고 측면에서 볼 때, 북유럽 복지 모델 국가들의 수준이 전반적으로 높은 것

〈표 1.9〉 선진국 모델별 교육 가치 비교 평가

통일한국의 교육적 가치	자유주의 모델	복지 모델	사회민주주의 모델	한국
1. 균등한 교육기회	★★★	★★★★★	★★★★	★★★
2. 교육의 형평성	★★	★★★★★	★★★★	★★
3. 교육의 수월성 및 경쟁력	★★★★	★★★	★★★	★★★
4. 교육공동체의 신뢰 및 행복	★★★	★★★★★	★★★★	★★

주: '★'은 수준 정도 표시(★: 매우 낮은 수준. ★★★★★: 매우 높은 수준)

으로 나타났다. 학생들의 민주시민 역량과 공동체 역량, 행복하고 신뢰할 수 있는 공동체 구성 등 사회의 질 모든 측면에서 북유럽 복지 모델 국가들의 수준이 높은 것으로 나타났다.

이러한 연구 결과를 종합적으로 살펴볼 때, 통일한국을 바라보면서, 대한민국은 북유럽 복지국가 모델에 관심을 기울일 필요가 있다. 복지국가들은 통일한국이 이상적으로 생각하는 교육 모델을 이미 만들어서 실행하고 있기 때문이다.

그동안 대한민국은 각고의 노력 끝에 짧은 기간 만에 경제발전과 국가발전을 성공적으로 이루었다. 경제, 사회의 모든 분야에서 양적으로 급성장하고 국가경쟁력을 확보했다. 그러나 이제 대한민국이 지속적으로 성장하고 우리가 꿈꾸는 통일한국을 준비하기 위해서는 질적으로 성숙한 사회를 만드는 것이 필요하다. 국민들의 삶의 질, 사회의 질과 행복 수준을 향상시켜야 한다.

'양적 성장사회'에서 '질적 성숙사회'로 발전하기 위해서는 교육의 노력이 중요하다. 그동안 한국 사회에서 교육이 국가 경제발전에 결정적으로 기여한 바와 같이 이제는 국민의 삶과 국가 사회 발전에 기여할 필요가 있다. 통일한국을 준비하는 교육으로 변화할 필요가 있는 것이다. 통일한국이 추구하는 교육적 가치를 구현하고, 선진국들과 비교해서 우리 교육의 현 수준을 종합적으로 진단하고 나아가야 할 방향을 정리하면 다음과 같다.

첫째, 균등한 교육기회 제공 측면에서 볼 때, 국민들이 교육을 받을 수 있는 기회가 지속적으로 확장되었다고 평가할 수 있다. 초·중등 교육과 대학교육을 받은 사람의 비율이 전 세계에서 가장 높은 나라가 되었다. 개인적인 측면에서는 삶의 기회가 확대되고, 국가사회적 측면에서는 우수한 인적자원을 확보하고 있다는 측면에서 긍정적으로 평가할 수 있다.

그러나 문제점과 개선 과제도 드러나고 있다. 매년 5만~7만 명의 학생들이 학교를 그만두고 있다. 이들은 직업교육도 제대로 받지 못해서 사회 하층민으로 전락할 가능성이 높다. 개인적 차원에서 삶의 기회를 상실하게 되고, 국가·사회적으로 인적자원의 손실이 크다. 특히, 다문화 가정 학생들과 북한이탈 가정 학생들의 중도 탈락 비율이 높은 점은 사회통합에 역행하고 통일사회를 준비하는 데 적신호가 되고 있다. 중도 탈락 학생들이 재기할 수 있는 기회(second chance)를 갖도록 사회시스템을 정비하는 노력이 필요하다.

국민들의 교육기회가 지속적으로 확대되고는 있지만, 학부모들의 부담과 희생을 전제로 하고 있다. 국민들의 교육기회를 확충하기 위한 국가의 투자는 OECD 국가들에 비해 미흡한 실정이다. 사부담 교육비에 의존한 교육기회 확충은 자연스럽게 교육의 격차 문제를 야기하게 되고, 이는 다시 사회 불평등을 초래하고, 결과적으로 교육기회의 균등한 배분을 저해하는 요인으로 작동한다. 따라서 향후 국가의 교육 투자를 더욱 확대할 필요가 있다.

둘째, 교육의 형평성 측면에서 볼 때, 사회안전망과 복지 수준이 취약하고 그것이 교육에 영향을 미쳐 교육 수준 격차가 커지고 불평등이 심화될 우려가 높다고 평가할 수 있다. 인생의 출발점인 유아교육 기회를 평등하게 하는 노력이 그동안 미흡했으나, 최근 누리과정 도입으로 개선되고 있다. 다양한 교육복지 확대 노력으로 학교교육 내에서의 격차는 크지 않으나, 사적인 교육 영역에서의 격차가 갈수록 크게 벌어져, 소득불평등이 교육불평등으로 연결될 가능성이 높아지고 있다. 이를 선제적으로 제어하기 위한 수단인 사회안전망과 복지 수준은 OECD 국가에 비해 전반적으로 취약한 실정이다. 따라서 향후 사회적·교육적 약자를 배려하고, 격차를 줄이고, 교육복지를 확대하는 노력이 국가정책의 최우선 과제로 설정될 필요가 있다.

셋째, 교육의 수월성과 경쟁력 측면에서 볼 때, 한국 초·중등 학생들의 지적인 성취는 세계 최고 수준이나, 교육시스템과 대학교육의 경쟁력은 개선이 필요한 것으로 평가할 수 있다. 각종 국제 학업성취도 조사, 올림피아드 등 국제대회에서 한국 학생들의 학업성적은 최상위권으로 평가받고 있다. 그러나 한국 학생들의 공부에 대한 흥미와 열정과 태도는 OECD 국가 중 최하위권에 머물고 있다. 학업성적을 높이는 것만이 참된 교육적 성취이고, 참된 경쟁력인지에 대한 의문이 제기되고 있다. 실제로 한국 대학교육의 경쟁력은 여전히 취약하고, 국제경쟁력도 미국, 영국, 호주 등 선진국에 비해 낮은 것으로 평가받고 있다. 교육경쟁력이 국가경쟁력인 점을 고려하면 향후 교육의 경쟁력을 높이기 위한 노력이 지속적으로 경주될 필요가 있다.

넷째, 교육공동체의 신뢰 및 행복 측면에서 볼 때, 한국의 사회공동체와 교육공동체는 많은 문제점을 안고 있는 것으로 드러났다. 교육공동체의 구성원인 교사, 학생, 학부모 모두가 행복하지 않으며, 교육공동체 내의 관계(교사-학생 관계, 학생-학생 관계, 교사-학부모 관계 등)가 서로를 신뢰하는 행복한 관계와는 거리가 있다.

학생들의 민주시민 역량과 공동체 역량이 OECD 국가 가운데 최하위권이고, 성인들의 민주시민 역량과 사회성 수준도 OECD 국가 중 하위권이다. 사회적 신뢰, 개방성, 투명성, 관용성 등 사회의 질 수준도 선진국과 비교할 때 매우 낮은 수준이다. 한국교육이 인재 개발과 경제성장에는 기여했지만, 참된 교육적 성취와 사회발전에는 제대로 기여하지 못하고 있다는 것을 데이터가 증명하고 있다.

공동체 역량이 취약한 점은 통일 사회를 준비하는 관점에서 볼 때 대단히 큰 문제이다. 통일 사회는 남북한 주민이 공동체의식을 갖고 평화롭게 더불어 사는 사회이다. 통일 이후 남북통합과 사회통합을 위해서는 남북한 주민의 민주시민 역량, 평화 역량, 공동체 역량이 매우 중요하다.

한국 사회의 낮은 삶의 질, 사회의 질을 개선하는 것도 향후 국가사회의 중요 과제로 부상하고 있다. 이것은 한국이 선진 통일사회를 준비하는 차원에서도 반드시 해결해야 할 과제이다. 이와 함께 교육이 다시 역할을 해야 할 때가 왔다. 이전과 같이 우수 인재 양성, 수월성 교육에만 치중할 것이 아니라, 학생의 전인적 성장과 발달을 촉진하고, 성숙한 사회성과 시민성을 계발해서 건강하고 행복한 사회공동체를 만들어가는 데 교육이 역할을 해야 한다. 미래 통일한국 사회를 준비하기 위해 교육 패러다임의 변화가 절실히 필요한 시점이다.

참고문헌

강신욱 외. 2011. 「한국 사회통합지표 연구(II)」. 대통령소속 사회통합위원회.

고용노동부. 각 년도. 「고용형태별 근로실태조사(구 임금구조기본통계조사)」

기획재정부. 2010. 「2040년 한국의 삶의 질」.

_____. 2011. 「국가경쟁력 보고서」.

_____. 2012. 「2020년 한국 사회의 질적 수준 제고를 위한 미래연구」.

김승권. 2011. 「양극화와 복지」. 미래 교육 쟁점 발굴 토론회. 국가교육과학기술자문회의.

김창환 외. 2011. 「국가교육의 장기비전: 향후 10년의 교육비전과 전략」. 국가교육과학기술자문회의.

김용하 외. 2011. 「OECD 국가의 복지지표 비교연구」. 한국보건사회연구원.

박명호 외. 2009. 『한국 경제·사회 선진화의 조건(II): 경제·사회발전지표의 개발 및 응용』. 서울: 경제인문사회연구회.

_____. 2010a. 『한국 경제·사회 선진화의 조건(II): 경제·사회 발전 트렌드 분석: 지표 연구』. 서울: 경제인문사회연구회.

_____. 2010b. 『한국 경제·사회 선진화의 조건(II): 통합사회지표』. 서울: 경제인문사회연구회.

보건복지부·한국보건사회연구원. 2013. 「OECD Health Data 2013」. 서울: 경성문화사.

이재열. 2011. 「한국사회의 트렌드를 읽는다」. 미래 교육 쟁점 발굴 토론회. 국가교육과학기술자문회의.

임지연. 2009. 『2009 한국 아동·청소년 활동·문화 조사』. 서울: 한국청소년정책연구원.

차문중. 2011. 「경제환경 변화와 한국 경제의 미래」. 국가교육과학기술자문회의.

통계청. 2014. 「가계동향조사」. 통계청

한국교육개발원. 각 년도. 교육통계데이터베이스. 한국교육개발원

한국교육개발원·인적자원통계협력망. 2008. 「세계의 인재교육과 인재정책 포럼 자료집」. 한국교육개발원.

한국교육총연합회. 2012. 5. 15. "교총, 제31회 스승의 날 기념 '교원 인식 설문조사' 결과 발표"

한국방정환재단·연세대 사회발전연구소. 2011. 「2011 한국 어린이-청소년 행복지수 국제 비교」.

_____. 2013. 「2013 한국 어린이-청소년 행복지수 국제비교」.

Bertelsmann Stiftung. 2011. "Social Justice in the OECD — How Do the Member States Compared?"

KDI. 2010. 「미래비전 2040: 미래 사회경제구조 변화와 국가 발전 전략」.

IEA. 2010. "International Civic and Citizenship Education Study".

IMD. 각 년도. "World Competitiveness Yearbook".

National Intelligence Council. 2008. "Global Trends 2025: A Transformed World".

OECD. 각 년도. "Education at a Glance".

_____. 각 년도. "Society at a Glance".

_____. 2010. "PISA 2009 Results". Vol. 4 and Vol 5.

_____. 2011. "A framework for growth and social cohesion in Korea". 「한국의 성장과 사회통합을 위한 틀(한국어 번역본)」. 한국개발연구원.

제2장

남한 교육의 문제점과 개선 방향

정병오 | 문래중학교 교사

1. 들어가는 말: 남한 교육을 어떻게 볼 것인가?

세계 교육 역사에서 볼 때, 한국 교육은 짧은 시간 내에 빠른 교육적 성취를 이룩한 모범적인 사례로 취급된다. 진학률만 따질 때 초·중·고의 경우 거의 100%에 가까운 취학률을 이룩했고, 대학 진학률도 80%에 육박한다. 단지 진학률만 높은 것이 아니다. PISA평가의 읽기와 수학, 과학 전 영역에서 가장 높은 수준의 학업 성취는 세계를 놀라게 하고 있다. 한국 경제의 빠른 성장에 이면에도 이러한 높은 교육적 성취가 뒷받침되었다는 사실에는 그 누구도 이의를 달지 않는다. 무엇보다 세계 많은 사람들이 한국 교육을 부러워하는 것은, 한국 교육에는 세계 많은 나라들이 앓고 있는 교육열 저하의 문제가 없기 때문이다. 즉, 교육 포기 때문에 일어나는 사회적 문제가 거의 없다. 그래서 미국의 오바마 대통령이 이 부분과 관련해서 몇 차례나 한국 교육을 칭찬한 바 있다.[1)]

하지만 이러한 한국 교육의 높은 성취의 이면에서 실제 당사자인 학생과 학부모들은 신음을 하고 있다. 아니, 온 국민이 교육 때문에 점점 더 불행한 삶을 살고 있는 것이 현실이다. 이러한 국민들의 불행을 단적으로 보여주는 것이 연간 20조 원이 넘는 사교육비 지출과 한 해에 200명 이상의 학생들이 성적 문제를 비관해서 자살하는 현상, 갈수록 늘어나는 기러기 아빠 문제 등이다. 교육 때문에 아이들은 죽어가고, 가정 경제는 파탄에 이르렀으며, 심지어 가족 해체 현상까지 겪고 있다. 이러한 한국 교육이 갖고 있는 극한 이중성, 너무도 강렬한 빛과 그 빛만큼이나 짙은 그림자 때문에 남한 사람들도 적응에 어려움을 겪고 있다. 그런데 이런 상황에서 통일이 될 경우 북한 사람들은 남한 사람들보다 훨씬 더 불행해질 수밖에 없다. 이런 현상은 이미 남한에 와 있는 탈북자들의 한국 교육 적응 사례에서 생생히 드러나고 있다. 그러기에 통일한국을 지향하는 우리로서는 아이들과 학부모를 불행하게 하는 우리 교육이 갖고 있는 문제의 핵심을 정확히 파악하고, 어떻게 하면 아이들과 학부모가 행복해지는 교육을 만들 수 있을 것인가 하는 부분에 대한 대안 마련과 실천의 노력이 시급하다고 할 것이다.

---

1) 이렇게 오바마가 한국 교육을 극찬한 것에 대해 많은 한국 사람들은 오바마가 한국 교육의 현실을 잘 모르고 한 이야기일 것이라고 반응했다. 물론 오바마는 과도한 입시경쟁 때문에 한국의 아이들과 학부모들이 당하는 고통에 대해 잘 모를 것이다. 하지만 미국 교육이 당면하고 있는 교육 격차 문제와 하류층의 교육 포기 현상이 불러오는 미국 사회의 손실을 생각할 때, 여전히 살아 있는 한국의 교육열이 부럽다는 말이 잘못된 인식은 아니다.

2. 남한 교육의 현황과 문제점

1) 다양하고 균등한 교육기회: 급속한 교육기회 확대와 완전취학의 그늘

한국은 조선 말 근대 교육 도입 이후, 일제 식민지 시절 일제의 비협조에도 국민들의 강력한 교육열로 초등학교 단계에서는 빠른 속도로 취학률을 높여갈 수 있었다.

하지만 일제의 강력한 교육 억제 정책으로 해방 직전까지 중등교육은 초등교육에 비해 학교 수는 12.8%, 학생 수는 4.8%에 그치고, 고등교육은 중등교육에 비해 학교 수는 5.5%, 학생 수는 5.2%밖에 되지 않는 기형적인 구조를 가지고 있었다.[2)]

하지만 해방 이후부터 국민의 강한 교육열과 정부의 교육기회 확대 정책이 맞물려 1957년에 초등학교 완전취학(취학률 90% 기준)을 달성했고, 중

〈표 2.1〉 일제시대 보통(초등) 학교 취학률 추이

(단위: 명, %)

연도	전체 학생 수	취학률	남자 학생 수	취학률	여자 학생 수	취학률
1912	44,638	2.1	40,640	3.7	3,998	0.4
1917	84,283	3.5	74,726	6.1	9,557	0.8
1923	317,667	12.6	272,482	21.1	45,185	3.7
1929	471,400	17.4	391,085	28.4	80,315	6.1
1934	636,334	21.5	510,570	34.0	125,764	8.6
1939	1,214,479	38.2	908,828	56.5	305,651	19.4
1942	1,752,590	47.7	1,219,156	66.1	533,434	29.1

자료: 오성철(2000).

2) 최광만, 「근대 한국교육의 역사적 맥락」, 이종재 외 엮음, 『한국교육 60년』(서울대학교 출판문화원, 2010), 31~34쪽.

〈표 2.2〉 1942년 국내 학교 현황

(단위: 개, 명)

구분	초등교육	중등교육				고등교육
	보통학교	일반계	실업계		사범학교	경성제국대학 및 전문학교
		고등보통학교	실업학교	실업보습학교		
학교 수	3,263	142	109	137	12	22
학생 수	1,779,661	40,309	29,832	9,936	6,033	4,505

자료: 최광만(2010).

〈표 2.3〉 대학 진학률 추이

(단위: 명, %)

구분(연도)	합격자 기준		등록자 기준	
	학생 수	진학률	학생 수	진학률
2013	-	-	446,474	70.7
2010	500,282	79.0	477,384	75.4
2000	519,811	68.0	473,803	62.0
1990	252,831	33.2	206,790	27.1

자료: 교육부(2013a).

학교는 1979년, 고등학교는 1985년에 완전취학을 달성한다. 그래서 한국은 가장 짧은 시간에 가장 빠른 속도로 교육기회를 확대한 나라로 꼽힌다. 심지어 대학 교육의 경우도 80% 전후의 진학률을 나타내고 있어 세계 최고의 수준에 이르고 있다.

이런 의미에서 남한은 교육기회가 상당히 균등한 나라라고 할 수 있다. 하지만 이러한 교육기회의 균등은 형식적인 의미에서만 이루어졌지 내용적인 면에서 보면 그렇지 않은 부분들이 많이 드러나고 있다. 우선 학교의 교육과정이 획일화되어 있기 때문에 여러 가지 상황과 형편이 다른 개별 아이들에게 맞는 교육이 진행되지 않는다는 것이다. 즉, 국가는 국가에서 정한 교육기회와 내용을 균등하게 제공하는 것에 그치고 그 교육에 맞추는 것은 개별 학생과 학부모의 몫이 되는 것이다. 그러다보니 국가에서 제공하는 교육에 맞추지 못하는 아이들은 실질적으로 교육기회의 혜택을 받지 못하고 있다.

이렇게 국가가 형식적인 교육기회 균등을 제공할 뿐 개별 아동에게 맞춰진 실제적인 교육기회의 균등에 접근하지 못하는 바람에 '학습 부진아', '중도 탈락 학생', '다문화와 장애 아동' 등이 균등한 교육기회를 갖지 못하는 상황이다. 이뿐 아니라 겉으로 보기에 국가에서 제공하는 획일적인 교육과정을 잘 수행하고 있는 것처럼 보이는 학생이라 할지라도 실제로는 자신에게 맞는 교육을 제공받지 못함으로써 여러 가지 어려움을 겪고 있다.

(1) 학습부진 아동에 대한 무관심

남한의 학교는 모든 아동들에게 교육과정을 이수할 수 있는 기회는 균등하게 제공하고 있지만, 거기서 이루어지는 교육 성취에 있어서는 책임지는 구조를 가지고 있지 않다. 즉, 국가가 교육기회를 균등하게 제공하려면 가정에서 돌봄을 받지 못해 정해진 학습의 성취를 하지 못하는 아이들이나 다양한 형태의 장애로 학습 기준을 성취하기 어려운 학생들에게 더 많은 지원을 해야 한다. 그렇지만 남한 교육은 이 부분에 관심이 매우 적고 지원도 매우 열악한 상황이다. 그러다 보니 가정의 경제적 형편이 어렵거나 부모의 제대로 된 돌봄을 받을 수 없는 많은 아이가 초등학교 저학년부터 누적된 학습 결손으로 좌절감을 맛보고 있다.

하지만 남한의 학교 체제가 상위권 학생에 초점을 맞추어왔기 때문에 학습부진 아동과 그들이 당하고 있는 고통, 그리고 그들에 대한 공교육의 책무라는 부분에 대해 오랫동안 무관심해왔다. 2008년 이명박 정부 들어 초등학교 6학년, 중학교 3학년, 고등학교 1학년 학생을 대상으로 학업성취도 전수 평가를 실시하기 시작했다.[3] 그렇게 해서 정부는 매년 기초학습

〈그림 2.1〉 기초학력 미달 비율 변화(2008~2012년)

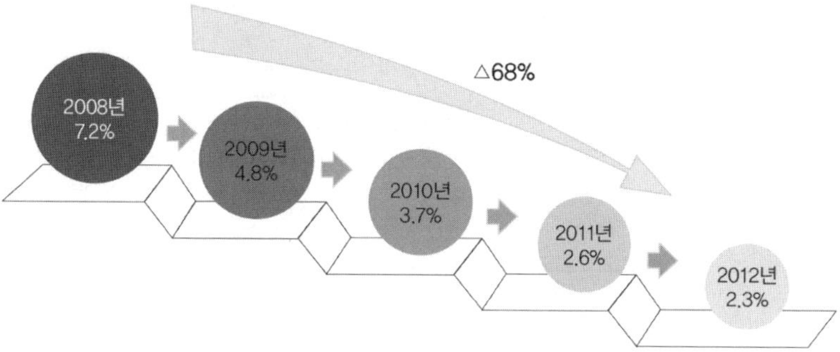

주: 초등학교 6학년 기초학력미달: 2.3%(2008년) → 1.5%(2010년) → 0.7%(2012년)
중학교 3학년 기초학력미달: 10.2%(2008년) → 5.6%(2010년) → 3.3%(2012년)
고등학교 2학년 기초학력미달: 8.9%(2008년) → 4.0%(2010년) → 3.0%(2012년)
자료: 교육과학기술부(2012a).

미달 학생들이 줄어들고 있다고 선전을 하기도 했다.

하지만 학교 현장에서는 정부의 발표와는 달리 학습부진 아동이 전혀 줄지 않았다고 말하고 있다. 2014년 3월 (사)좋은교사운동이 전국 초·중·고 교사 518명을 대상으로 조사한 설문 결과에 의하자면 87.6%의 교사가 기초학력 미달 아동이 줄어들고 있다는 정부의 발표에 동의하지 않는다고 응답했다. 이 교사들은 정부의 학습부진아 대책이 학습부진 아동에 대한 반복된 문제풀이 교육을 통해 당해 시험만 통과시켰지, 실제 그 학생들의 학습부진 원인이 해결되지 않기 때문에 그 다음해에 반복해서 학습부진이 나타난다고 대답을 하고 있다.[4]

3) 이명박 정부 들어 실시한 학업성취도평가는 학습부진 학생 파악 및 지원을 실시 명분으로 내세웠으나 실제적으로 학습부진 학생 파악 및 지원보다는 학교 간, 지역 간 학업 성적 비교로 그나마 경쟁교육으로부터 비교적 자유로웠던 초등학교까지 경쟁교육으로 몰아넣는 결과를 가져왔다.

4) 김중훈, 「조기개입 학습 부진 정책을 제안한다」, 좋은교사운동(2013), 4~13쪽.

〈표 2.4〉 교사가 생각하는 본인 학급 학습부진아의 수

(단위: 명, %)

구분	응답자 수	비율	학급당 학습부진아 수 평균
0명	114	6.87	2.87명
1~2명	642	38.7	
3~4명	633	38.16	
5~6명	205	12.36	
7명 이상	65	3.92	

자료: 전국교직원노동조합(2009).

〈표 2.5〉 학습부진아 규모 현황(추정)

구분	비율	비고
기초학습 부진아	1%	초등학교 3학년 학력에 미달 (시도 교육청 진단 평가 혹은 학교 자체 평가 등 기준)
기초학력 미달 학생	2.5%	학업성취도평가 20점 미만(초등학교 국어 영역 기준)
교과학습 부진아	10%	해당 학년 최소 수준 미달(학교 자체 혹은 교육청 평가 등 기준): 자체 조사 및 설문조사 결과 의거 추산
기초학력 수준	18%	학업성취도평가 50점 미만(초등학교 국어 영역 기준)

자료: 김진우(2008).

현재 한국 교육에서는 학습부진아에 대한 정확한 개념 정리와 파악도 되어 있지 않은 상황이다. 그렇지만 현장의 교사들은 전체 학생 가운데 최소한 20% 정도의 학생들이 학습부진으로 특별한 도움을 필요로 하는 학생들이라고 추정하고 있다.

심지어 학교 내 실질적인 문맹자들의 문제도 지적되고 있다. 청주교대 엄훈 교수는 중학생들을 대상으로 한 실행 연구에서 한 학급에 3~5명의 학생들이 문장을 제대로 읽지 못하거나 읽더라도 그 의미를 제대로 파악하지 못하는 실제적인 문맹자임을 밝히고 있다.[5] 이러한 사실은 중고등학

5) 엄훈, 『학교 속의 문맹자들』(서울: 우리교육, 2011), 143~149쪽.

교 국어교사 58명을 대상으로 실시한 좋은교사운동의 설문조사 결과에서도 드러나는데, 이들의 96.5%가 글자를 정확하게 발음하지 못하거나 글을 읽어도 내용 파악을 거의 못하는 학생들을 매해 만난다고 응답하고 있다.[6] 그럼에도 교육당국은 한국은 한글의 우수성과 보편교육 덕분에 문맹자가 거의 없다는 안일한 생각에 머물러 있는 상황이다.

(2) 학교 중도 탈락 학생에 대한 대책 부재

학교가 아이들의 다양한 필요를 채워주지 못하고 교과 성적 중심의 경쟁 교육에 매진하다 보니 이러한 교육에 적응하지 못하고 중도 탈락하는 학생들이 늘어나고 있다. 현재 한국에서는 초·중·고등학교를 통틀어 매년 6~7만 명의 학생들이 학교를 그만둔다.

이 가운데 대안학교로 진학하거나 홈스쿨을 통해 학업을 이어가거나 외국 유학을 떠나는 학생의 경우, 학교를 떠나기는 했지만 가정에서 교육적 뒷받침을 해주기 때문에 큰 문제는 없다. 그런데 가정의 돌봄을 받지 못하

〈표 2.6〉 등교 중단율 현황(2009년)

(단위: 명)

학교급	초등학교	중학교	일반고	전문고	계
학교 수(A)	5,854	3,130	1,561	692	11,237
학급 수(B)	123,933	58,373	42,142	16,030	240,478
전체학생(C)	3,299,094	1,974,798	1,496,227	466,129	7,236,248
학업 중단자(D)	11,634	15,736	17,419	17,121	61,910
학교당 중단자 수(D/A)	2.0	5.0	11.2	24.7	5.5
학급당 중단자 수(D/B)	0.1	0.3	0.4	1.1	0.3
학업 중단율(D/C×100)	0.4%	0.8%	1.2%	3.7%	0.9%

자료: 한국교육개발원(2010) 분석 결과.

6) 김중훈, 「조기개입 학습 부진 정책을 제안한다」, 좋은교사운동(2014), 18~19쪽.

〈표 2.7〉 등교 중단 세부 이유

초등학교	1.어학연수(미인정 유학, 36.7%)/ 2.유학·이민(31%)/ 3.질병(8.3) 4.공교육거부(2.6%)/ 5.학습부진(2.1%)/ 6.행방불명(0.7%)/ 7.규칙부적응(0.5%)/ 8.종교(0.3%)/ 9.가정불화(0.1%)/ 10.주거불안정(0.1%)/ 11.경제사정(0.1%) 등의 순
중학교	1.어학연수(미인정 유학, 39.2%)/ 2.유학·이민(14.1%)/ 3.규칙부적응(10.6%)/ 4.학습부진(10.5%)/ 5.공교육거부(4.0%)/ 6.질병(3.4%)/ 7.가정불화(1.4%)/ 8.실종이나 가출(1.4%)/ 9.검정고시 준비(1.3%)/ 10.폭행·절도(0.6%)/ 11.행방불명(0.5%) 등의 순
고등학교	1.학습부진·학업기피(18.9%)/ 2.엄격한 규칙 등의 학교생활부적응(18.3%)/ 3.유학·이민(16.3%)/ 4.검정고시 준비(6.6%)/ 5.질병(4.3%)/ 6.경제사정(3.7%)/ 7.가정불화(3.2%)/ 8.어학연수(1.7%)/ 9.주거불안정(1.4%)/ 10.실종이나 가출(1.4%)/ 11.공교육거부(0.7%) 등의 순

자료: 김성기(2009).

는 가운데 경제적 이유 혹은 학교 부적응으로 학교를 그만둔 학생들은 국가적인 교육 지원에서 완전히 제외가 된다. 심지어 점심 급식 지원마저도 받지 못한다. 그리하여 이 학생들은 우리 사회의 저변층을 형성하면서 가난의 대물림을 반복하고 있는 상황이다.[7)]

(3) 새로운 교육 소외 계층의 발생

최근 10년 사이 한국 사회는 급격하게 다문화 사회로 진입했다. 그러다 보니 전체 학생들은 매년 20만 명씩 감소하나 다문화 학생은 매년 6,000명씩 증가하는 추세를 보이고 있다.

---

7) 2009년 전국의 등교 중단자[거리 응답자 414명, 시설(쉼터와 비인가 대안학교) 응답자 315명, 보호관찰소 응답자 178명]를 대상으로 한 설문조사에 의하면 보호관찰 대상자의 86%, 거리응답자의 86.2%가 어떠한 교육도 받은 바가 없는 것으로 나타났다. 그리고 학교를 그만둔 이후 3분의 2정도인 66.5%(602명)가 한 번도 검정고시에 응시하지 않는 것으로 나타나 등교 중단자 대부분이 중단 학교급의 학력을 취득하지 못한 상태로 사회에 진출하는 것으로 드러났다. 이는 청소년기에 적절한 교육기회를 얻지 못하는 결과를 낳는 것으로 이어진다.

〈표 2.8〉 다문화 학생 추이

(단위: 명)

연도 / 인원 수	2009	2010	2011	2012	2013
다문화 학생 수(A)	26,015	31,788	38,678	46,954	55,780
전체 학생 수(B)	7,447,159	7,236,248	6,986,853	6,732,071	6,529,196
다문화 학생 비율(A/B*100)	0.35%	0.44%	0.55%	0.70%	0.86%

자료: 교육부(2014a).

〈표 2.9〉 2012~2013년 다문화 가정 자녀의 취학률

(단위: 명, %)

구분	학교급	국제결혼 가정 자녀	재학률
2012년	초	31,979	85.5
	중	9,182	70.1
	고	3,167	57.4
	합계	44,328	79.1
2013년	초	35,896	93.0
	중	10,318	75.6
	고	4,522	76.7
	합계	50,736	87.3

자료: 교육부(2014a).

하지만 우리 교육이 획일적인 교육과정을 유지하고 있고, 학교도 다양한 문화를 수용하는 훈련이 되어 있지 않다. 그러다 보니 취학 연령에 있는 다문화 아동들 가운데 실제 학교에 다니지 못하고 있는 아동은 일반 아동에 비해 상당히 많은 편이다.

우리 학교 체제가 다문화 학생을 잘 수용하지 못하는 현상은 다문화의 한 부류라고 할 수 있는 탈북학생 사례에서 더 심각하게 나타나고 있다. 탈북학생의 경우 외모와 같은 측면에서는 일반 남한 학생들과 동질성을 보이나 남북한의 문화 격차, 그리고 탈북 과정에서 겪은 여러 어려움, 탈

〈표 2.10〉 탈북학생 정규학교 재학 현황

(단위: 명, 괄호 안은 %)

구분	정규 학교			합계
	초	중	고	
2007년 4월	341(49.6)	232(33.8)	114(16.6)	687
2008년 4월	495(51.2)	288(29.8)	183(19.0)	966
2009년 4월	562(49.2)	305(26.7)	276(24.1)	1,143
2010년 4월	773(54.5)	297(21.0)	347(24.5)	1,417
2011년 4월	1,020(60.7)	288(17.1)	373(22.2)	1,681
2012년 4월	1,204(60.4)	351(17.6)	437(21.9)	1,992
2013년 4월	1,159(57.3)	478(23.6)	385(19.0)	2,022

자료: 교육부(2014b).

북 부모 세대가 남한 사회 적응 과정에서 겪는 어려움 등을 한꺼번에 감당해야 하기 때문에 일반 학교 적응에 더 큰 어려움을 겪는 것으로 보인다.

(4) 다양한 학교가 입시를 향해 획일적인 교육을 실시

학생 개개인의 소질과 적성에 따른 다양한 교육기회를 제공하기 위해서는 교육과정의 자율화가 핵심이다. 국가에서는 교육과정의 큰 틀만 제공해주고 구체적인 교육과정 편성은 단위 학교와 교사들이 할 수 있도록 되어야 한다. 그런데 한국의 경우 국가에서 교육과정의 구체적인 부분까지 모두 제시할 뿐 아니라, 지정된 교과서를 사용해야 하므로 모든 학교와 교사들이 이 교과서를 벗어나지 못하는 상황이다. 거기다가 교과서에 너무 많은 내용이 담기다 보니 교사들은 교과서 진도를 소화하기도 벅찬 상황이다.

이러한 교육과정의 획일화는 사실 서열화된 대학입시가 주된 요인이었다. 하지만 과열된 고교 입시를 잠재우기 위해 도입된 고교평준화가 고교 교육과정 획일화의 원인이라는 잘못된 진단에 의해 고교 다양화 정책이

〈표 2.11〉 고교 유형별 학교 현황

(단위: 개 교, 명, 괄호 안은 %)

구분	계	일반고			자율고		특목고	특성화고
		소계	일반고	종합고	자율형 공립고	자율형 사립고		
학교 수 (개 교)	2,318	1,524 (65.7)	1,389 (59.9)	135 (5.8)	116 (5.0)	49 (2.1)	135 (5.8)	494 (21.3)
학생 수 (명)	1,888,484	1,350,486 (71.5)			99,913 (5.3)	49,599 (2.6)	65,913 (3.5)	322,573 (17.1)

자료: 교육부(2013b).

〈표 2.12〉 자립형 사립 고등학교 중 국·영·수 수업 비율이 50%가 초과된 학교

자사고	서울	경기	인천	경북	광주	대전	대구	전남	전북	충남	부산	울산	합계
해당 학교 수	23	2	1	2	2	3	4	1	3	1	1	1	44
문과 50% 넘은 학교	22	0	1	1	2	2	3	1	2	1	1	1	37
비율(%)	95.7	0	100	50.0	100	66.7	75.0	100	66.7	100	100	100	84.1
이과 50% 넘은 학교	23	2	1	2	2	3	4	1	3	1	1	1	44
비율(%)	100	100	100	100	100	100	100	100	100	100	100	100	100

주: 2014년도 3학년 기준.
자료: 사교육걱정없는세상(2014a).

도입되기 시작했다. 그렇게 해서 기존의 평준화 체제를 벗어난 특수목적고 체계에 더하여 자율형 사립고 제도를 도입해 각 학교에 교육과정 자율권을 부여했지만 이러한 자율권은 국영수 중심의 입시교육을 더 강화하는 데 사용되고 말았다. 그래서 다양화된 학교 체제가 더 획일화된 입시 교육을 향해 달리고 있는 상황이다.

(5) 교육의 다양화를 위한 대안학교의 흐름과 한계

남한의 교육이 국가 통제 교육과 입시 위주의 흐름 가운데 획일화되어

가자, 이러한 흐름을 거슬러 자신의 가치에 맞는 새로운 교육을 시도하는 사례들이 대안교육이라는 이름으로 나타나기 시작했다. 이들은 처음에는 공부방이나 방과 후 모임, 방학 중 캠프의 형태로 시도되다가 1990년대 들어 입시 스트레스로 늘어난 자살 학생, 학교 부적응자 및 중퇴자 증가에 대한 반성과 함께 학교의 형태들로 나타나기 시작했다. 이러한 대안학교는 기본적으로 기존의 교과 지식 중심이 아닌 생활교육으로, 경쟁 교육이 아닌 공동체와 평화를 중시하는 교육으로, 출세와 물질지향적 교육이 아닌 생태지향적 가치를 지닌 다양한 교육으로 실험을 해나가기 시작했다.[8] 정부에서도 이러한 흐름을 제도권으로 수용해서 '특성화학교'라는 이름으로 학력인정과 재정지원을 하기도 했으며, 최근에는 일정한 조건을 갖춘 학교들을 인가 대안학교로 지정해 학력 인정을 해주고 있다. 2013년 현재 대안학교의 현황은 특성화 중학교 12곳, 특성화 고등학교 24곳, 인가 대안학교 24곳, 미인가 대안학교 199곳으로 파악되고 있다.

이들은 어려운 교육여건 가운데서도 자신들이 내세운 교육철학과 가치를 따라 다양한 교육을 실현하기 위해 노력을 하고 있다. 하지만 이 가운데 특성화 중고등학교의 경우에는 정부가 재정 지원을 하지만, 인가 및 미인가 대안학교들의 경우 특별한 목적의 몇몇 학교를 제외하고는 정부가 재정 지원을 하지 않고 있다. 그러다 보니 교사 급여를 포함한 학교 모든 운영 경비를 학부모 부담에 의존할 수밖에 없고, 결과적으로는 실제로 대안교육이 필요하지만 경제 형편이 어려운 학생들은 대안교육을 받을 수 없는 모순이 나타나고 있다.

8) 이종태, 『이종태와 함께 찾는 한국교육의 희망』(서울: 바른길, 2004), 237~238쪽.

〈표 2.13〉 미인가 대안학교 현황[9]

(단위: 개 교, 명, 괄호 안은 %)

구분	초	중	고	초·중	중·고	초·중·고	합계
학교 수 (개 교)	11(6.5)	8(4.7)	14(8.2)	15(8.8)	77(45.3)	45(26.5)	170(100)
학생 수(명)	568	121	713	704	2,544	2,112	6,762

자료: 교육부(2014c).

〈표 2.14〉 미인가 대안학교 학생 부담금 분포 현황

(단위: 개 교, 괄호 안은 %)

	면제	100만 원 미만	100만 원~ 250미만	250만 원~ 500미만	500만 원~ 1,000만원	1,000만 원 이상	합계
다문화	1	3	2	2		6	14
탈북	4	1	1				6
종교·선교	1	2		2	18	20	43
국제교육					1	7	8
미혼모	4		1				5
부적응학생	38	12	2	9	11	16	88
대안교육	4		4	6	16	5	35
합계	52 (26.1)	18 (9.0)	10 (5.0)	19 (9.5)	46 (23.1)	54 (27.1)	199 (100)

자료: 교육부(2014c).

2) 교육의 형평성: 무너진 교육신화의 꿈

한국 사회에서 교육은 오랫동안 계층 상승의 가장 유력한 수단으로 인식되었다. 대다수의 국민이 가난했고, 한국 사회가 경제적으로 급성장을 하던 1960년대와 1970년대까지는 이러한 믿음이 현실 가운데서 증명이 되

9) 이 숫자에는 교육부가 파악한 학교만 포함이 되었다. 하지만 미인가 대안학교의 특성상 교육부에 파악되지 않은 학교가 훨씬 더 많을 수 있다.

〈그림 2.2〉 소득 10분위 비율 상위 10개 대학 소득 계층 분포

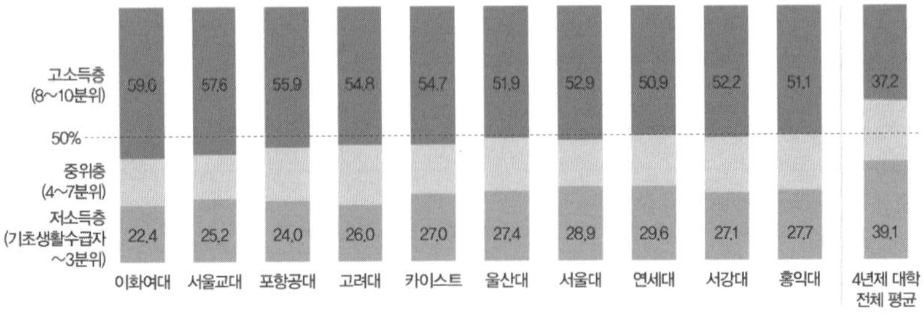

자료: ≪한겨레신문≫, 2012년 3월 2일자.

고 유지되었다. "개천에서 용 난다"는 말은 한국 교육의 역동성을 보여주는 대표적인 표현이었다.

하지만 1980년대 들어와 한국 사회의 경제 성장이 둔화되고, 이미 1960년대와 1970년대를 거치면서 사회·경제적인 계층이 조금씩 고착화되자 교육을 통한 계층 상승의 여력이 줄어들게 되었다. 그리고 이 과정에서 부모의 사회·경제적인 지위가 자녀의 교육에 미치는 영향력이 더 커지면서 교육은 계층 이동의 수단이 아닌 계층 상속의 수단이 되어버렸다.

2012년 3월 서울대학교가 처음으로 발표한 신입생들 가정의 소득 수준에 대한 조사는 이러한 현상을 잘 보여주고 있다. 서울대학교의 발표에 따르면 2007학년도 서울대학교 신입생 가구의 소득 수준을 건강보험 납부액을 바탕으로 조사한 결과 소득 수준 상위 10%에 들어가는 신입생 가구가 39.8%였고 상위 20% 가구의 학생은 신입생의 절반을 훨씬 넘는 61.4%인 것으로 조사됐다. 반면 하위 30% 가구에 해당되는 신입생은 전체의 10.4%였다. 신입생 중 정부의 생계 지원을 받는 기초생활보호 대상자는 1.3%인 25명이었다. 그런데 이러한 현상은 서울대학교뿐 아니라 주요 대학에서 공통적으로 나타나고 있다.

그럼에도 아직도 많은 학부모는 교육을 통해 자녀의 계층 상승이 가능할 것이라는 믿음을 놓지 않고 있다. 그렇지만 시간이 흐를수록 다수의 학부모와 아이들 사이에서 교육을 통한 계층 상승이 불가능하다는 인식이 확산되고 있다. 그래서 다양한 형태의 교육 포기 현상이 조금씩 진행되고 있다. 이러한 저소득층의 교육열 저하 현상은 한국 사회의 양극화를 더 심화시킬 수 있기 때문에 매우 위험한 신호라고 할 수 있다.

(1) 사교육을 통한 사회 계층의 재생산 구조 형성

사교육 시장은 한국 교육이 안고 있는 과도한 상급학교 입시경쟁 체제의 모순이 극대화되어 나타난 현상이다. 입시의 방법이 어떻게 변하든 주어진 교과의 내용을 한 번이라도 더 반복해서 익히는 것이 상급학교 진학에 절대 유리한 상황에서 부모의 경제력이 허용되는 범위 내에서 학교 교육을 한 번 더 반복하거나 미리 학습하는 사교육은 기승을 부릴 수밖에 없는 상황이었다. 그래서 사교육은 1970년에 이미 사회적 문제가 되었다. 당시는 주로 현직교사, 대학생, 일반인 등에 의한 개인과외가 이루어졌는데 1970년대 말 기준으로 초·중·고생의 17%, 일반계 고등학생의 26.6%가 과외 수업을 받고 있는 것으로 나타났다. 이러한 과외 수업에 투입된 비용은 3,275억 원으로 당시 교육부 예산의 30%에 해당하는 엄청난 액수였다.[10)]

이러한 과외 열풍은 1980년 전두환 군사정부가 실시한 과외금지 조치로 어느 정도 잦아들게 된다. 하지만 이 조치는 사교육 근절을 위한 사회적 제반 여건 개선이나 교육개혁과 함께 이루어지지 않은 정치적 조치였기에 1991년에 초·중·고 학생의 방학 기간 학원 수강이 허용되고, 1995년 학기 중 학원 수강이 허용되었으며, 그리고 2000년 헌재에서 과외금지가 위헌

---

10) 오욱환, 『한국사회의 교육열: 기원과 심화』(서울: 과학교육사, 2010), 291쪽.

<표 2.15> 학생 1인당 월평균 사교육비 및 사교육 참여율 자료

구분		2009년	2010년	2011년	2012년	2013년
사교육비(%)		24.2	24.0	24.0	23.6	23.9
	초등학교	24.5	24.5	24.1	21.9	23.2
	중학교	26.0	25.5	26.2	27.6	26.7
	고등학교	21.7	21.8	21.8	22.4	22.3
	일반고	26.9	26.5	25.9	26.5	26.2
참여율(%)		75.0	73.6	71.7	69.4	68.8
	초등학교	87.4	86.8	84.6	80.9	81.8
	중학교	74.3	72.2	71.0	70.6	69.5
	고등학교	53.8	52.8	51.6	50.7	49.2
	일반고	62.8	61.1	58.7	57.6	55.9

자료: 통계청(2014a).

<표 2.16> 소득 수준별 사교육비 격차

구분	2010년	2011년	2012년	2013년	증감률 (2013~2010)
전체	24.0	24.0	23.6	23.9	△0.4
700만 원 이상	48.4	44.0	42.6	41.5	△14.3
600~700만 원 미만	40.4	39.4	36.7	35.9	△11.1
500~600만 원 미만	36.2	34.0	33.2	33.0	△8.8
400~500만 원 미만	29.8	29.0	28.8	28.0	△6.0
300~400만 원 미만	24.0	23.4	23.0	22.1	△7.9
200~300만 원 미만	17.0	17.4	16.8	16.0	△5.9
100~200만 원 미만	10.3	10.9	11.0	11.1	7.8
100만 원 미만	6.3	6.8	6.8	6.8	7.9
격차(700만 원 이상 ~100만 원 미만)	42.1	37.2	35.8	34.7	

자료: 교육부(2013c).

으로 판결되면서 사교육 시장을 향한 족쇄는 완전히 풀린다. 여기에 더하여 2000년 들어 특목고 입시와 영어 조기교육 열풍이 불면서 사교육은 중학교는 물론이고 초등학교, 심지어 유치원 단계까지 일상화된다.[11] 사회적으로는 가족계획의 영향으로 1980년대 생 이후 가구당 한두 명의 자녀

〈표 2.17〉 권역별 학생 1인당 월평균 사교육비 및 참여율

구분	2012년	2013년				
			초등학교	중학교	고등학교	
						일반고
사교육비(%)	23.6	23.9	23.2	26.7	22.3	26.2
서울	31.2	32.8	28.4	34.9	37.1	42.7
광역시	23.0	23.3	22.0	26.5	22.1	26.6
중소도시	23.4	23.8	24.1	27.1	20.3	23.5
읍면지역	15.0	14.7	16.5	16.5	10.3	12.3
참여율(%)	69.4	68.8	81.8	69.5	49.2	55.9
서울	73.5	75.0	84.8	74.7	61.6	68.4
광역시	70.8	68.9	80.3	70.5	51.3	59.7
중소도시	70.3	70.2	84.0	71.2	48.7	54.5
읍면지역	58.0	57.5	74.4	56.8	31.3	36.2

자료: 통계청(2014a).

만 두게 되면서 사교육에 투자할 수 있는 재정적 여유가 생긴 것도 한 원인이라고 볼 수 있다. 그리하여 2013년 기준으로 초·중·고 학생들의 68.8%가 사교육을 받고 있으며, 월 평균 사교육비용은 23만 9,000원에 이르고 있다.

이렇게 전 국민이 교육을 통한 계층 상승을 희망하며 사교육에 투자를 하지만 그 투자액은 경제 수준에 따라 달라질 수밖에 없다. 그러다 보니 부모의 경제적 힘에 따른 사교육비의 차이는 교육의 형평성을 해치는 또 다른 기제로 작용하는 상황이다.

이렇게 가정에서 제공하는 사교육 가운데는 입시경쟁에서 좀 더 유리한 고지를 점하기 위한 활동도 많지만, 다양한 문화적 감수성을 쌓아가기 위

11) 김승현, 「선행학습의 유발요인 분석과 대책」, 『선행교육 금지법 제정을 위한 제5차 토론회 자료집』(2012), 375~376쪽.

〈표 2.18〉 2012 학업성취도 평가 지역별 점수(중학교 수학)

(단위: %)

구분	기초 미달		보통 이상	
	대도시	읍면지역	대도시	읍면지역
초6	0.9	0.9	82.1	77.5
중3	3.5	3.9	69.8	59.1
고2	4.1	4.6	82.7	78.3

자료: 교육부(2014d).

한 예체능교육과 체험활동, 문화활동도 있고, 자신의 소질과 적성을 탐색하거나 개발하기 위한 부분도 있다. 특히 유아와 초등 저학년 시기에 필요한 이러한 문화활동이나 예체능 교육, 다양한 소질 개발 부분들이 학교나 혹은 공적 기관에서 무상으로 제공되지 않고 가정이 책임을 지는 상황 속에서 불균등은 갈수록 심화되고 있다.

(2) 지역 간 교육 격차의 확대

부모가 가진 사회·경제적 지위가 교육을 통해 자녀의 학력으로 이어지고, 이 학력이 자녀의 사회계층에 영향을 주는 체계가 고착화되면서 대도시와 농어촌 간의 교육 격차 현상이 나타나고 있다. 한국 사회의 수도권 집중화 현상이 심해지고, 도농 간의 소득격차가 커지면서 이러한 격차는 점점 더 커지고 있다. 특히 최근에는 농어촌 지역에 조손가정과 다문화 가정이 늘어나는 상황을 생각할 때 지역 간 교육 격차 현상에 대한 특별한 지원과 대책이 필요한 상황이다.

(3) 교육을 통한 사회 계층 유지와 고착화

한국 사회에서 교육이 계층 상승의 사다리 작용을 멈추고 오히려 계층 재생산의 역할을 하게 된 것은 '개천에서 용이 된 사람들'이 부모 세대가 되면서부터였다. 교육을 통해 계층 상승을 경험한 이들은 학력이라는 요소가 현실 세계에서 갖는 힘을 체득했기 때문에 자녀에게도 이 학력 자본을 물려주려고 애쓴다. 그리고 부모가 가진 학력자본의 힘으로 사회·경제적 자산을 자녀교육에 투자함으로써 자녀의 사회·경제적 계층을 유지 혹은 상승시키고자 노력한다. 반면 저학력 노동자층에 속한 사람들은 학력자본이 갖는 힘을 막연하게 추구할 뿐 그것이 갖는 구체적인 힘을 느껴보지 못했기 때문에 자녀에게 학력 자본을 물려주고자 하는 욕구가 강하지 않다.[12] 이러한 상황이 계속되면서 남한의 교육은 아동 간 교육기회의 형평성을 강화하지 못하고, 오히려 형평성을 약화시키는 역할을 하고 있다.

(4) 사회적 약자에 대한 배려가 없는 입시제도

어느 사회든 교육이 계층 상승의 도구로 활발하게 작동하는 경우는 그리 많지 않다. 그렇지만 교육이 계층 재생산의 도구로 과도하게 이용되면 이를 보정하기 위한 정책을 사용하게 된다. 그것은 상급학교 진학에서 사회적 약자에게 일정 정도의 비율을 할당하거나 우대하는 것이다(Affirmative Action). 그런데 한국의 경우 대학입시에서 사회적 약자에 대한 할당이나 우대 제도가 지극히 부족하다. 그나마 서울대의 경우 '지역 균형 선발제'를 통해 이러한 정신을 실현하려 하나, 주요 사립대학의 경우 사회적 약자에 대한 할당이나 우대 제도를 통한 학생 선발이 지극히 작은 비율을 차지하고 있다. 더군다나 이러한 사회적 약자를 배려하기 위한 정책이 악용되는 사례도 많아서 실제 효과 면에서 보면 기대에 훨씬 못 미치는 상황이다.

12) 신명호, 『왜 잘 사는 집 아이들이 공부를 더 잘하나』(파주: 한울아카데미, 2011), 195~197쪽.

〈표 2.19〉 2014년 대학 신입생 기회균형선발 현황

(단위: 명, 괄호 안은 %)

구분	2014년								
	총 입학자	기회균형 선발							
		정원 외						정원 내 대학 독자 기준	기회균형 선발 합계
		기초생활 수급자 등	특성화고 졸업자	특성화 고졸 재직자	농어촌 지역 학생	기타[1]	소계		
전체 (174개 교)	335,971	4,229 (1.26)	5,106 (1.52)	1,000 (0.30)	10,104 (3.01)	757 (0.23)	21,196 (6.31)	1,679 (0.50)	22,875 (6.81)
국·공립 (26개 교)	70,642	997 (1.41)	814 (1.15)	262 (0.37)	1,960 (2.77)	163 (0.23)	4,196 (5.94)	456 (0.65)	4,652 (6.59)
사립 (148개 교)	265,329	3,232 (1.22)	4,292 (1.62)	738 (0.28)	8,144 (3.07)	594 (0.22)	17,000 (6.41)	1,223 (0.46)	18,223 (6.87)
수도권 (66개 교)	123,441	1,653 (1.34)	1,877 (1.52)	607 (0.49)	3,793 (3.07)	392 (0.32)	8,322 (6.74)	779 (0.63)	9,101 (7.37)
비수도권 (108개 교)	212,530	2,576 (1.21)	3,229 (1.52)	393 (0.18)	6,311 (2.97)	365 (0.17)	12,874 (6.06)	900 (0.42)	13,774 (6.48)

주: 북한이탈주민, 장애인, 서해5도 학생 등.
자료: 대학교육협의회(2014).

(5) 교육에 대한 국가의 책무성과 의무교육 확대 필요

갈수록 벌어지는 교육 격차를 통해 계층이 재생산되고 있는 현실을 생각할 때, 부모가 가진 사회·경제적인 배경과 무관하게 아이들이 일정한 수준 이상의 교육을 받을 수 있게 해주는 것은 매우 중요한 교육정책이라고 할 수 있다. 사실 이 부분은 공교육이 발생한 배경이면서 또 공교육의 가장 중요한 역할이라고 할 수 있다.

그런데 한국의 경우 전 국민이 고등학교 수준까지 진학한 지가 오래되었지만 그동안 초등학교까지만 무상교육으로 운영을 해왔고, 중학교 무상교육을 실시한 것도 10년이 채 되지 않았다. 물론 고등학교의 경우 저소득

<표 2.20> 유치원 교육 학부모 부담 비용

(단위: 원)

연령	국·공립									
	유치원 수 (개)	입학·졸업(월)+교육과정(월): (A)				방과후 과정(월): (B)				총액 (A+B)
		학부모 부담금 ①	국가 지원금 ②	기타 지원금 ③	소계 (①+②+③)	학부모 부담금 ①	국가 지원금 ②	기타 지원금 ③	소계 (①+②+③)	
만3세	3,088	2,918	59,627	126,266	188,810	3,929	49,688	62,279	115,896	304,706
만4세	4,086	3,779	59,696	114,937	178,412	5,062	49,783	57,506	112,350	290,762
만5세 이상	4,456	4,576	59,733	112,704	177,013	5,253	49,798	56,495	111,546	288,559

연령	사립									
	유치원 수 (개)	입학·졸업(월)+교육과정(월) (A)				방과후 과정(월) (B)				총액 (A+B)
		학부모 부담금 ①	국가 지원금 ②	기타 지원금 ③	소계 (①+②+③)	학부모 부담금 ①	국가 지원금 ②	기타 지원금 ③	소계 (①+②+③)	
만3세	3,800	152,758	219,942	13,586	386,286	41,209	69,756	8,198	119,163	505,449
만4세	3,952	151,181	219,944	13,499	384,624	41,567	69,783	8,259	119,610	504,234
만5세 이상	3,959	150,813	219,889	13,588	384,290	41,597	69,748	8,276	119,621	503,911

자료: 교육부(2014e).

층에 대한 선별적 학비 지원이 이루어지고 있기는 하지만 많은 가정에서 고등학교 등록금에 부담을 느끼고 있는 상황이다. 그리고 이에 못지않게 유아교육의 경우에도 누리과정의 도입으로 일정 정도 정부의 지원이 이루어지고 있지만 완전 의무교육화가 되지 않았기 때문에 개별 학부모가 져야 할 부담이 적지 않고, 부모의 소득에 따른 교육 격차도 많이 발생하고 있다.

의무교육이 고등학교와 유치원으로 확대되지 못해서 생기는 어려움과 별도로 의무교육의 내용과 범위를 학비에만 국한하면서 나타난 어려움도 존재한다. 대부분의 선진국에서 의무교육, 혹은 무상교육을 이야기할 때는 학비뿐 아니라 급식, 수업 준비물, 체험학습비 등을 포함한다. 심지어

차비도 포함을 시킨다. 그런데 우리의 경우 학비면제만 의무교육의 내용으로 생각을 해왔기 때문에 실제 학생들이 학교에서 공부를 하는 과정에서 발생하는 비용 측면에서도 격차가 나타나고 있는 상황이다. 물론 저소득층에 대해서는 다양한 형태로 교육비 지원이 이루어지고 있다. 하지만 최상류층을 제외한 대다수 가정에서 교육비에 부담을 느끼고 있는 상황을 생각할 때 교육과 관련된 모든 비용을 수익자 부담이 아닌 의무교육 차원에서 접근할 필요가 있다.

3) 교육의 공정성: 기계적 공정성의 추구와 교육본질의 왜곡

한국에 근대 교육이 들어온 이후 교육의 가장 중요한 목적은 선호하는 상급학교 진학을 통한 계층 상승이었다. 그러다 보니 학교는 학생들을 한 줄로 세워 공정한 변별의 자료를 만들어주는 일에 주력했다. 그리고 이러한 변별을 위한 가장 좋은 방법은 동일한 내용과 객관화된 문제로 평가를 해서 그 점수에 따라 학생들을 한 줄로 세우는 것이었다.

이렇게 상급학교 진학을 위한 공정한 평가의 자료를 제공하는 것이 학교의 기본 목적이 되다 보니 학교는 아이들이 지닌 잠재력과 소질을 발견하고 발굴해주거나 혹은 모든 아이들을 일정한 수준까지 끌어올리는 일에 관심을 가지지 않게 되었다. 학교는 어떻게 가르치든 객관화된 평가 도구를 가지고 공정한 평가 자료만 만들면 자기 역할을 다한 것이 되기 때문에 교육의 본질이라는 측면에서는 무책임한 기관이 되고 말았다. 그리고 이 가운데서 아이들은 배움에 대한 흥미를 잃어버리고 자신의 소질과 적성을 찾지 못할 뿐 아니라 상위권 아이들은 성적이 떨어지면 안 된다는 불안감에 시달리고, 하위권 아이들은 어려서부터 자신이 공부를 못하는 아이라는 열등감을 갖게 되었다.

〈표 2.21〉 저소득층 교육비 지원 현황

(단위: 천 명, 억 원)

지원항목	2011년		2012년		2013년		2014년(추정)	
	인원	금액	인원	금액	인원	금액	인원	금액
고교학비	420	3,867	447	4,460	386	4,284	385	4,183
급식비	1,090	4,787	791	3,566	620	3,287	653	3,328
방과후학교 자유수강권	670	1,463	743	2,246	796	2,518	543	2,131
교육정보화	225	615	253	647	242	671	220	592
합계	-	10,732	1,034	10,919	1,058	10,760	1,060	10,234

자료: 교육부(2014f).

이렇게 교육의 공정성을 객관화된 점수로 표기하는 것에 국한하다 보니 공정성의 개념이 좁아지고, 교육의 본질과 타당성을 잃어버리는 결과가 나타났다. 즉, 교사가 교육과정에 대한 이해를 바탕으로 개별 학생들의 수준에 맞는 수업을 기획하고 그 수업을 통해 모든 학생들이 일정한 수준에 도달하도록 한다는 기본적인 교육의 원칙이 무너지게 되었다. 이보다, 교사들은 국가에서 정한 교과서의 내용을 잘 요약해서 전달하는 데 초점을 맞춘 수업을 하고, 학생들이 이 교과서의 내용을 얼마나 숙달해서 암기했느냐를 평가하며, 학생들의 개별적 성취보다는 전체 학생들의 성적이 정규분표 곡선으로 잘 나타나게 하는 데 초점을 맞추게 되었다. 이로써 교사의 교육과정 편성권이나 평가권, 학생들의 배움에 대한 학교와 교사의 책무성 등이 거의 실현되지 않는 교육의 본질 왜곡 현상이 심화되고 있다.

이뿐 아니라 공정성을 제일 가치로 삼다 보니 계량화된 평가가 가능한 교과 지식만 평가 영역에 포함될 뿐 그 외 학생들이 가진 다양한 소질과 재능은 평가에서 제외되었다. 창의력, 협력할 수 있는 능력, 리더십, 인성, 감성 등은 미래 사회에서 가장 절실하게 요구되는 능력이지만 이러한 부분은 학생 평가에 반영될 수가 없다. 그리고 교과와 관련된 지식 가운데서도 교과의 핵심이라고 할 수 있는, 다양한 자료를 읽고 그 내용을 바탕으로 토론하고 질문하고 문제를 해결해가며, 이 과정을 말이나 글로 표현하는 능력 등은 제대로 평가되지 못하고 있다. 즉, 학생들을 가장 공정하게 평가하기 위해 도입된 현 제도가 오히려 불공정성을 발생시키는 모순이 발생하고 있는 것이다.

(1) 교육의 본질을 벗어난 상대평가 체계

어느 나라든 교육은 아이들이 각 단계별로 정해진 교육과정을 얼마나 달성했느냐를 평가하고 가급적 모든 학생들이 그 단계에 도달하도록 하는 절대평가 체제를 갖추고 있다. 그리고 이것이 교육의 가장 기본이 된다. 그런데 남한 교육은 개별 학생이 다른 학생들에 비해 어느 정도의 성취를 했느냐 하는 것을 평가하는 상대평가 체제를 유지하고 있다. 이것은 입시에 있어서 공정성을 확보하기 위함이다. 하지만 입시의 공정성을 유지하기 위해 교육의 가장 본질적인 목적을 어기고 있는 것이다.

이러한 상대평가 체제의 문제점은 한두 가지가 아니다. 우선 학교의 모든 교육을 결과 중심의 경쟁 교육으로 몰아넣는다. 지금의 상대평가 체계에서는 학생, 학부모, 교사의 모든 관심이 무엇을 얼마나 배웠느냐에 맞춰지는 것이 아니라 몇 등을 했느냐에 맞춰진다. 그리고 나와 함께 공부하는 친구들은 성적과 등수를 놓고 경쟁해야 하는 사람이 되는 것이다. 이렇게 해서 학교교육에 임하는 자세와 태도가 교육의 본질에서 벗어나 왜곡되어 버린다.

그리고 이러한 결과 중심의 등수 평가는 아이들에게서 배움의 기쁨을 빼앗아버린다. 모든 배움이 시험으로 그리고 등수로 연결되기 때문에 시험에서 낮은 등수를 받은 학생들은 '나는 왜 이렇게 공부를 못할까', '나는 왜 이렇게 바보일까'라는 열등감과 좌절감에 빠지게 된다. 그리고 시험에

〈표 2.22〉 청소년이 고민하는 문제

(단위: %)

계	외모 · 건강	가정 환경[1)]	용돈 부족	공부 (성적, 적성)	직업	친구 (우정)	이성 교제 (성문제)	흡연, 음주	기타[2)]	고민 없음
100.0	18.6	6.1	5.2	50.4	9.8	2.5	1.0	0.2	1.4	4.8

주 1: '가정형편의 어려움' 포함.
주 2: '학교(학원) 폭력', '인터넷 중독' 포함.
자료: 통계청(2014b).

서 높은 등수를 받은 학생들은 '하나라도 틀리면 어떡하나', '실수하면 어쩌나', '1등을 못 하면 어떡하나'라는 불안감에 휩싸이게 된다. 문제는 이러한 열등감과 좌절감, 불안감을 너무 어린 나이부터 경험하게 된다는 것이다. 그렇기 때문에 학교는 즐거운 공간이 되지 못하고 아이들은 심리적으로 심각한 질병을 앓으면서 학창시절을 보내게 되는 것이다.

이러한 상대평가의 문제점을 개선하기 위해 2012년부터 '성취평가제'라는 이름으로 절대평가제가 도입이 되었다. 하지만 대학입시에서 내신 부풀리기의 우려 때문에 각 과목별 평균과 표준편차를 함께 기록하기 때문에 실제로는 이전의 상대평가와 큰 차이가 없는 상황이다. 그리고 실제 대학입시 자료 산출과정에서 절대평가 성격의 성취평가 점수와 아울러 상대평가 등급을 같이 표기하고 있는 상황이다. 이는 중학교 단계에서도 비슷한 상황이어서 입시제도의 개선 없는 절대평가의 도입은 의미가 없는 것으로 나타나고 있다.

(2) 교과서 중심, 학년별 평가 체제 때문에 나타난 교사의 수업기획력 약화

과도한 입시경쟁과 이 경쟁에서의 기계적 공정성 추구가 가져온 또 하나의 왜곡은 한국 교육을 교육과정 중심에서 교과서 중심으로 바꾸어버린 것이다. 어느 나라든 국가에서 각 학년에 맞는 교육과정을 정해주면 교사가 자신이 맡은 아이들의 수준이나 상황에 맞게 여러 교육 자료와 방법을 활용해 주어진 교육과정을 달성하는 데 초점을 맞추게 된다. 이 과정에서 교사의 수업기획력이 드러나고 창의적인 수업이 가능해진다. 그런데 남한 교육의 경우 교사는 공정한 시험을 위해서 교과서의 내용을 잘 가르치고 이해시키는 데 초점을 맞추고 있다. 소위 말해서 교사는 진도를 나가는 데만 초점을 맞추게 되는 것이다. 물론 이 가운데서도 교사의 창의력이 발휘되지 않는 것은 아니지만 제한된 범위 내에서만 발휘되는 것이다.

수업에서 교사의 창의력과 기획력을 제약하는 또 하나의 요소는 학년별 평가 체제다. 학년별 평가 체제는 한 학년을 2~3명의 교사가 가르치더라도 동일한 시험을 통해 평가를 하고 그 학년 단위로 등수를 내는 체제를 말한다. 교사들이 같은 주제를 가르치더라도 그 방법이나 내용이 얼마든지 다를 수 있다. 그런데 각 교사가 자신이 가르친 반 학생들만 평가를 하게 한다면 교사는 교과서의 틀에 얽매이지 않고 얼마든지 풍성한 수업 내용과 창의적인 방법을 도입할 수 있다. 하지만 자신이 가르치지 않은 다른 반 학생들까지 포함시켜 공정한 평가를 하려면 결국 교과서에 있는 내용을 잘 이해시키는 데 초점을 맞출 수밖에 없다. 그리고 학생들은 교사가 교과서에 없는 내용을 가르칠 경우 "쓸데없는 짓 하지 말고 진도 나가자"고 외치게 되는 것이다.

남한의 경우 세계에서 가장 높은 교사의 질을 자랑한다. 실제로 남한에서 교사를 지망하는 사람들의 자질은 매우 우수하고 교사가 되기 위한 경쟁도 상당히 치열하다. 하지만 이렇게 우수한 교사에게 창의적인 수업 기획을 요구하는 것이 아니라 교과서를 요약·정리하는 기계적인 일을 시키고 있는 것이다. 당연히 시간이 흐를수록 특별히 자신이 나서서 몸부림을 치는 교사가 아닌 이상 그 자질이 떨어질 수밖에 없다. 가르치는 자로서의 전문성을 쌓아가도록 독려하는 체제가 아닌 것이다. 학년별 평가가 아닌 교사별 평가 체제를 통해 개별 교사에게 교육과정 재구성권과 평가권을 주되, 그 교사가 얼마나 수업기획력과 창의성을 발휘하느냐 하는 부분에 대해 엄격한 책임을 묻는 체제의 도입이 시급하다.

(3) 입학사정관제 딜레마

점수로 환산할 수 있는 성적으로 아이들을 한 줄로 세우는 기계적 공정성의 문제를 극복하기 위해 도입한 제도가 입학사정관제다. 즉, 점수로 환산되지 않는 정의적인 영역인 창의성, 협동심, 봉사정신, 전공 분야의 관심도 등도 평가하겠다는 것이다. 이렇게 함으로써 대학은 그 대학 전공에 더 적합한 학생들을 선발할 수 있게 하고, 중·고등학교 교육의 정상화를 유도하겠다는 것이다.

이러한 입학사정관제는 필연적으로 고등학교 교사와 입학사정관의 주관성을 인정해야만 가능하다. 물론 주관성이라고 해서 개별 교사나 개별 입학사정관의 주관성을 말하는 것은 아니다. 학교는 교사 공동체로서 아이들을 지도하고 평가하는 합의된 기준이 있고, 대학도 학생 선발과 관련해서 오랫동안 쌓아온 경험과 통계 등을 바탕으로 평가를 한다. 그럼에도 이러한 고등학교와 대학의 평가 주관성은 그동안 우리 교육이 가지고 있던 기계적 공정성과 충돌할 수밖에 없었다.

무엇보다 입학사정관제는 남한의 과도한 입시경쟁 체제하에서 부모와 가정의 사회·경제적 지위와 문화자본이 아이의 입시에 영향을 미치는 문제를 일으켰다. 물론 부모들이 아이의 스펙을 만들어주기 위해 과잉 경쟁을 벌이는 부분은 학교 외 활동이나 수상 부분을 제외하고 학교 내 활동만을 평가하게 함으로써 많이 해결이 되었다. 하지만 학교 내 활동이라 하더라도 어려서부터 풍요로운 문화의 영향을 받고 소질과 적성을 개발할 기회를 많이 가졌던 학생과 그렇지 못한 학생, 그리고 대도시 학생과 농어촌 학생의 차이는 나타날 수밖에 없는 것이다. 그리고 이러한 차이는 수능과 내신으로 대표되는 성적보다 가정환경의 영향을 더 많이 받는 요소라고 할 수 있다.

이러한 문제점이 지적되지만 입학사정관제 전형은 중·고등학교 내에서 성적뿐 아니라 기존의 반복적 문제풀이와 공부의 양만 늘려가는 문화를 바꾸는데 많은 기여를 하고 있다. 이제는 고등학교에서 자신의 진로와 관련된 동아리 활동이나 학생들의 자발적인 학습 활동도 활발하게 일어나고 있다. 그리고 대학에서도 성적만이 아니라 종합적인 차원에서 우수한 학생을 선발하기 위한 다양한 선발 방식을 도입하고 있다. 물론 학생들의 입장에서 내신과 수능 외에도 다양한 활동까지 해야 하는 부담을 져야 하긴 하지만 이편이 교육의 본질에 더 맞는 방향인 것은 분명하다.

(4) 선행학습의 불공정성

사교육은 다른 나라에서도 일부 존재하나 대부분의 경우 보충교육의 성격이 강하다. 그런데 우리나라 사교육의 가장 큰 특징은 선행교육이 주를

〈표 2.23〉 과목별 사교육 참여 및 선행 학습 경험

(단위: %)

구분		사교육 미참여 (A)	사교육 참여(B)					계 (A+B)
			선행학습 경험 없음	선행정도				
				1~3개월	1학기	1년	2년 이상	
초	국어	17.8	43.4	26.8	8.2	2.3	1.5	100
	영어	17.8	36.7	21.2	7.7	6.6	10.0	100
	수학	17.8	22.0	33.2	16.0	7.2	3.8	100
중	국어	28.9	48.3	18.5	3.3	0.7	0.3	100
	영어	28.9	24.4	30.7	7.2	4.1	4.7	100
	수학	28.9	15.2	35.3	12.4	5.5	2.7	100
고	국어	37.0	54.4	6.5	1.3	0.5	0.3	100
	영어	37.1	35.3	19.3	3.9	2.6	1.8	100
	수학	37.0	15.6	30.8	12.2	3.7	0.7	100

자료: 교육과학기술부(2012b).

〈그림 2.3〉 수학 최대 선행학습 평균 연수(2012~2014년)

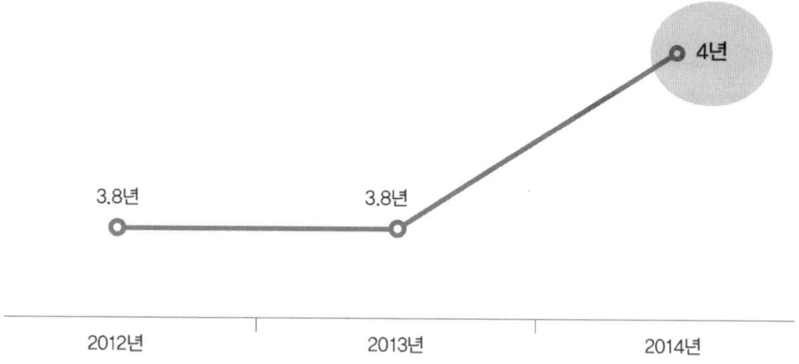

자료: 사교육걱정없는세상(2014b).

이루고 있다는 것이다. 이는 남들보다 좀 더 유리한 고지를 차지해야 하는 우리 교육 체제의 결과이지만, 실질적으로는 교육에서 공정한 경쟁을 해치는 요소로 작용한다.

많은 나라에서 예습을 금지하는 것이 일반적이다. 예습을 해오면 아이들의 수업 집중력이 떨어지기 때문이다. 그렇지만 우리의 경우 예습을 넘어 한 학기 혹은 몇 년을 앞선 선행교육이 만연하고, 이런 것이 주요한 흐름으로 형성되다 보니 학교교육을 왜곡하고 있는 상황이다. 그 때문에 선행교육을 받지 않은 학생들이 정상적인 학교 수업에서 충실하게 배울 수가 없는 왜곡도 일어나고 있다.

이러한 선행학습의 폐해를 극복하기 위해서 정부는 2013년 '공교육 정상화 촉진 및 선행교육 규제에 관한 특별법'을 제정했다. 하지만 이 법에서는 학원의 선행학습 상품을 규제할 수 있는 내용을 담지 못하고, 학교 내에서 이루어지는 선행학습과 선행학습을 유발할 수 있는 평가 체계만 규제함으로써 선행학습을 억제하고자 하는 원래 취지를 제대로 살리지 못하고 있다. 오히려 2014년 교육시민단체 '사교육걱정없는세상'이 조사한 바에 따르면 주요 학원들의 수학과 과학 과목의 선행학습 정도가 줄어들기는커녕 더 심해지는 상황이다.

(5) 관료 체제와 불공정 경쟁

한국의 교육은 단위 학교나 교사들의 자율성이 배제되고 교과부와 교육청, 학교장으로 이어지는 상명하달식 관료 체제를 형성하고 있다. 그리고 교장 승진 체제를 매개로 교과부와 교육청이 학교를 통제하고 있다. 그런데 문제는 학교에서 아이들을 제일 사랑하고 수업을 제일 잘하는 사람이 교감, 교장으로 승진을 해서 이 사람들이 교육청의 관료가 되는 체제가 아니라는 것이다. 오히려 아이들을 지도하거나 수업을 한 활동을 교육청이 요구하는 양식과 틀에 맞게 문서를 잘 만들고 보고를 잘하는 사람, 혹은 교육청의 지시를 잘 따르는 사람이 승진을 해서 관리자와 교육 관료가 되는 체계가 갖춰져 있다.

이렇게 되다 보니 학교는 실제 단위 학교에서 아이들을 만나고 교육을 하는 활동과 교육부, 교육청, 관리자로 이어지는 학교 관리 체제가 분리되어 돌아가고 있다. 실제 교육활동이 학교의 중심이 되지 못하고 학교 관리 체제가 중심이 되어 돌아가기 때문에, 학교는 아이들과 학부모를 바라보는 것이 아니라 교육청과 교육부를 바라보는 체제가 되어버렸다. 그리고 이 가운데서 정말 교육에 뜻을 두고 열심히 하는 교사는 소외되고, 이 때문에 정말 중요한 교육력은 약화되는 현상이 계속 반복되고 있다.

4) 교육의 수월성 및 경쟁력: 높은 입시경쟁률, 낮은 교육경쟁력

(1) 흥미도와 자신감을 희생한 학업성취

지난 10여 년간 실시된 PISA 평가의 결과는 한국 교육의 수월성과 경쟁

〈표 2.24〉 한국 학생의 수학 학습에 대한 태도(2007년)

항목	공부할 만한 가치	흥미도	자신감
순 위(50개국 중)	45위	43위	43위

자료: IEA(2008).

력을 잘 설명해준다. 한국은 학업성취도 측면에서는 핀란드와 더불어 최고의 성취를 나타내고 있다. 반면 학업 흥미도와 자신감은 최하위권으로 나타나고 있다. 즉, 초등학교와 중학교 단계에서 한국은 세계에서 가장 높은 학업성취도를 자랑하지만 학년이 올라갈수록 학업에 대한 흥미와 자신감을 잃어버려 공부하기를 싫어한다는 것이다. 이러한 현상은 한국의 아이들이 대학에 진학하면 공부를 놓아버리는 결과를 가져오고 대학교육의 경쟁력을 약화시키고 있다.

(2) 낮은 교육경쟁력

한국 교육의 경쟁력을 설명해주는 또 하나의 지표는 IMD의 교육경쟁력 보고서다. 교육경쟁력 보고서는 국가경쟁력 평가 보고서의 한 지표로서, 각 국가 교육의 교육환경이나 학업성취 외에도 그러한 교육이 국가의 경제발전과 국가경쟁력을 강화하는 데 어느 정도 기여하고 있는가를 평가한다. 여기에서 남한교육은 중하위권을 맴돌고 있다. PISA나 TIMSS(Trends in International Mathematics and Science Study)에서 최고 수준의 학업성취도를 자랑하는 것과 대조적이다.

이는 지금까지 남한의 교육이 국가경쟁력을 높인다는 명목하에 아이들에게 과도할 정도의 성적 경쟁을 시켰지만, 그 결과로 아이들의 행복을 빼앗아 갔을 뿐 아니라 국가경쟁력에도 큰 도움을 주지 못하는 결과에 부딪혔음을 보여준다. 이와 대조적으로 교육이 국가경쟁력에 큰 도움을 준다고 평가를

〈표 2.25〉 IMD 교육 부문 순위 추이

구분			2009년		2010년		2011년	
			현황	순위	현황	순위	현황	순위
정량 지표 (11개)	1. GDP 대비 교육관련 공공지출(%)		4.22	36	4.23	36	4.63	33
	2. 영어숙달도 (토플성적)		77.0	48	78.0	48	81.0	46
	3. 15세 이상 문맹률(%)		2.0	32	1.7	32	1.7	33
	4. 1인당 교육관련 공공지출(미국 $/1인)[1]		831	27	915.77	29	793.31	32
	5. 초등학교 교사 1인당 학생 수(명)		26.7	51	25.59	51	24.10	51
	6. 중등학교 교사 1인당 학생 수(명)		18.04	50	18.06	51	18.20	53
	7. 중등학교 취학률(%)		96.05	6	96.45	8	98.00	6
	8. 25~34세 인구의 고등교육 이수율(%)		53	4	56	2	58	2
	9. 인구 1,000명당 고등교육 외국인 학생 수(명)		0.46	37	0.66	34	0.83	33
	10. 인구 1,000명당 고등교육 유학생 수(명)[1]		2.11	10	2.17	11	2.32	11
	11. PISA 성적(2006, 2009)[2]	전체	-	4	-	4	-	5
		수학(점)	547	4	547	4	546.23	4
		과학(점)	522	4	522	4	537.99	6
정성 지표 (5개)	1. 교육제도(경쟁사회의 요구에 부합하는 정도)		4.38	32	5.03	31	6.00	20
	2. 대학교육(경쟁사회의 요구에 부합하는 정도)		3.95	51	4.28	46	5.00	39
	3. 경영교육(산업의 요구에 부합하는 정도)		4.52	42	4.70	43	5.41	35
	4. 언어능력(기업의 요구에 부합하는 정도)		4.88	34	4.98	39	5.60	31
	5. 과학교육(학교에서 과학교육을 강조하는 정도)		-	-	4.96	32	5.37	20
조사대상 국가				57		58		59
국가경쟁력 순위				27		23		22
교육부문 순위				36		35		29

주 1: 순위산출에 활용되지 않고, 해당 국가의 배경 정보 확인용임
주 2: 수학/과학 점수를 바탕으로 전체 순위를 산출함
자료: 교육과학기술부(2011).

받은 국가들은, 아이들에게 성적 경쟁을 시키지 않고 각자 가지고 있는 소질과 적성을 최대한 끌어올려 그것을 통해 국가 공동체가 함께 잘살 수 있는 방향을 찾고 있는 북유럽 국가들로 나타나고 있다.

이러한 통계를 바탕으로 볼 때 아이들의 행복을 위해서 뿐 아니라, 국가경쟁력 강화를 위해서도 현재와 같이 성적 중심으로 아이들을 과도하게 경쟁시키는 체제는 효율적이지 않다는 인식을 공유하는 것이 시급함을 알 수 있다.

(3) 서열화로 귀결된 수월성 교육

남한 교육은 늘 과도한 경쟁으로 신음해왔다. 그래서 이러한 경쟁을 완화시키기 위해 1969년에는 중학교 평준화를, 1974년부터는 고등학교 평준화를 실시했다. 이러한 평준화 정책은 초등학교와 중학교 수준에서 과도한 경쟁을 완화시키는 데 크게 기여했다. 하지만 이러한 평준화는 모든 아이들에게 똑같은 교육과정을 제공함으로써 특정 분야에서 뛰어난 재능을 보이는 아이들에 대한 수월성 교육을 하지 못하게 하고, 그 때문에 교육경쟁력을 저하시킨다는 비판을 많이 받아왔다. 그래서 예술, 과학, 외국어 등의 분야에서 탁월한 재능을 보이는 아이들을 대상으로 특수 목적 고등학교들이 생겨나기 시작했다. 하지만 예술 분야를 제외한 과학이나 외국어 영역의 특수 목적 고등학교의 경우 성적이 높은 학생들을 선점해감으로써 고교서열화를 가져오기 시작했다. 여기에다 사립학교의 설립 이념을 존중한다는 명분하에 자율형 사립고 정책이 도입되면서 고교서열화는 더 심화되었다. 그리하여 수월성 교육이라는 명분하에 중학교와 초등학교 단계까지 입시경쟁을 가속화시키는 결과를 낳고 있다.

(4) 대학경쟁력의 약화

한국은 세계 10위권의 경제적 위상과 세계 최고의 고등교육 이수율을 자

〈표 2.26〉 IMD와 WEF의 교육관련 경쟁력 지표와 한국의 경쟁력 지수

구분			변수	순위
IMD	고급 인적자본	교육의 양	고등교육 이수율	5위
		교육의 질	대학교육 만족도	52위
	혁신		고급기술자 활용 용이성	52위
			산학 간 기술이전의 수월함	42위
WEF	고급 인적자본	교육의 양	고등교육 취학률	3위
		교육의 질	교육시스템의 질	60위
			수학과 과학교육의 질	41위
			학교에서의 인터넷 접근성	3위
	혁신		과학연구기관의 질	32위
			기업의 R&D 지출	14위
			산학연(産學硏)의 정도	24위
			과학자와 공학자의 활용 용이성	52위

주: IMD의 평가대상 국가 수는 60개이며, WEF는 104개이다.
자료: 장수명(2004).

량하고 있지만 대학 경쟁력은 매우 낮은 편이다. 하지만 한국 대학경쟁력의 문제는 시설이나 연구 역량의 면에서 세계적 수준에 미치지 못하는 점에 국한되지 않는다. 이런 부분들은 과감한 투자와 대학 구조조정 등을 통해서 비교적 단기간에 해결할 수도 있을 것이다. 하지만 좀 더 근본적으로 도구과목 위주의 공부와 암기 중심의 획일적인 교육의 결과로 기본적인 책 읽기나 글쓰기, 탐구하기, 스스로 공부하기, 함께 협력하기 등의 소양을 갖추지 못한 아이들이 대학에 진학한다는 데 문제가 있다. 또한 이 아이들은 한 줄 세우기 방식의 초·중·고 평가방식으로 공부에 대한 재미를 배우지 못하고 두려움과 좌절의 경험을 쌓아가고 있다. 여기에 더하여 점점 더 불평등해지고, 직업 간 임금 격차가 확대되며, 안정성의 격차도 커지는 사회적 상황에서 대학에서도 몇 가지 직업을 갖기 위해 스펙을 쌓아야 한다는 불안감을 이겨내야 하는 상황이다. 이렇게 대학입시를 향한 초·중·고등

학교에서의 공부 형태나 사회적 불평등이 지속되는 한 대학경쟁력은 대학 자체의 개혁만으로는 확보하기 쉽지 않아 보인다.

5) 공동체적 신뢰 및 행복: 배움의 기쁨과 평화적 관계가 깨어진 학교

(1) 배움의 기쁨을 누리지 못하는 아이들

교육에서 경쟁을 완전히 제거하기는 불가능할 것이다. 그런데 한국 교육의 문제는 너무 어려서부터 교과 성적이라는 한 가지 기준하에, 바로 옆에 있는 친구와 경쟁을 해야 한다는 것이다. 이러한 상황에서 아이들은 배움 자체의 기쁨을 누릴 수가 없다. 공부를 잘하는 아이들도 배움 자체의 기쁨보다는 다른 친구들을 앞섰다는 기쁨을 누릴 뿐이다. 하지만 이러한 기쁨은 언젠가 친구에게 뒤질 수 있다는 불안과 함께 오는 것이다. 그리고 공부를 못하는 아이는 배움의 기쁨을 누리지 못하는 것은 물론이고, 다른 친구들보다 못하다는 열등감에 시달려야 한다.

이렇게 하루 종일 수업을 받는 아이들이 수업에서 배움의 기쁨을 느끼지 못한다면 학교에서 행복을 누릴 수가 없다. 아니, 단지 행복을 누리지 못하는 정도가 아니라 불안과 좌절이라는 불행에 시달리게 된다. 이러한 불안과 좌절에 시달리는 아이들은 다른 친구들을 향해 분노를 표출하거나

〈표 2.27〉 청소년의 자살에 대한 충동 여부 및 이유

(단위: %)

있다	자살하고 싶었던 주된 이유						
	계	경제적 어려움	직장 문제	외로움, 고독	가정 불화	성적, 진학문제	기타
12.1	100.0	16.7	0.4	12.5	16.9	39.2	14.2

자료: 통계청(2014b).

때로는 극단적인 행동까지 하게 된다.

(2) 관계가 깨어진 학교

오늘날 한국 사회에서 이슈가 되고 있는 학교폭력 문제는 관계가 단절된 학교의 현실을 보여주는 가장 대표적인 사례이다. 사실 학교폭력은 부모세대 때부터 있었던 문제다. 그런데 부모세대의 학교폭력은 학교 내 힘이 센 특정 개인이 자신의 힘을 과시하거나 금품을 갈취하기 위해 주로 일어났다. 그러니까 폭력의 가해자가 소수였고, 가해자와 피해자의 구분도 비교적 분명했다. 그런데 지금은 폭력의 가해자가 대다수 학생으로 확대되었고, 폭력과 따돌림의 유형도 다양해졌으며, 폭력의 강도도 훨씬 더 심해졌다는 데 그 심각성이 있다. 이전에 집단 따돌림이나 폭력의 피해자였던 학생이 가해자가 되는 경우도 빈번해졌고, 자신이 따돌림을 당하지 않기 위해서 먼저 다른 친구를 따돌리는 경우도 많이 생겨나고 있다.

이러한 관계의 단절은 교사와 학생 사이에서도 발생하고 있다. 교사와 학생의 관계에서는 전통적인 스승상이 존재했다. 하지만 급격한 사회적 변화와 지식 중심의 입시 교육 상황 가운데서 이러한 '군사부일체'적인 전

〈표 2.28〉 학교폭력 피해 유형

(단위: 명, 괄호 안은 %)

	1	2	3	4	5	6	7	8	합계
	언어 폭력	따돌림	폭행	스토킹	사이버 괴롭힘	금품 갈취	강제 심부름	강제 추행	
2014년 1차	46,564 (34.6)	22,826 (17.0)	15,535 (11.5)	14,887 (11.1)	12,490 (9.3)	10,813 (8.0)	6,353 (4.7)	5,107 (3.8)	134,575
2013년 2차	56,961 (35.3)	26,549 (16.5)	18,544 (11.5)	14,495 (9.0)	15,582 (9.7)	14,815 (9.2)	8,618 (5.3)	5,623 (3.5)	161,187
2013년 1차	70,489 (34.0)	34,414 (16.6)	24,248 (11.7)	19,090 (9.2)	18,861 (9.1)	20,822 (10.0)	12,582 (6.1)	6,818 (3.3)	207,324

자료: 교육부(2014g).

통적 스승상이 무너졌다. 그렇지만 이를 대체할 수 있는 새로운 교사상은 생겨나지 않은 상황이다. 그나마 이러한 아노미적 관계를 체벌이라는 강제적인 수단을 사용해 근근이 유지해왔지만 최근 학생인권에 대한 강조와 함께 체벌이 사라지면서 그 혼란은 더 증가되는 상황이다.

(3) 사라진 인성교육

학교가 상급학교 진학을 위한 평가 및 준비 기관 성격으로 고착이 되면서 상급학교 진학에서 주요한 평가 기준으로 작용하는 요소만 중시되고 그 외의 요소는 무시되거나 사라졌다. 그래서 국어, 영어, 수학 등 몇몇 교과에 과도하게 학업이 치중되고 그 외의 과목은 축소되거나 사라지고 있다. 교과 수업 방식에서도 내용과 관련된 자료들을 찾아서 읽고 정리해서 발표하며, 친구들과 토론하고 그와 관련된 협동 프로젝트를 수행하는 등의 활동은 시간 낭비 취급을 받는다. 오로지 많은 내용을 반복해서 익히고 이를 객관화된 문제풀이 형태에 적용해서 답을 맞추는 식의 학습이 주를 이루고 있다. 그리고 학급 활동이나 공동체 훈련, 체육과 예술 활동, 동아리 활동, 봉사활동, 체험활동 등 비교과 활동들은 마지못해 형식적으로 운영되고 있다. 물론 이러한 비교과 요소들을 입시의 일부로 반영하고 있지

〈표 2.29〉 학생들의 더불어 사는 능력 정도에 대한 인식

(단위: 명, 괄호 안은 %)

구분	매우 낮다	낮다	높다	매우 높다	전체
학생	2,973(9.5)	13,873(44.2)	12,389(39.5)	2,129(6.8)	31,364(100)
학부모	1,369(9.0)	8,422(55.2)	4,605(30.2)	862(5.6)	15,258(100)
교사	1,861(16.5)	7,200(63.8)	2,056(18.2)	163(1.4)	11,280(100)
전체	6,203(10.7)	29,495(50.9)	19,050(32.9)	3,154(5.4)	57,902(100)

자료: 교육과학기술부(2012c).

만, 입시에 점수나 실적으로 반영이 되면 이런 요소들의 교육적 본질이 사라지고 스펙 쌓기 경쟁으로 왜곡되는 상황이다.

(4) 과도하게 물질적 가치에 경도된 아이들

아이들은 학교에서만 배우는 것이 아니라 가정과 사회, 언론, 대중문화 등 자신을 둘러싼 모든 사회적 환경 가운데서 배우고 자란다. 이런 면에서 한국 사회의 물질주의 경향은 매우 심각하게 아이들에게 영향을 미치고

〈표 2.30〉 초·중·고 학생이 인생에서 추구하고 싶은 것

(단위: 명, 괄호 안은 %)

		돈	명예	권력	인기	봉사	기타	총합
초등학교	소계	1,149 (38.3)	781 (26.1)	276 (9.2)	304 (10.1)	284 (9.5)	204 (6.8)	2,998
	남학생	666 (41.1)	454 (28.0)	148 (9.1)	128 (7.9)	117 (7.2)	107 (6.6)	1,620
	여학생	483 (35.1)	327 (23.7)	128 (9.3)	176 (12.8)	167 (12.1)	97 (7.0)	1,378
중학교	소계	5,001 (53.4)	1,837 (19.6)	667 (7.1)	640 (6.8)	497 (5.3)	732 (7.8)	9,374
	남학생	2,562 (53.6)	993 (20.8)	325 (6.8)	324 (6.8)	232 (4.9)	341 (7.1)	4,777
	여학생	2,439 (53.1)	844 (18.4)	342 (7.4)	316 (6.9)	265 (5.8)	391 (8.5)	4,597
고등학교	소계	5,316 (56.3)	1,667 (17.6)	621 (6.6)	479 (5.1)	470 (5.0)	896 (9.5)	9,449
	남학생	2,874 (55.6)	926 (17.9)	366 (7.1)	271 (5.2)	250 (4.8)	483 (9.3)	5,170
	여학생	2,442 (57.1)	741 (17.3)	255 (6.0)	208 (4.9)	220 (5.1)	413 (9.7)	4,279
계		11,466 (52.5)	4,285 (19.6)	1,564 (7.2)	1,423 (6.5)	1,251 (5.7)	1,832 (8.4)	21,821

자료: 교육과학기술부(2012d).

있다. 그래서인지 열심히 공부해서 가난한 이웃과 인류를 위해 봉사하겠다는 의식을 가진 아이들을 찾기는 쉽지 않다. 대다수의 아이들은 부와 안정을 가져다주는 직업을 선택하고 그것을 통해 쾌락을 누리는 삶을 추구하려 한다. 이는 지극히 물질주의에 경도된 우리 사회를 반영한 것이라 할 수 있다.

3. 남한 교육의 문제를 가져온 원인 분석

1) 다양하고 균등한 교육기회

(1) 교육에 대한 국민 주도성과 국가 책무성의 약화

남한 교육이 형식적인 교육기회의 확대 및 균등은 이루었지만 실질적인 불균형에 관심을 갖지 못하고 방치해온 것은 공교육이나 국가적 책무성에 관한 고민과 합의가 없었기 때문이다. 전통적으로 우리 사회에서 교육은 국가와 사회가 감당해야 할 공적 영역이 아닌 개인이 감당해야 할 사적 영역이었다. 즉, 부모가 자기 돈을 들여 아이에게 공부를 많이 시켜 아이가 배운 것으로 출세를 해서 자신과 가족을 잘 부양하도록 하기 위한 수단으로 교육을 생각해왔다. 사실 해방 이후 한국 공교육의 급격한 확장과 교육기회의 균등은 국가가 주도적으로 이룬 성취가 아니라 국민 개개인이 이룬 성과였다. 국가는 국민들이 자녀 교육을 위해 학교를 만들어놓으면 그것을 추인해주기 바빴다. 이런 상황이다 보니 국가는 형식적인 교육기회 확대와 교육의 균등성 추구에 급급했고, 이 가운데서 발생하는 실질적인 교육 불균등에는 관심을 가질 여유가 없었다.

하지만 이제는 대다수의 아이들이 학교에 다닐 수 있게 만들어주는 것으로 국가의 책무를 다했다고 말할 수 없는 시대가 되었다. 대다수의 아이들이 학교에 다닐 수는 있지만 그 가운데서 내용적인 불균등과 교육기회의 격차가 커졌기 때문이다. 그러므로 국가는 전체적으로 공교육의 질을 높이는 일에 좀 더 많은 투자를 해야 한다. 그래야 아이들이 가정의 사회·경제적 배경과 무관하게 학교에서 일정 수준 이상의 균등한 교육을 받을 수 있다. 이와 동시에 사회·경제적으로 불리한 상황에 있는 아이들에게 더 많은 투자를 해서 가정형편 때문에 나타나는 교육의 불균등을 보완해주어야 한다. 중도 탈락 학생이나 학습부진 학생 문제도 같은 차원에서 이전 교육의 양적 기회 확대 시절에는 관심을 가질 여유가 없던 문제였지만, 이제는 국가가 모든 국민에게 일정한 교육을 책임을 진다는 차원에서 접근해야 할 문제이다.

(2) 획일적 대학서열 체제와 불평등한 사회 체제

교육내용의 획일화는 가깝게는 대학체제와 대학입시, 조금 더 근본적으로는 고용시장의 차별이나 임금 격차 때문에 발생하는 문제다.

대학이 수직적으로 서열화되어 있고 그 서열에 따라 학벌을 형성하고 있는 상황이다 보니 모든 중·고등학교의 교육이 더 높은 서열의 대학에 진학하기 위한 과정으로 획일화될 수밖에 없다. 또 이러한 서열 체제에서 각 대학의 학과 모집 단위의 특성에 따라 다른 내용으로 학생을 선발하게 되면 그나마 학생들이 자신의 진로를 따라 다양한 공부를 할 수 있을 텐데, 다수의 대학이 학과별 특성을 반영하지 않는 획일화된 선발 방식을 유지하고 있기 때문에 중·고등학교 교육도 획일화되고 있다. 대학체제와 대학입시의 너머에는 갈수록 심화되고 있는 직업 간 임금 격차나 차별, 그리고 사회 안전망의 부재가 존재함은 물론이다. 사회가 평등해지지 않는 한 아무리 다양한 교육을 외치더라도 이는 공염불이 될 수밖에 없다. 젊은이들

〈그림 2.4〉 학력별 소득 증가율

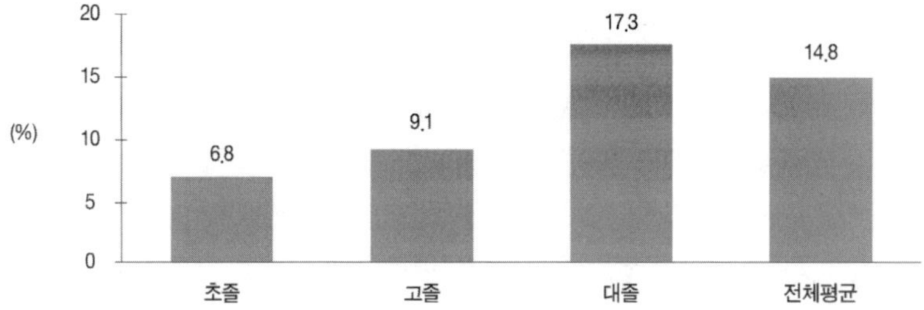

자료: 류방란(2011).

과 학생들이 자신의 은사와 소질에 맞는 다양한 진로를 선택하고 학교는 거기에 맞는 다양한 교육을 제공하는 체제가 되기 위해서는 이들이 어떤 진로를 선택하든 최소한의 생활이 보장이 되는 사회 체제가 뒷받침되어야 한다.

2) 교육의 형평성

(1) 양극화와 교육열 저하 시대에 대한 대비 부족

한국 사회가 교육을 통해서 사회적 계층 상승을 많이 경험하고 교육이 사회적 형평성 증진에 기여를 해왔던 것은 일제시대를 거치면서 신분제가 무너졌던 토양이 있기 때문이었다. 그래서 이때는 교육을 많이 받은 사람들이 사회의 상류 혹은 중류층을 형성할 수 있었다. 그리고 1960년대 이후 진행된 급속한 산업화는 교육을 받은 사람들이 자신의 역량을 발휘해 그에 상응하는 사회·경제적인 지위를 획득할 수 있는 공간을 만들어주었다. 당연히 개천에서 계속 용을 만들어 배출해도 모든 용들이 각자 자기 역할을 담당할 수 있었다. 한국 교육의 중요한 에너지원이라고 할 수 있는 교

〈그림 2.5〉 상급 명문학교 진학과 가정배경의 관련성 인식

질문 1. 개인의 능력과 노력만 있으면 가정의 경제적 수준(형편)이 어떠하든 명문학교에 갈 수 있다.

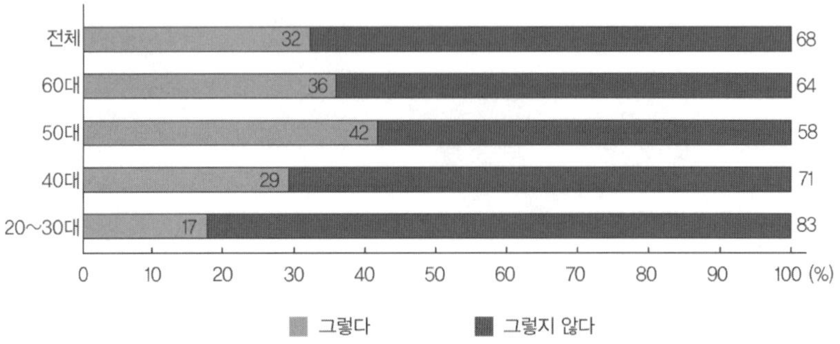

질문 2. 개인의 능력과 노력만 있으면 가정의 경제적 수준이 어떠하든 원하는 직업을 얻을 수 있다.

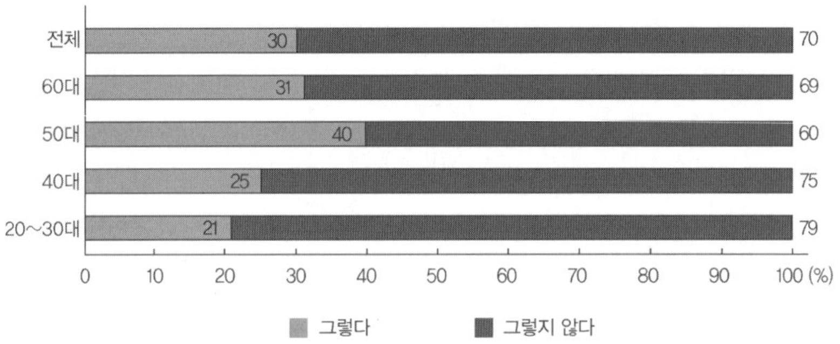

자료: 류방란(2011).

육열도 이러한 배경하에서 강화되어 나타났다.

하지만 바로 이 시기에 사회의 양극화가 고착되면서 사회·경제적으로 유리한 위치를 선점한 가정의 자녀들이 교육을 통해 그 지위를 이어받는 현상이 나타날 것임을 인식하고 대비를 했어야 했는데 그러지를 못했다. 다행히 아직까지는 한국 사회 내에 교육을 통한 계층 상승에 대한 기대가 남아 있고 이에 근거한 교육열도 여전하다. 하지만 이전에 비하면 교육을

받아도 소용이 없다는 교육포기 현상이 조금씩 늘어나는 상황이다. 이러한 교육포기 현상이 확산되지 않도록 사회적 약자들에 대한 교육적 지원과 더불어 교육을 통해 계층 상승을 할 수 있는 길을 열어주는 노력이 있어야 할 것이다.

(2) 사교육이 따라붙기 좋은 평가 체제와 대입 체제

한국 교육의 형평성을 심각하게 약화시킨 주요한 원인 중의 하나가 사교육이라는 점을 생각할 때 우리 입시 체제와 평가 체제가 사교육이 붙기 좋은 형태였다는 부분도 지적되어야 할 것이다. 즉, 개별 교사가 학생에 대한 평가권을 갖고, 그 교사가 평가한 내용을 대학이 자율적으로 반영하는 입시 체제하에서는 사교육이 작동하기가 힘들다. 그런데 우리의 경우 학교 단위의 시험도 개별 교사가 아닌 교과서 중심의 학년 단위 평가 체제고, 대학입시도 전국 단위의 평가 점수를 중시하다 보니 학교 내신이든 전국 단위 시험이든 사교육이 전문성을 가지고 준비를 해줄 수 있는 체제였다. 그러다 보니 사교육이 교육의 결과에 많은 영향을 미치게 되었고 교육의 형평성이 심각하게 위협받게 되었다.

(3) 학교 교육과정을 넘어선 평가 내용

사교육은 우리 교육에서 오랫동안 존재했지만 지금과 같이 하나의 산업으로 성장한 것은 1990년대 들어서이다. 이때는 1980년대에 지속되었던 과외 금지 조치가 위헌 판단을 받았던 배경도 있었지만, 여기에 더해 수능, 특목고, 논술 등의 도입도 사교육이 대폭 증가하게 된 원인이 되었다.

수능과 논술은 암기 위주의 단편적 지식이 아닌 종합적인 사고능력을 대입의 기준으로 도입함으로써 중·고등학교 교육을 혁신하기 위해서, 특목고는 고교평준화의 단점을 극복하고 특정 분야의 영재에게 수월성 교육

〈그림 2.6〉 사교육 참여 현황 추이

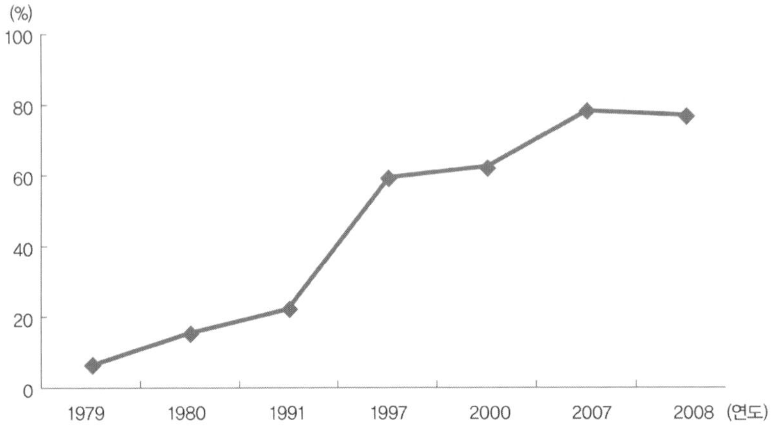

자료: 이종재(2010b).

〈표 2.31〉 선행학습 유발요인 정리

선행학습 유발 요인	내용	비고
정책 및 제도 요인	지나치게 어려운 학교 시험	개별 학교 수준의 정책 및 제도 요인
	개별 학교의 속진(速進) 교육과정 편성 및 운영	
	정상적인 교육과정 수준을 뛰어넘는 대학별 고사와 대입 전형	
	양이 많고 난이도가 높은 국가 수준 교육과정	정부 수준의 정책 및 제도 요인
	점수 위주의 높은 변별력을 요구하는 수능제도와 대입 반영 방식	
	상대평가 내신제도에 따른 획일적인 평가	
사교육 시장의 마케팅 효과	수요자의 경쟁과 불안 심리를 자극해 선행학습 수요를 조장하는 마케팅	—
수요자의 의식	경쟁과 불안 심리 등	—

자료: 사교육걱정없는세상(2012a).

을 하기 위해서 도입되었다. 이들의 공통점은 기존의 학교교육 과정으로 감당할 수 없는 부문이라는 것이었는데, 결국 이 제도들은 학생들을 사교육으로 내모는 역할을 했다. 그러므로 입시나 상급학교 제도를, 학교의 교육과정을 준수하거나 학교가 감당할 준비를 충분히 한 후에 도입하는 것이 얼마나 중요한가 하는 것을 보여준다.

(4) 대학의 공적 책무성 부족

여기서 하나 더 지적할 점은 대학의 공공성 부족이다. 지금까지 한국의 대학은 서열화된 대학체계 가운데서 우수한 학생을 선발하는 데 초점을 맞추었고, 사회의 형평성을 촉진하는 역할을 하는 데는 둔감했다. 그러다 보니 어려운 가정형편 때문에 높은 학업 성적을 나타내지는 못했지만 대학 교육을 통해 충분히 교육시킬 수 있는 잠재력 있는 학생을 선발하거나, 다양한 계층의 학생을 선발해 그들이 서로 어울려 공부하게 함으로써 사회적으로 통합하는 기능을 수행하는 데는 관심을 기울이지 못했다. 물론 치열한 대학입시 경쟁 속에서 성적에 의한 공정성을 요구하는 사회 분위기와 맞물려 대학이 운신의 폭이 넓지 않았던 것도 사실이지만, 대학도 이

〈표 2.32〉 2012학년도 서울대학교 구술면접 문항 중 대학 내용 출제 문항 및 비율

과목	학부	대학 교과 수준 문항 수/총문항		대학 교과 수준 문항의 출제 비율
수학	자연과학대학	3/4	10/11	90.9%
	공과대학	7/7		
물리	간호/농업생명과학/생활과학대학	3/6	6/12	50%
	자연과학/공과/사범대학	3/6		
화학	농업생명과학대학	2/6	3/12	25%
	자연과학/공과대학	1/6		
생물	농업생명과학/사범대학	4/7	9/14	64.3%
	자연과학대학	5/7		
지구과학	자연과학대학	1/8	1/8	12.5%
총계		29/57	29/57	50.9%

자료: 사교육걱정없는세상(2012b)[13)]

〈표 2.33〉 대입 제도 변화 주요 일지

기간	주요 내용
해방~1963년	대학별 단독 고사
1954년	대학입학 연합고사 +대학별 시험
1958~1961년	무시험(10%) +시험(90%), 고교(30%) +시험(70%)
1963년	대학입학 자격고사
1969~1980년	대입 예비고사 +대입 본고사
1981년	대입 예비고사 +내신(과외 금지, 본고사 폐지)
1982~1993년	대입 학력고사 +내신
1994~1999년	대학 수학능력 시험, 대학별 고사, 내신(언어, 외국어, 수리탐구 I, II 필수)

자료: 남승희(2012).

러한 분위기에 편승해서 우수한 학생을 골라내는 일에만 안주했지 적극적으로 국민들을 설득하고 새로운 대안을 만들어가는 노력을 하지는 못했다. 대학은 한국 사회의 책임 있는 공적 기관으로서 교육의 형평성 문제를 개선하는 데 거의 역할을 하지 못했다.

3) 교육의 공정성

(1) 교육을 '선발과 배제'의 틀로 보는 교육 의식

한국을 포함한 일본, 중국, 대만, 북한 등 동아시아 유교문화권은 교육을 '선발과 배제'의 틀로 보는 전통을 유지해왔다. 즉, 과거제의 전통이 보

13) 2012년까지 대학들이 논술과 구술 문항에 고교 교육과정을 넘어선 대학 수준의 문제를 출제해왔으나 2013년부터는 논술과 구술 문항을 고교 교육과정 내에서 출제하라는 교육부의 강력한 제재에 따라 고교 교육과정 내에서 출제하고 있다. 하지만 이러한 제한은 대학의 자발적인 것이 아니라 교육시민단체의 항의와 교육부의 통제에 의해 이루어진 것이다.

여주듯, 교육은 일정한 사회적 선발 과정을 통과해 사회적 재화와 권력을 획득하기 위한 중요한 수단으로 존재했다. 그러다 보니 교육을 통해 모든 사람이 자신을 발견하고 자신의 소질과 적성을 개발해가는 본래적인 목적은 사라지고, 시험을 통과해서 부와 권력을 획득하는 수단으로 교육이 왜곡되었다. 이렇게 일정한 교육을 받은 이후에 주어진 선발 과정을 통과하는 것이 중요해지자 이 선발 과정에서 객관성과 공정성이 과도하게 강조되었다. 그리고 어떤 의미에서 공정성보다 더 중요할 수도 있는 교육적 타당성이 설 자리를 잃어버리게 된다.

해방 이후 한국의 대입 체제는 16회 정도 크고 작은 수정을 거쳤는데, 그 내용을 보면 학교 내신, 국가 단위 시험, 대학별 고사, 이 세 가지를 어떤 비율로 반영할 것인가가 핵심이었다. 그렇지만 단 한 번도 공정성을 넘어 어떻게 교육적 타당성을 반영할 것인가가 논의된 적은 없다. 이렇게 해서 우리의 대학입시는 공정성은 어느 정도 유지하고 있지만, 그 때문에 학교교육의 본질을 담아내지 못하는 현실이 계속되고 있는 것이다.

(2) 미완성의 고교평준화

학벌체제와 대학서열화는 한국 교육이 안고 있는 원죄와 같다. 그런데 문제는 이 학벌 체제와 대학서열 체제라는 것이 노동시장을 포함한 우리 사회의 총체적인 문제와 연결되어 있기 때문에 극복이 쉽지가 않다는 것이다. 그래도 그동안 우리 국민들과 교육계가 합의해왔던 원칙이 대입경쟁의 압력을 최대한 늦추어서 대학입시에서 멀리 떨어진 아이들과 교육은 보호를 하자는 것이었다. 그래서 1969년 중학교 무시험 전형을, 1974년에는 서울과 부산부터 고교 학군별 추첨 배정 제도를 실시했다. 이렇게 해서 초등학교와 중학교 단계에서라도 과도한 입시경쟁으로부터 아이들을 보호하고 교육본질을 살리기 위한 노력을 해왔다.

실제로 이러한 무시험 배정 제도를 통해 초등학교는 어느 정도 교육정상화를 이루었다. 하지만 고교 학군별 추첨 배정은 서울과 부산을 시작으로 점차 전국으로 확대되다가 중간에 멈춤으로써 입시경쟁으로부터 중학교 교육을 지키는 데 충분한 역할을 하지 못했다.14) 여기다가 분야별 영재교육을 명분으로 1990년대 이후 특목고가 늘어나기 시작했고,15) 이명박 정부 들어 자율형 사립고를 무분별하게 확대함으로써 고교 무시험 배정 제도는 완전히 유명무실해졌다. 현재 고교입시는 대학서열화에 못지않은 고교서열화에 시달리고 있고, 이러한 체제하에서는 교과서 중심의 반복 학습과 엄격하게 서열화되는 점수 위주 평가 체제의 지배를 받을 수밖에 없다.

현재 공공연한 학벌주의와 대학서열 체제 가운데 대입 경쟁 체제는 피할 수 없는 면이 있다고 하지만, 고입 경쟁 체제는 피하려면 얼마든지 피할 수 있는 상황임에도 우리가 그런 식의 선택을 한 것이다. 그것도 그간 수십 년

---

14) 1974년 서울과 부산에서 시작된 고교평준화는 그 이듬해인 1975년에 인천, 대구, 광주로 확대되고, 1979년에 대전, 전주, 마산, 수원, 청주, 춘천, 제주 등 주로 도청 소재지 지역으로 적용 지역이 넓어졌다. 1980년에는 성남, 원주, 천안, 군산, 이리, 목포, 안동, 진주 등 8개 지역으로 확산되었으며, 1981년에는 창원이 마산으로부터 독립되면서 총 21개 도시에까지 확대 적용되었다. 그리고 1980년대와 1990년대 소강기를 거쳐 2000년대 들어서 2000년에 울산, 군산, 익산에서, 2002년에는 고양, 부천, 안양, 과천, 의왕, 군포, 2005년 목포, 여수, 순천, 2006년 김해 지역에서 평준화가 도입되었다. 1990년에 군산, 목포, 안동, 1991년에는 춘천, 원주, 이리, 1995년에는 천안이 평준화를 해제했으나 2010년 이후 진보 성향의 교육감이 당선되면서 경기도 안산, 의정부, 광명이, 강원도 춘천, 원주, 강릉이 다시 평준화 과정을 밟고 있다.

15) 특수 목적 고등학교는 1974년 고교평준화 정책을 도입할 때 평준화 추첨으로 학생을 배정할 경우 학교의 설립 목적을 구현하기 어렵다고 판단되는 '삼육, 성심, 중경, 국악, 서울예술, 체육, 철도, 부산해양 고등학교' 등을 지정하면서 시작되었다. 이렇게 예술이나 체육, 종교 등 설립 목적에 한정되던 특수 목적고 개념은 1986년 '과학 계열', 1992년 '외국어 계열', 1998년 '국제 계열'을 추가함으로써 그 범위가 넓어졌다. 그리하여 2013년 현재 과학고 21개 교, 외국어고 31개 교, 국제고 7개 교가 운영되고 있다.

동안 국민들이 합의를 하고 쌓아온 원칙과 흐름을 뒤집는 역주행이었다.

지금까지 고교평준화의 틀을 깨고 특목고와 자사고를 설립할 때의 명분은 교육과정의 다양화와 자율성이었다. 이 부분은 충분히 명분이 있다. 그런데 문제는 특목고나 자사고에 교육과정의 다양화와 특성화만 허용한 것이 아니라 학생 선발 특혜를 함께 준 것이다. 그러다 보니 교육과정의 다양화나 특성화는 제대로 이루어지지 않고 다양한 학교들이 획일적인 입시 교육을 강화하는 현상이 발생했다. 즉, 다양한 교육과정의 운영보다는 성적이 우수한 학생을 선발해 대입 명문학교를 만드는 일에 집중을 한 것이다.

학벌주의와 대학서열 체제의 직접적인 영향권에 있고, 그 병목 역할을 하고 있는 고등학교의 현실을 생각할 때 고교의 교육과정은 얼마든지 다양화·특성화를 하되 고교 입시에서 성적에 의한 선발 특혜는 막아야 한다. 그래야 중학교 교육이 고교 입시의 영향에서 벗어나 정상화의 길을 갈 수 있다. 그리고 그렇게 할 때에만 수업의 내용과 방법, 평가에서 외압을 받지 않고 혁신할 수 있다.

(3) 일제의 유산으로서 학교에 대한 관료적 지배

해방 후 한국 교육은 교육과정과 틀에서는 미국의 영향을 받았지만 교육행정 체제는 일본의 것을 그대로 이어받았다. 그런데 일본의 교육행정 체제는 단위 학교 교육 주체들의 자율성을 존중해주는 것이 아니라 국가에서 정한 교육내용과 교육의 틀을 단위 학교 학생에까지 그대로 전달하는 것이 목적이었고, 이러한 임무를 잘 수행할 수 있는 사람을 교육 관료와 관리자로 세워 학교를 통치하는 방식이었다.[16] 물론 해방 후 억압적인

---

16) 전성은 전 국가교육혁신위원회 위원장이 쓴 『왜 학교는 불행한가』(서울: 메디치미디어, 2011)라는 책은 일제시대 일본이 한국 교육을 국가의 통치하에 두기 위해 실시했던 많은 제도가 해방 이후 독재 정부하에서 어떻게 그대로 유지되었는지를 잘 설명하고 있다.

체제는 많이 개선되었지만 교육부와 교육청의 지시를 그대로 순응하는 학교와 교사들을 만들어내고, 학교로 하여금 위를 바라보게 만드는 틀은 바뀌지 않고 그대로 유지되고 있는 상황이다.

4) 교육의 수월성 및 경쟁력

(1) 교육본질을 잃은 고비용 저효율 교육체제

한국 교육이 세계에서 가장 높은 학업성취도를 자랑하지만 그것은 다른 나라에 비해 두 배 정도 많은 시간을 공부에 투자한 결과이다. 그나마도 학년이 올라갈수록 학습 흥미도와 자신감이 떨어져 대학에 가면 학업성취도마저 떨어지는 현상이 나타나서, 한국 교육이 지닌 고비용 저효율의 현실을 잘 보여주고 있다. 이것은 공부가 그 자체의 목적을 잃어버리고 입시와 출세의 수단으로 왜곡된 결과이다. 그렇게 해서 아이들의 행복을 앗아가는 것은 물론이고 국가의 교육경쟁력마저 약화시키고 있다.

(2) 경쟁력이 경쟁을 통해 나온다는 신화

교육은 본질적으로 학습자 개개인의 소질과 가능성을 계발하여 인간적 성장과 성취를 이루도록 하는 일이다. 하지만 이러한 교육의 경쟁력은 교육이 이루어지는 과정이나 선발과정에서의 경쟁 여부로 결정되는 것이 아니라 교육이 얼마나 제대로 실시되느냐 여부에 달려 있다. 한국이 앓고 있는 많은 교육 문제는 고입과 대입 과정에서 경쟁적 선발 시험이 없거나 중·고등학교에서 아이들을 경쟁시키지 않아서 생긴 것 아니다. 중·고등학교에서 이루어지는 교육활동이 교육의 본질에 충실하지 못하고 대학입시를 비롯한 시험 준비를 위한 공부로 왜곡되었기 때문에 문제가 생기고 있다.

그럼에도 한국에서는 많은 사람이 경쟁을 강화시키면 경쟁력이 올라간

〈그림 2.7〉 국가별 15세 주당 학습 시간

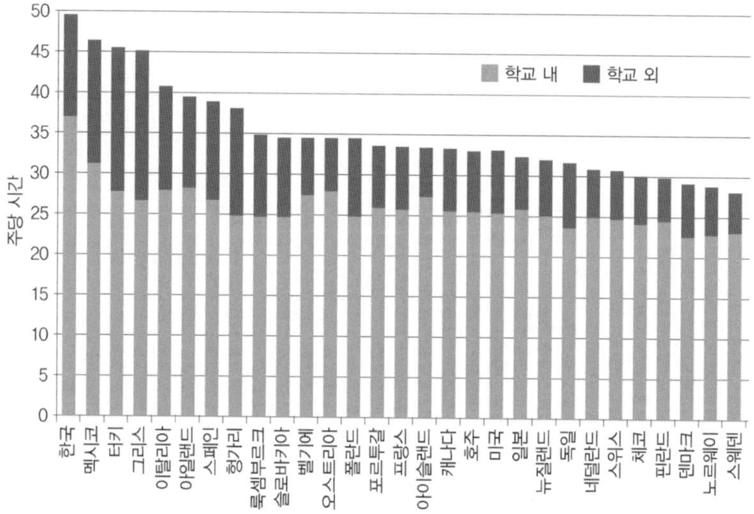

자료: OECD(2004).

다는 신화를 믿고 있다. 그래서 교육경쟁력이나 국가경쟁력이라는 미명하에 아주 어린 아이들의 경쟁까지 강화시키는 정책을 사용하고 있다. 하지만 IMD의 교육경쟁력 보고서를 보더라도, 동료 아이들과 경쟁하게 만드는 것보다는 아이들에게 배움의 기쁨을 충분히 누리게 하고 각자에게 주어진 소질과 은사를 충분히 누리도록 하는 교육체제가 경쟁력이 강한 것이 드러나고 있다. 오히려 한국과 같이 어린 나이부터 경쟁을 강화하는 구조는 교육경쟁력을 떨어뜨리는 요소로 작용하고 있음을 알 수 있다.

(3) 성적이 우수한 학생들을 한꺼번에 모아야 한다는 생각

모든 아이들이 다른 은사와 적성을 가지고 있기 때문에 각자에게 맞는 교육을 실시해야 하는 것은 분명하다. 그렇지만 특별한 분야에 더 많은 소질을 가진 아이들을 따로 모아서 교육을 해야 더 효과적인가라는 부분은 논란이 되고 있다. 그런데 한국에서는 우수한 학생들을 따로 모아서 교육을 해야 더 효과적인 교육이 되고 교육경쟁력이 높아진다는 믿음을 고수해왔다. 그런데 이 부분이 과도하게 강조되면서 학교가 서열화되고 아이들은 더 어린 나이부터 더 많은 경쟁에 시달리는 부작용을 겪어왔다. 하지만 우수한 아이들을 별도로 모아 교육을 해야 더 효과적인 교육이 이루어진다는 주장은 그 효과성 면에서 명확한 결론이 나지 않고 있다. 이러한 상황에서 그 부작용이 매우 크게 나타나고 있는 점을 생각하면, 이 부분에 대한 재검토가 있어야 할 것이다.

5) 공동체적 신뢰 및 행복

(1) 배움의 기쁨과 회복에 대한 무관심

지금까지 우리는 교육개혁과 관련된 많은 논의를 하면서 아이들이 '배움의 기쁨'을 누려야 한다는 교육본질을 논의의 중심에 둔 적이 없다. 대부분의 부모나 교육자들 중에서도 공부를 좋아서 한다는 사람은 드물었고, 공부는 괴롭지만 해야만 하는 인내의 과정이었다. 그러다 보니 아이들의 교육 고통을 줄여주는 일에 관심은 있었지만, 그래도 어느 정도의 고통은 어쩔 수 없는 것이라 생각했다. 하지만 공부와 배움이 본질적으로 기쁜 것이라는 교육본질에 믿음을 두고, 어떻게 하면 모든 아이들이 배움의 기쁨을 누리도록 할 것인가라는 부분에 대해서는 관심을 두지 않았다. 이제는 이러한 배움의 본질을 어떻게 회복할 것인가를 중심에 놓고 교육을 논할 때가 되었다.

(2) 모두가 원치 않는 인성교육

〈그림 2.8〉 학교 업무 중시도에 비추어본 교사의 뇌

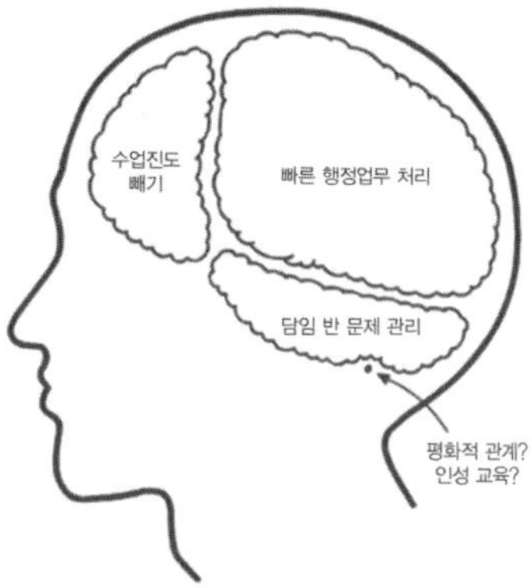

자료: 김진우(2012).

지금까지 한국 사회는 말로만 인성교육을 이야기했지, 실제로는 인성교육에 많은 시간을 투자하고 학교의 교육과정을 인성교육에 초점을 두고 재편하려는 노력은 하지 않았다. 이것은 학교폭력이 심각한 이슈가 되고 있는 지금도 마찬가지다. 인성교육은 지금의 교과 지식 중심의 입시 체제를 건드리지 않는 범위 내에서 하나 더 추가하는 것으로만 취급되고 있다. 이런 상황에서 아이들의 인성교육이 될 수가 없고 학교폭력 문제가 해결될 수 없다. 이 부분도 교육의 본질로 돌아가야 한다.

(3) 교육을 우선시하지 않고 무관심한 사회

한국 사회는 교육에 관해 많은 이야기를 하지만, 사실상 자녀를 출세시키고픈 이기적인 욕망이 강할 뿐이지 실제로 사회가 교육을 중시하지는 않는다. 그렇게 강하다는 부모들의 교육열도 자녀가 대학에 진학할 때까지만 유효하다. 그리고 사회 전반적으로 자녀교육을 위해 아버지들을 저녁 시간에 가정으로 돌려보내는 체제도 아니고, 청소년들을 게임과 인터넷의 유해성으로부터 보호하지 않으며, 오히려 청소년들을 게임 중독과 인터넷 중독으로 몰아넣는 대가로 게임 강국과 인터넷 강국의 지위를 유지하고 있다. 이외에도 현재의 물질적 발전을 구실로 미래 사회의 아이들에게 미치는 교육적 영향은 늘 밀리는 상황이다. 그리고 이렇게 교육을 중

〈표 2.34〉 인성형성에 부정적인 요소(1순위)

(단위: 명, 괄호 안은 %)

구분	부모님의 잘못된 교육관	폭력적인 또래문화	성적 위주의 학교교육	경쟁적 사회풍토	유해한 매체	잘못된 어른들의 모습	전체
학생	4,089 (13.0)	7,889 (25.2)	10,461 (33.4)	2,283 (7.3)	3,037 (9.7)	3,605 (11.5)	31,364
학부모	2,824 (18.5)	2,825 (18.5)	4,214 (27.6)	1,831 (12.0)	2,567 (16.8)	997 (6.5)	15,258
교사	5,140 (45.6)	360 (3.2)	2,373 (21.0)	1,950 (17.3)	1,143 (10.1)	314 (2.8)	11,280
전체	12,053 (20.8)	11,074 (19.1)	17,048 (29.4)	6,064 (10.5)	6,747 (11.7)	4,916 (8.5)	57,902

자료: 교육과학기술부(2012c).

시하지 않은 대가를 온 가정과 사회가 함께 치르고 있다.

4. 남한 교육의 개선 방향

1) 다양하고 균등한 교육기회

(1) 기초학력에 책무성 강화를 통한 실질적 교육기회 균등 실현

공교육이 모든 국민이 국가에서 정한 일정 수준의 교육을 받도록 하는 데 목적이 있다면, 이제는 대부분의 국민들이 고등학교 단계까지 학교를 다니고 졸업을 한다는 점에 만족해서는 안 된다. 여기에서 더 나아가 실제로 모든 아이들이 국가에서 정한 일정한 정도의 학력에 도달할 수 있도록 돕는 데까지 나아가야 한다. 현재 한국 학교는 아이들에게 일정한 교육을 제공하는 데서 자기 책임을 다했다고 생각하고, 실제 아동이 어떤 배움을

〈표 2.35〉 학습부진아 1인당 지원액 추산

(단위: 명, 원)

구분	학생 수		1인당 지원액		비고
	2008년	2009년	2008년	2009년	
기초학습부진아	19,503	21,991	1,248,559	1,947,888	교육청 보고 4~6학년 대상
기초학력미달학생	91,805	91,805	265,243	499,597	2008년 학업성취도평가 국어 영역 20점 미만
교과학습부진아	370,000	370,000	65,812	115,773	전체 학생의 10% 수준
기초학력수준 학생	664,669	664,669	36,635	64,447	2008년 학업성취도평가 국어 영역 50점 미만

자료: 김진우(2008).

누리느냐 하는 부분은 개인과 가정의 책임으로 돌리고 있다. 물론 개인과 가정의 책임이 없는 것은 아니지만 가정에서 충분한 돌봄을 받지 못하는 아이들이나 장애가 있는 아이들의 경우는 국가에서 보조 교사를 지원하는 등 더 많은 투자를 해야 한다. 이렇게 해야만 실질적인 교육기회 균등이 실현될 수 있다.

하지만 학습부진 학생에 대한 정확한 개념 정립이나 기초 현황 파악도 되지 않았기 때문에 이에 대한 예산도 실제 학습부진 문제를 해결하기에는 턱없이 부족한 상황이다. 2008년 시도 교육청의 초등학교 대상 학습부진아 지원 예산은 243억 5,065만 5,000원이고, 2009년은 428억 3,600만 8,000원이었다. 이를 기초로 학습부진아 1인당 지원액을 추산하면 〈표 2.35〉와 같다. 이 정도의 예산은 학습부진아를 집단으로 모아놓고 문제풀이 보충학습을 시키는 정도밖에는 할 수 없는 돈이다. 즉, 학습부진아 한 명, 한 명의 학습부진 원인을 찾아 개별지도를 할 수 있는 상황이 아닌 것이다.

그러므로 기초학력에 책무성 강화를 통한 실질적 교육기회 균등을 실현하기 위해서는 우선 '기초학력보장 특별법' 제정이 시급히 필요하다. 영재교육의 경우 법률적 근거를 통해 안정적으로 예산을 확보하는 데 비해, 학습부진아 지원의 경우 분명한 근거가 없다. 그러다 보니 학습부진아를 지원하기 위한 예산은 교육부의 특별교부금 형태가 많아 안정성이 떨어지고 있다. 그러므로 안정적인 예산을 확보하기 위해서는 근거 법률을 만들 필요가 있다. 물론 이 법률에는 단지 예산 확보를 위한 근거만 포함되는 것은 아니다. 모든 학생들의 기초학력 보장에 대한 국가의 책무성이 명시되어야 하고, 모든 아동들이 일정 수준 이상의 학력을 취득하기 위한 지원을 받을 수 있는 권리, 그리고 이의 실현을 위한 각 기관들의 의무 등이 담겨야 할 것이다.

다음으로 '학습부진 학생 특별지원 교사' 배치를 의무화해야 한다. 특별지원 교사는 핀란드에서 운용하고 있는 특별지원 교사와 유사한 개념이다. 핀란드에서는 학습부진아를 비롯해 특별한 도움을 필요로 하는 학생을 지원하기 위해 별도의 연수를 거친 교사에게 특별지원 교사 자격을 부여하고 있다. 정규학급에서 학습이 제대로 이루어지지 않는 경우 특별지원 교사가 소그룹 내지는 일대일로 붙어서 지원할 수 있도록 하고 있다. 정규수업 시간에 별도로 가르치거나 방과 후에 특별지도를 하기도 한다.

학습부진아를 제대로 돕기 위해서는 높은 전문성과 사명감이 필요하다. 이와 같은 인력을 확보하기 위해서는 정규 교원 중에 몇 명을 선발하여 특별 연수를 거치도록 해서 특별교사로 임명하는 방안이 유력하다. 그러나 당장의 수업과 학급운영을 위한 인력도 충분하지 않은 상황에서 정규 교원을 투입하는 것은 현재 구조에서 쉽지 않은 일이다. 그러나 장기적으로는 대학원 수준의 연수 과정을 거쳐 학습부진아를 도울 수 있는 전문적인 교사를 양성하는 것은 필요하다. 우선 현재 상황에서 가능한 것은 학습보조 인턴교사를 확보하는 것이다. 적어도 학습부진아 열 명 당 한 명의 학습보조 교사를 붙여서 수시로 도움을 받을 수 있도록 하는 것이 필요하다.

2008년 학업성취도평가 결과를 바탕으로 기초학력 미달자만 대상으로 한다면, 초등학생의 경우 국어 과목을 기준으로 할 때 기초학력 미달자는 전체의 2.5%인 9만 1,805명이고, 중학생의 경우 국어 과목을 기준으로 할 때 기초학력 미달자는 전체의 9%인 18만 3,475명으로 총 27만 5,280명이다. 기초학력 미달이라는 것도 수업을 들어도 거의 이해하지 못하는 수준이라 할 수 있다. 즉, 약 27만 명의 초중학생들이 전혀 의미 없이 학교를 다니고 있다는 뜻이다. 그러므로 이들을 긴급 지원 대상으로 설정할 필요가 있다.

그래서 27만 명의 학생에 대해 열 명 당 한 명의 특별지원 교사를 배치한다고 한다면, 약 2만 7,000명의 특별지원 교사가 필요하다. 만약 현행 학습보조 인턴교사에 준하는 예산을 편성한다고 할 경우 이를 위해서는 약 3,000억 원의 예산이 필요하다. 이는 순수 인건비만 산정한 것이고, 그나마 방학 기간은 제외한 것이다. 학습부진아 1인당 지원 예산으로 환산하면 약 110만 원 정도가 된다.

만약 교사들이 보는 관점에 따라 전체 학생의 10%가 특별지원 교육의 대상자라고 본다면 초등학교만 해도 약 30만 명이 지원대상자라고 할 수 있다. 중학교까지 확대한다면 약 56만 명이 특별지원의 대상이라고 할 수 있고, 이를 위해서는 약 6,000억 원의 예산이 지원되어야 한다.

(2) 대학서열 체제 개선 및 사회적 안전망 강화

초·중·고등학교에서 학생들의 다양한 소질과 적성에 맞는 다양한 교육을 실시하려면 예각화된 대학서열 체제가 개선되어야 한다. 이것이 개선되지 않는 상황에서는 다양한 형태의 학교를 만든다 해도 이 모든 학교가 다시 상위권 대학이 요구하는 입학 요건에 맞추어 획일적인 교육을 할 수밖에 없기 때문이다. 그리고 이렇게 될 경우 학부모나 학생의 선택권도 실질적으로는 보장될 수가 없다. 이와 더불어 갈수록 심화되고 있는 노동시장의 양극화 문제, 사회적 안전망 부재, 복지체제의 미비 등이 함께 개선되어야 한다.

현재 대학체제 혁신 방안으로 논의되고 있는 안으로는, 전교조를 중심으로 한 진보교육연대에서 주장해온 '국립대통합네트워크', 교수노조가 중심이 되어 주장해온 '국립교양대학안', 사교육걱정없는세상이 중심이 되어 주장해온 '좋은대학 100플랜' 등이 있다. 각 주장들이 어느 정도의 공통점과 차이점을 보이는데, 여기서는 '좋은대학 100플랜'을 중심으로 설명하도록 하겠다. '좋은대학 100플랜의 주요 내용은 아래와 같다.[17]

■ 전국적으로 좋은대학 100개를 육성해 '인(in) 서울' 집중을 분산

• 대학교육의 획기적인 변화를 선도하는 좋은대학 100개를 전국적으로 육성해 '인(in) 서울'을 비롯한 일부 소수 대학으로의 집중을 분산하고, 학생들이 자신의 적성과 능력에 따라 선택할 수 있는 좋은 대학의 선택지를 확대

■ 대학교육 결과가 졸업 후 진로와 효과적으로 연계

• 대학교육 수요자 입장에서 보면 좋은대학은, 명문대 학벌과 학력 간판만을 얻기 위해 2~4년의 시간과 경제적 낭비를 감수하도록 만드는 상당수의 다른 대학과는 달리, 특성화된 양질의 대학교육을 통해 대학교육의 결과가 졸업 후 진로로 효과적으로 연계(school to work)되도록 보장

■ 좋은대학에 참여하는 대학의 역할과 기능을 특성화

• 대학교육의 획기적 변화를 선도할 수 있는 혁신대학을 만들되, 대학 간 역할과 기능이 중복되는 현재의 비효율과 낭비를 극복할 수 있도록 '대학원중심혁신대학', '학부중심혁신대학', '직업교육중심혁신대학'으로 유형을 특성화

■ 좋은대학 재정지원을 통한 대학교육의 공공성 확대

---

17) 국민이 설계하는 대학, 「좋은대학 100플랜」(2012).

- 혁신대학에 대한 정부의 재정지원을 확대하고, 혁신대학에 참여하는 사립대학은 국·공립대학 수준의 지원과 함께 거버넌스를 개편해서 '정부 책임형 사립대학'으로 전환, 대학교육의 공공성을 확대

■ 좋은대학 간 연계 체제 구축을 통한 적극적인 구조조정과 공동협력의 활성화

- 좋은대학에 참여하는 대학들은 자발적인 선택과 결정에 의해 인근의 혹은 권역 밖의 유사한 혁신대학과 공동협력대학을 구성해 학과 간 빅딜과 정원 축소 등 적극적인 구조조정을 실시하고 교양과정 공동운영, 학점인정, 교수 교류, 공동학위 수여 등 다양한 수준의 협력을 통해 교육효과를 극대화

■ 입학생 성적에 의존하는 '선발경쟁'에 제동, '교육경쟁'의 기반 마련

- 고교내신과 수능을 비롯한 대학입학전형 제도의 개선을 통해 점수 위주의 우수 학생 선발에 기대어 대학서열을 고수하려는 소수 상위권 대학의 '탈 경쟁'과 그로 인해 대부분의 대학들이 느끼는 '경쟁의욕 좌절'을 극복하고 대학들이 교육의 질 경쟁에 나설 수 있도록 기반 마련

■ 졸업 후 노동시장 진입단계의 부당한 차별 개선과 지원정책

- 대학체제 개편을 뒷받침하기 위해 학력/학벌 차별 금지 등 노동시장 진입단계의 부당한 차별을 해소하는 방안과 노동시장 진입(대학원 입학 포함)을 지원하는 지역인재할당제, 국가연구교수제, 공공기관 이전과 지방대학 특성화 연계 등 다양한 지원정책을 시행

이러한 대학체제 개혁과 함께 반드시 필요한 것이 직업 간 임금 격차를 줄이고, 사회적 안전망을 확충하는 일이다. 그래서 대학 진학을 하지 않더라도, 또 자신의 소질과 적성을 따라 어느 진로의 직업을 선택하더라도 최소한의 생활이 보장되는 체계를 만들어주어야 한다. 그리고 이 시기에 새로운 일에 도전하다가 실패를 하더라도 다시 일어설 수 있는 여건이 마련되어야 한다. 그래야 청년들이 마음껏 자신의 미래를 설계할 수 있고, 사

회적으로도 특정 대학이나 전공, 직업에 경쟁이 몰리지 않게 된다.

이와 더불어 고교 졸업을 하고 사회에 첫발을 내딛는 청년들에게 일정한 액수의 재정을 지원하는 '사회적 지분 급여'에 대한 논의도 활발하게 논의가 되어야 한다. 지난 2012년 대선을 기점으로 우리 사회에 '반값 등록금' 에 대한 논의가 많이 이루어진 바 있다. 그런데 대학 등록금의 부담을 낮추는 것과 동시에 대학에 진학하지 않고 바로 직업 세계로 진출하는 청년들과의 형평성 문제가 해결되어야 한다. 이를 위해 국가가 대학 등록금을 지원하기보다는 고교 졸업을 하는 모든 청년들에게 반값 등록금 지원액 정도의 재정을 일률적으로 지원해주면 그것을 대학 등록금에 사용을 하든 창업을 하든, 아니면 독립을 위한 자금으로 사용하든 자신의 진로에 맞게 꿈을 설계할 수 있는 기회가 제공될 수 있다. 그리고 사회적으로 출발선을 교정해주는 역할도 할 수 있다. 재원 마련은 국가가 전부 마련할 수도 있고, 아이가 태어나면 부모와 사회가 일정한 비율로 사회보험 형태로 적립하는 방안도 있을 수 있다.

(3) 중도 탈락 학생 및 대안학교와 홈스쿨에 대한 지원체제 마련

현재 한국은 공교육을 국가가 설립한, 혹은 국가의 통제하에 있는 학교로 한정하고 있다. 그러다 보니 이러한 학교에 다니지 않는 아동에 대한 국가적 책무성이 부재한 상황이다. 그러므로 이제는 공교육의 개념을 학교가 아닌 아동 중심으로 바꿀 필요가 있다.

이를 위해 우선 학교 중도 탈락 학생들도 일정한 국가의 지원을 받을 수 있는 제도가 마련되어야 한다. 김성기(2009)에 의하면 학교 중도 탈락 학생들이 현재 제일 필요로 하는 도움은 검정고시 준비(35.8%), 경제적 지원(14.9%), 기타(13.4%), 기술습득(10.9%), 일반학교 복학(10.3%), 취업(9.8%), 대안학교 입학(1.7%)의 순으로 나타나고 있다. 하지만 이들 가운데 등교 중단 청소년

〈그림 2.9〉 학업 중단 청소년 지원 청사진

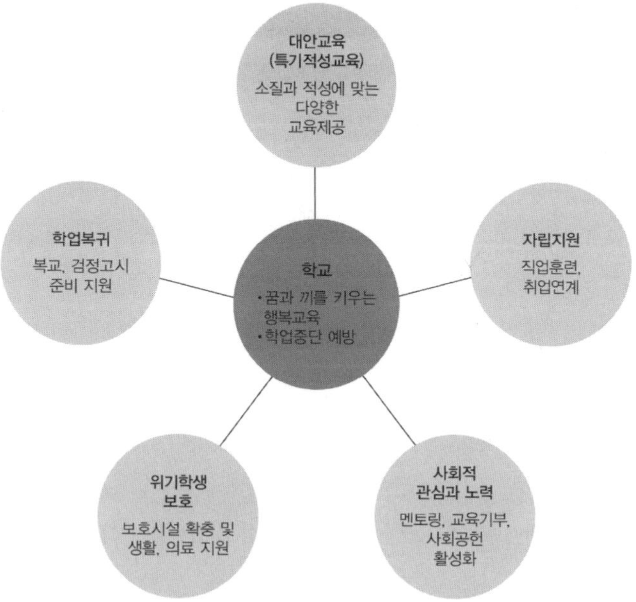

자료: 교육부(2013d).

을 지원하기 위한 청소년 시설이나 상담 프로그램이 있다는 사실에 대해 잘 알고 있다는 응답자는 18.1%에 지나지 않고, 전혀 모른다는 응답자는 38.3%나 되었다. 이는 재기의 의지가 있는 등교 중단자가 시설을 찾거나 상담을 의뢰하는 경우에만 실효성을 갖는 현재의 시스템은 적절한 도움이 되지 못함을 보여준다.

그러므로 학교 중도 탈락 학생들을 전담할 수 있는 '중도 탈락 학생 지원센터' 설립이 필요하다. 그래서 한 학생이 학교를 그만두게 되면 그 학생의 인적사항이 자동적으로 '중도 탈락 학생 지원 센터'로 넘어가고, 그 기관에 속한 상담원들이 중도 탈락 학생들과 지속적으로 상담하고 그 학생의 상황에 맞는

〈그림 2.10〉 학업 중단 청소년 지원 방향

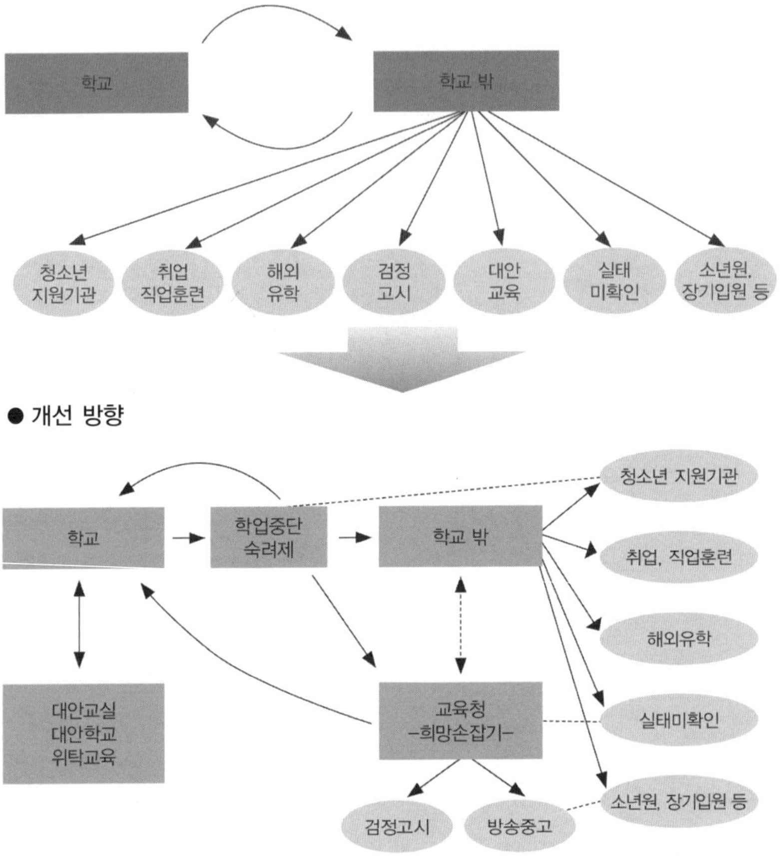

자료: 교육부(2013d).

교육적 필요를 채워주면서, 지역 사회의 다양한 기관과의 협력 속에서 지원할 필요가 있다.

그리고 대안학교나 홈스쿨에 대한 지원도 이루어져야 한다. 물론 공교육 제도의 안정성을 생각할 때 중도 탈락 학생과 대안학교, 홈스쿨에 대한 지원을 어느 정도 해야 할지, 그리고 어떤 기준으로 해야 할지에 대해서는

〈표 2.36〉 2012년 정부 각 부처 교육복지 사업 실태

구분	지역아동센터	초등돌봄교실	방과후아카데미
소관 부처	보건복지부	교육과학기술부	여성가족부
지원 대상	만 18세 미만	초등학교 저학년 (고학년 일부)	초등4학년~중등2학년
지원 내용	보호, 학습지도, 급식, 상담, 지역사회 연계 등	보호 및 일부 급식지원	체험 및 특기적성 교육, 급식지원 등
지원 시설 수	3,500개소 (설치는 4,003개소)	7,086개 교실	200개소
지원 예산	1,109억 원(국비) 1,041억 원(지방비)	2,638억 원(지방비) 보통교부금 2,288억 원 특별교부금 350억 원	154억 원(국비) 154억 원(지방비)
지원 형태	전액지원	수익자부담 저소득층 정부지원	지원형: 전액지원 일반형: 수익자부담
운영 주체	개인 및 법인 등 민간, 지자체	학교	청소년 수련시설
이용아동	10만 7,000명	159,000명	8,000명
근거법	아동복지법 제16조, 제31조	초중등교육과정 고시 2009-41호	청소년기본법 제48조2

자료: 교육과학기술부(2012e).

〈그림 2.11〉 공공성 확보를 위한 교육복지정책의 문제점

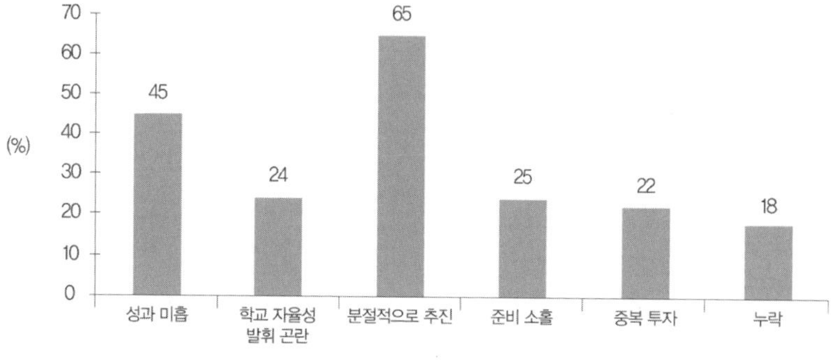

자료: 류방란(2011).

사회적 합의가 있어야 할 것이다. 중요한 것은 국가가 아동의 교육을 책임지고 지원한다고 할 때 학교 단위로만 지원할 것이 아니라 아동 개개인에 대한 지원 개념을 도입해서 학교 단위의 지원과 아동 단위의 지원 개념을 결합하는 것이 바람직하다는 것이다.

2) 교육의 형평성

(1) 종합적이고 체계적인 교육복지 체제 마련

지금까지 우리 교육은 교육복지에 관심이 많지 않았다. 그렇지만 급속한 사회적 양극화로 나타난 교육의 부실화 현상을 극복하기 위해서나, 양극화 극복을 위해 교육복지가 가장 효과적인 투자라는 측면에서 교육복지의 중요성이 커지고 있다. 그런데 현재의 교육복지 투자는 여러 부서에서 산발적으로 이루어지고 있고, 체계적인 관리나 충분한 투자가 이루어지지 못하는 상황이다.

이를 위해 가장 필요한 것은 종합적이고 체계적인 교육복지 체제를 마련하는 일이다. 현재 교육복지 정책은 여러 부서로 흩어져 있어서 실제 교육복지 지원이 필요한 아동의 필요가 중심이 되는 것이 아니라 복지 예산을 집행해야 하는 집행기관 중심으로 이루어지고 있다.

그러므로 각 부처로 흩어져 있는 교육복지 관련 업무들을 통합할 필요가 있다. 그리고 각 지역별로 교육복지 지원센터 같은 기관을 세워 이 기관을 중심으로 복지 혜택이 필요한 아동을 중심으로 그 아동에 맞는 맞춤형 지원을 하는 방향으로 나아가야 한다. 그리고 현재 여러 부처와 기관에서 실시되고 있는 교육복지 정책들을 그 성과에 따라 통폐합해야 할 것이다.

〈그림 2.12〉 교육복지 유관 정책의 성과 인식

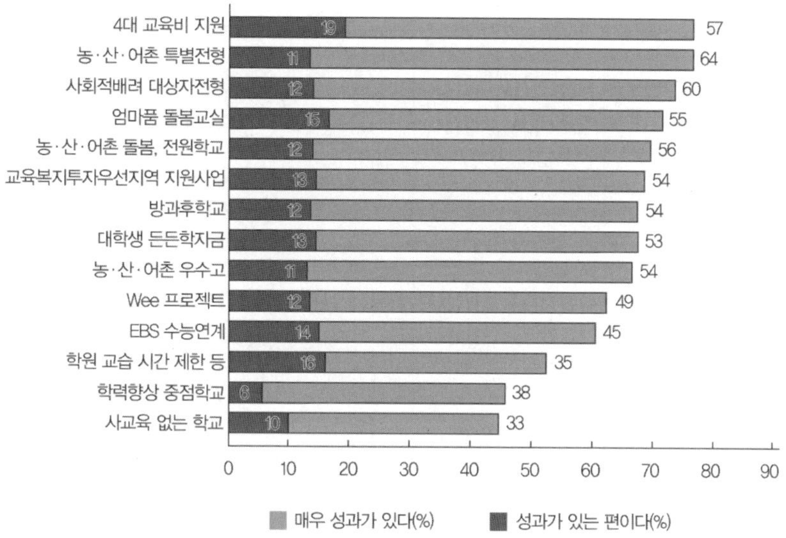

자료: 한국교육개발원(2011).

(2) 의무교육 확대 및 내실화

남한은 현재 초등학교와 중학교만 의무교육을 실시하고 있고, 유치원과 고등학교는 의무교육에서 제외되어 있다. 하지만 대부분의 국민들이 유치원과 고등학교에 자녀를 보내고 있는 현실을 생각할 때 유치원과 고등학교도 조속히 의무교육에 포함시켜야 한다. 물론 유치원의 경우 2012년 누리과정의 도입으로 유치원 연령의 자녀에 대한 교육비가 일부 지원되고 있고, 유아교육의 교육과정에 대한 감독도 실시되고 있다. 하지만 유아교육의 경우 기본적으로 사설 유치원이나 어린이집 중심으로 운영이 되다 보니 학부모들이 추가 부담해야 할 경비가 많을 뿐 아니라 유아교육 과정이 조기교육의 열풍에 휩쓸려가는 경향도 나타나고 있다. 그러므로 유아교육은 국가 차원에서 공립 유치원을 대폭 확대하고 전면적인 의무교육을 도입할 필요가 있다. 그

〈표 2.37〉 주요 OECD 국가의 무상교육 지원 현황(2006년)

국가	실시기간	무상 지원 내용	학부모 부담
미국	12년 초·중·고	ㅇ수업료, 입학금, 교과서대금, 학교운영지원비, 통학비, 학습재료비 ※주마다 차이 있음	ㅇ급식비: 부모 소득수준에 따라 무료 또는 보조 ㅇ학교운영 기부금(자발적) ※사립의 경우 모든 비용은 학부모 부담
호주	10년 초·중 (전기과정)	ㅇ수업료, 입학금, 교과서대금, 학습재료비, 통학비	ㅇ교복비, 급식비, 캠프 등 야외행사 ㅇ기부금: 자발적 형태이나 거의 의무적으로 납부, 연 4회 정도 학부모회가 주최하는 학교보조를 위한 기부금 모금행사 개최
독일	12년~13년 초(4)· 중(8~9)	ㅇ수업료, 입학금, 교과서대금	ㅇ통학비 ※사립은 수업료, 학교운영 지원비, 교과서 대금을 일부 혹은 전부 학부모 부담(주별 차이 있음)
캐나다	12년 초(5)·중(3)· 고(4)	ㅇ수업료, 입학금, 학교운영지원비, 통학비, 교과서대금, 학습재료비, 방과후교육비	ㅇ급식비 ㅇ학교운영지원비는 관할교육청으로부터 학생 수에 비례해 단위학교에 지원되나, 재원부족으로 학교운영위원회 또는 학부모회를 통해 기금조성 행사를 함
영국	11년 초(6)·중(5)	ㅇ등록금, 입학금, 교과서대금	ㅇ급식비: 빈곤층 자녀 무료 ㅇ클럽활동비, 수학여행경비, 학교발전기금(희망자만 납부)
일본	9년 소학교(6) 중학교(3)	ㅇ수업료, 입학금, 교과서대금. ㅇ사립: 교과서대금	ㅇPTA(Parent-Teacher Association 사친회) 회비: 학교단위별 PTA에서 자율적으로 회비결정(학교에 따라 차이 있으나 월 500~1,000엔 수준)하며, 회계도 자체 관리

자료: 교육운동 연석회의(2012).

리고 고등학교의 경우에도 저소득층에는 학비 지원을 포함한 급식비 등 교육경비가 지원이 되고 있다. 하지만 저소득층이 아닌 일반 가정이라 하더라도 고등학교 교육비에 대한 부담이 큰 만큼 의무교육에 포함시켜 전면적인 무상교육을 실시해야 한다.

의무교육의 기한 확대와 함께 논의되어야 할 것이 의무교육의 내실화 부분이다. 현재 한국의 경우 의무교육이 실시되는 초등학교와 중학교도 학비만 무상이다. 이에 2010년을 전후해서 무상급식에 대한 논의가 이루어져 지방자치단체와 지역교육청을 중심으로 무상급식이 확대되고 있는 추세다. 하지만 지방자치단체나 지역교육청의 재정 여건과 재정 격차를 생각할 때 국가 차원에서 이 부분에 대한 체계적인 지원이 필요한 상황이다. 무상급식 논의와 함께 학습준비물, 체험학습비 등 교육과 관련된 경비도 국가나 지방자치단체, 지역교육청 차원에서 지원하는 방안이 논의가 되고 있으며 일부 지역에서는 부분적으로 실시되고 있다. 이와 관련해서는 여러 선진국들의 사례를 참고로 의무교육의 내실화를 이루어가야 할 것이다.

(3) 대학의 사회통합 기능 및 책무성 강화

학생 선발과 관련된 대학의 자율성은 존중되어야 하지만, 한국 사회에서 대학이 갖는 기능과 위상을 생각할 때 사회적 통제 시스템은 필요하다. 특히 한국 사회와 같이 양극화가 심화되고 있고, 사회·경제적 약자의 대학 접근성도 현저히 떨어지고 있는 상황에서는 대학이 사회적 약자를 품고 사회통합적 기능을 강화하도록 유도하는 장치가 필요하다.

이를 위해서는 대학입시를 대학에만 맡겨둘 것이 아니라 대학입시가 초·중·고 교육에 미치는 영향, 사교육 유발 요인, 대학의 사회통합적 역할 등을 종합적으로 고려할 수 있는 사회적 합의기구가 필요하다. 이 기구에는 교육부, 대학 대표자, 초·중·고 교육 대표자, 교육 시민단체, 경제계 대표 등 다양한 우리 사회의 주체들이 포함되어야 한다.

이와 함께 매해 대학입학생의 사회적 계층 분포 공개를 의무화할 필요가 있다. 이렇게 되면, 각 대학이 자신이 추구하는 교육이념에 따라 다양한 입학 전형을 실시하겠지만, 그 입학 전형에서 반드시 사회적 소외 계층을 배려할 수밖에 없게끔 사회적 압박을 받게 된다. 그래서 대학이 학생 선발의 자율성을 가지면서도 동시에 사회 공기관으로서 대학의 사회적 책무성을 담보할 수 있을 것이다.

3) 교육의 공정성

(1) 교육적 타당성에 근거한 대학입시제도 개혁

현재와 같은 수능과 내신에 근거한 기계적 공정성이 가져오는 문제를 극복하기 위해서는, 우선 고교에서 생활기록부에 학생의 과목별 성적과 석차 등급만 기록할 것이 아니라 학생 개개인이 수업 시간에 성취한 학업의 내용이나 그 가운데서 발견된 학생의 소질과 재능, 적성까지 상세하게 기록해야 한다. 그렇게 되기 위해서는 교사의 수업과 평가 방식이 변해야 한다. 지금과 같이 교사가 주어진 교과서의 진도를 나가기 위해 설명식 수업으로 일관하거나 문제풀이 수업만 해서는 학생의 다양한 특기와 적성을 기록할 수가 없기 때문이다. 교사는 수업에서 기본적인 개념과 꼭 필요한 내용을 설명해야 하지만, 그 다음에는 학생들이 수업 내용과 관련해 필요한 자료를 읽고 정리해서 발표하고, 쟁점을 토론하고, 자신이 공부한 내용을 다양한 틀로 표현하게끔 수업을 이끌어야 한다. 그래야 그 수업을 통해 아이들의 다양한 특성이 드러나고 또 수업과 관련해서 학생이 활동한 결과물이 남게 된다.

물론 이것이 가능하려면 우선 학급당 학생 수가 대폭 감소되어야 한다. 그리고 교육과정의 내용이 축소되면서 교육과정에 대한 교사의 편성권이 강화되어야 한다. 이에 더하여 현재 학년별로 평가하게 되어 있는 평가 체제를 교사별 평가 체제로 전환해야 한다. 그래서 각 교사가 자신이 수업한 학급을 자신이 가르친 내용으로 평가를 할 수 있어야 한다. 무엇보다 교사의 수업 전문성과 책무성, 정직성이 살아나야 한다.

여기에 대학은 다른 자료가 아닌 고교가 제공한 학생에 대한 풍성한 기록에 근거하여 대학과 전공이 추구하는 바에 적합한 학생을 선발하는 능력을 길러야 한다. 즉, 지금과 같이 수능과 내신 성적을 엑셀 파일에 돌려

〈표 2.38〉 대학 모집단위(전공) 특성에 따른 수학 교과 반영 방식(예시)

대학 모집단위	공통	내신 반영 과목
어문 계열	자격고사 수능 (수학, 수학 I)	없음
경상 계열		미적분, 확률과 통계
생명공학 계열		없음
이공 계열		수학II, 적분과 통계, 기하와 벡터

자료: 사교육걱정없는세상(2012a).

서 한 줄로 세워서 학생을 선발하는 방식을 버려야 한다. 그 대신에 매 수업 시간 교사가 기록한 각 학생의 특기와 적성, 학생의 수업 결과물인 방대한 포트폴리오를 보면서 어떤 학생이 해당 대학과 전공에 더 적합한 인재인지 구별해내는 능력을 길러야 하는 것이다. 이렇게 하려면 대학의 각 학과는 자신의 전공을 수행하는 데 어떤 능력이 필요한지를 잘 판별해서 대입 모집 단위별 전형 요소를 세밀하게 특성화해가야 할 것이다.

이렇게 되면 고교는 교과의 본질에 맞는 수업을 소신껏 하면서 그 교육의 본질적 결과물을 평가 결과로 만들어낼 수 있고, 학생은 고교 선생님들이 발견해준 자신의 소질과 적성에 맞는 대학과 전공을 선택해갈 수 있으며, 대학은 해당 전공 적성에 맞는 학생들을 선발할 수 있을 것이다.

하지만 이렇게 되기 위해서는 고교나 대학이 뛰어넘어야 할 장벽이 너무 많은 것이 현실이기도 하다. 하지만 방향이 옳다면 서로 합의할 수 있는 부분부터 조금씩 개선해나가는 노력이 필요할 것이다.

(2) 단위학교 자율성 강화 및 학교 지원 중심의 행정체제 개혁

학교가 학생과 학부모가 아닌 교육청과 교육부를 바라보는 체제를 벗어나기 위해서는 현재 교과부와 교육청이 가지고 있는 권한을 대폭 학교와 교사에게 위임해야 한다. 그리고 교육청은 학교를 통제하는 기관이 아니

〈표 2.39〉 행정 중심 학교에서 교육 중심 학교로 변화하기 위한 여건

'행정 중심 조직'으로서의 학교		'교육 중심 조직'으로서의 학교
● '가르치는 일보다 '행정' 업무 수행이 우선적으로 요구됨 ● 행정의 효율적 수행이 가능한 방식으로 교무실 등의 배치가 이루어짐 ● 가르치는 일의 품질이나 책무성에 대한 실질적 점검이 없음 ● 교장: 상명하달 행정업무의 수행 책임자	⇨	● '행정'보다 '교육'이 우선적으로 요구됨. ● '탁월한 가르침'이 가능한 방식으로 교무실 배치가 이루어짐 ● 가르치는 일의 품질이나 책무성에 대한 실질적 점검이 있음 ● 교장: 교사가 탁월한 가르침을 수행하게끔 돕는 리더십 요구 ● 평가제도: 교사가 교육을 중심에 설 것 강조하는 평가제도

라 지원하는 기관으로 변화해야 한다. 이에 따라 학교의 조직도 행정 업무 중심이 아니라 교육 중심의 조직으로 변해야 하고, 현재 교사에게 주어진 행정 잡무는 별도의 행정 담당 직원에게 전담시켜야 한다. 그리고 교사에게는 수업과 생활지도만 전담하면서, 그에 대한 확실한 책무성을 요구해야 한다.

이것이 가능하려면 학교장은 교육청의 평가에 의해 점수를 쌓아 승진을 하는 것이 아니라, 학교 교육운영 계획안을 바탕으로 공모를 하고 학교의 구성원들이 선택을 하는 체제로 가야 한다. 즉, 현재 학교에 대한 교육청의 관료적 지배를 가능하게 하는 교장 승진제를 폐지하고 교장 공모제를 도입해야 한다. 그리고 교장의 역할도 행정의 수행자가 아닌 교사들의 가르침을 돕고 교사의 전문성을 신장시키는 자로 변모되어야 한다.

4) 교육의 수월성 및 경쟁력

(1) 교육의 본질에 근거한 교육과정 혁신

아이들이 소화하기에 벅찬 어렵고 많은 내용의 교육과정을 주고 인내력을 갖고 이를 통과한 학생들만을 선발하고 그렇지 않은 다수의 학생들을

배제하는, 현재의 교육과정은 혁신이 필요하다. 아이들의 나이와 발달단계에 근거해 학습 난이도를 조정하고 그 나이의 아이들이 충분히 습득할 수 있는 적절한 학습량을 제공해야 한다.

이를 위한 대안으로 제시되고 있는 것이 교육과정의 공통 필수 내용 축소이다. 현재 공통 교육과정은 10개 과목을 10학년에 걸쳐 배우게 되어 있다. 그리고 교과서에 나와 있는 내용은 모두 다 배워야 한다는 전제를 깔고 있다. 그런데 교과서의 내용이 너무 많고 어려워 교사와 학생 모두 고생을 하고 있다. 그래서 교과서의 내용을 모두가 똑같이 배우는 것이 아니라 공통 필수 내용은 줄이면서 교사의 재량과 학생의 선택에 따라 다양한 내용을 배울 수 있게 해야 한다. 즉, 초등학교와 중학교의 경우는 현재 교과서 내용의 50%는 공통 필수로 하고, 나머지 50%는 교사와 학생이 선택할 수 있는 내용으로 바꾸어야 한다. 그리고 고등학교의 경우 과목 선택권을 확대해야 한다.

이렇게 필수 교육과정의 내용이 현재의 절반 수준으로 줄어들면, 교사는 가르쳐야 할 내용이 절반으로 줄게 되므로 그 내용을 더 깊이 있게 가르치거나 다양한 수업 방법을 도입함으로써 심화된 수업을 할 수 있다. 그리고 학생은 자신의 흥미와 적성에 따른 선택이 가능해지기 때문에 진로와 연계된 공부를 할 수 있게 된다. 그래서 전체적으로 지금보다는 적은 양의 학습을 하지만 동시에 학교 수업의 효율성은 더 높아질 수가 있다.

(2) 형평성과 다양성, 수월성을 함께 추구하는 고교 체제 개혁

현재와 같이 성적이 우수한 학생들을 한 학교로 모아서 교육의 수월성을 추구하는 정책은 고교서열화로 이어질 수밖에 없다. 그리고 이러한 고교서열화는 학생과 학부모의 선택권을 보장해주지 못하면서 초등학교와 중학교에서의 입시교육만 강화할 뿐이다. 그러므로 모든 고교가 교육과정

편성의 자율권을 갖게 하되, 학생 선발 방식에 선지원 후추첨제를 도입함으로써 다양성과 자율성, 수월성을 추구하며 서열화를 막는 방향으로 나아가야 한다.

이를 위해 정부의 재정지원을 받지 않는 사립고등학교에 교육과정 자율권과 학생선발권을 부여하는 현 자율형 사립고 정책은 폐지되어야 한다. 기본적으로 정부의 재정지원 여부와 학생선발권, 교육과정 자율권을 연계시키면 불평등이 싹트게 된다. 고등학교의 경우 아직 공식적인 의무교육은 아니지만 거의 모든 학생이 진학하는 보편교육이라고 할 때 공립이든 사립이든 관계없이 국가가 재정지원을 해서 무상교육으로 하는 것이 맞다. 그리고 교육과정 자율권은 일정한 범위 내에서 모든 학교에 주어져야 한다. 그래서 모든 고등학교가 그 나름의 특성을 갖도록 해주어야 한다.

고등학교의 학생선발권은, 원칙적으로는 모든 학교에 허용되는 것이 맞지만 자그마한 틈만 있으면 입학 성적에 의한 서열화로 흐르기 쉬운 우리 교육의 풍토를 생각하면 신중한 접근이 필요하다. 즉, 고등학교의 학생선발권이나 학생과 학부모의 학교선택권은 선지원 후추첨 형태로 허용하는 것이 고등학교 교육을 왜곡시키지 않는 범위 내에서 제한적인 학생선발권과 학교선택권을 허용하는 방안이 될 것이다.

(3) 대학의 특성화와 협력 체제 마련을 통한 경쟁력 강화

대학의 경쟁력 강화를 위해서는 각 대학이 자신들이 강점을 가진 전공에 대한 특성화를 강화시켜야 한다. 그리고 같은 지역 내 대학들이 협력해서 공동 대학원을 운영하는 등의 방법으로 학문 경쟁력을 키워야 한다. 정부는 특성화와 협력 체제를 마련하는 대학에 특단의 지원을 통해 이를 견인해야 하고, 그러지 않는 대학들은 자연스럽게 도태되도록 유도해야 한다.

〈표 2.40〉 대학 간 학과 구조조정 예시

전공(예)	대학	혁신대학 지정 전		혁신대학 지정 후		평가
		교원 수	정원	교원 수	정원	
물리학과	A대학	7명	20명	14명	30명	특성화에 따른 학과 빅딜 등을 통해 정원을 축소하고 추가 교원 채용 없이 교육여건을 획기적으로 개선하는 효과를 거둠
	B대학	7명	20명	-	-	
농생명학과	A대학	7명	20명	-	-	
	B대학	7명	20명	14명	30명	

자료: 국민이 설계하는 대학(2012).

〈그림 2.13〉 지역별 대학 협력 네트워크 모형

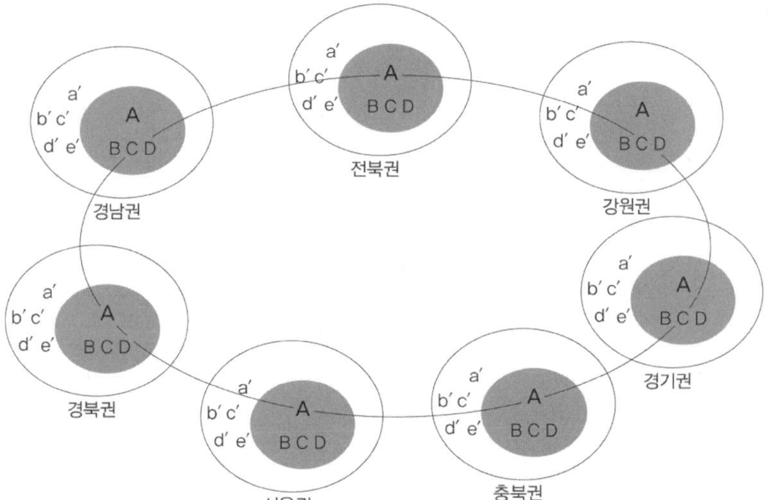

주 1: A — 대학원중심혁신대학/ B~D — 학부중심혁신대학/ a'~e' — 직업교육중심혁신대학.
주 2: 대학원중심혁신대학은 공동협력대학(공동학위), 학부중심혁신대학과 직업교육중심혁신대학 역시 권역 안과 밖의 유사한 유형의 대학과 다양한 수준의 공동협력대학 운영 가능.
자료: 국민이 설계하는 대학(2012).

5) 공동체적 신뢰 및 행복

(1) 학생의 진로와 적성을 고려한 교육과정 체제

아이들이 학교에서 배움의 기쁨을 회복하기 위해서는 교육과정의 내용을 대폭 줄이고, 등수를 매기기 위한 평가가 아닌 모든 아이들이 일정 수준에 도달하는 것을 목표로 하는 평가 체제 도입이 필수적이다. 여기에 더해 모든 아이들에게 똑같은 내용을 가르치는 필수 영역을 최소화하고, 가급적 아이들의 소질과 적성에 따른 선택의 영역을 넓힘으로써 아이들에게 흥미를 갖게 할 뿐 아니라 자신의 미래와 진로를 스스로 설계해갈 수 있도록 할 필요가 있다.

구체적으로 들어가면 초등학교와 중학교 교육과정은 모든 아이들이 일정한 수준의 학력에 도달할 수 있도록 지원하는 체계를 강화해야 하고, 고등학교 단계에서는 자신의 흥미와 적성에 따른 다양한 교육을 받을 수 있게 하는 것이 좋다. 학생들의 흥미와 적성에 따른 고등학교 체제를 만든다고 할 때 전문계고(특성화고)는 직업 현장과의 연계를 강화하는 방향으로 가야 할 것이다. 그리고 인문계의 경우 기본 공통 교육과정 외 학생들의 진로 적성을 따라 '과학 특성화', '미디어 특성화', '문학 특성화', '언론 특성화', '경제 특성화' 등 특성화된 다양한 심화 과목을 개설해서 학생들의 선택이 가능하도록 하는 방향으로 가야 할 것이다.

여기에 더하여 중학교와 고등학교 사이 혹은 중학교 교육과정 중 일부를 대체하는 '자유 진로학교'[18]를 설치하는 것도 고려해볼 수 있다. 공립

---

18) '자유 진로학교'는 덴마크의 'After School'을 모델로 한 것이다. 덴마크의 'After School'은 중학교와 고등학교 사이에 설치된 1년 과정의 대안학교이다. 중학교 졸업 후 자신의 진로를 탐색하고자 하는 학생이나 혹은 자신의 자아를 탐색하면서 다양한 경험과 우정을 쌓고자 하는 학생들이 자유롭게 선택하여 입학하는데 현재 덴마크 중학생의 25~30% 정

이든 사립이든 관계없이 1년 정도 무상으로 자신의 진로와 삶의 의미를 고민하고 경험할 수 있는 기관을 만들어준다면, 사춘기 아이들이 자아를 찾고 자신의 진로를 찾아가는 데 큰 도움이 될 것이다.

(2) 인성과 감성, 사회성을 길러주는 교육

학교가 교과 지식뿐 아니라 인성과 감성, 사회성을 함께 길러주는 기관이 되기 위해서는 현재 시행되고 있는 교육과정을 축소하고 체육 활동, 예술 활동, 동아리 활동, 학생자치 활동 등이 강화되어야 한다. 이것이 가능하기 위해서는 우선 고교 입시에서 무시험 추첨입학을 일괄적으로 실시해 최소한 초등학교와 중학교 단계에서의 입시 영향을 대폭 축소해야 한다. 그리고 초등학교와 중학교 단계에서 지식 위주의 교과 내용을 축소하고 인성, 감성, 사회성을 길러주는 교육과정을 확충할 필요가 있다. 그리고 대입 과정에서 교과 성적뿐 아니라 인성, 감성, 사회성 교육이 입시의 중요한 한 축이 되게 함으로써 고등학교 단계의 교육도 정상화할 필요가 있다.

이와 관련해 박근혜 정부가 대선공약으로 제시한 '자유학기제'는 주목할 만하다. 자유학기제는 중학교 1학년 2학기 한 학기 동안 중간고사, 기말고사 등 정기고사를 없애 정규 교과 수업 시간에 시험을 대비한 교육이 아니라 교과의 본질과 학생들의 흥미에 맞는 수업을 하도록 하고 국·영·수 등 주요 과목의 시수를 축소해서 예체능 과목이나 선택 교과를 확대 실시하는 제도이다. 2013년도에 50여 개 학교에서 시범적으로 실시한 후 2016년 전국의 모든

도가 중학교 졸업 후 고등학교로 바로 진학하지 않고 이 학교를 거친다. 중학교 재학 중에도 자아 탐색에 집중하고자 할 경우 이 학교를 거치는 것이 가능하다. 이 학교의 교육과정은 음악, 미술, 체육, 야영, 동아리 활동, 체험 활동 등이 중심이 되며 기숙 과정으로 운영된다. 이 학교는 대안학교 형태이기는 하지만 정부에서 75% 정도의 학비를 지원해 주기 때문에 학부모 입장에서는 큰 경제적 부담을 지지는 않는다.

〈표 2.41〉 범죄 상황에서 피해자의 요구와 가해자의 요구

피해자의 요구	가해자의 요구
•범죄 때문에 생긴 물질적, 신체적, 정신적 피해를 인정받고 사과를 받고 싶다 •자신뿐 아니라 가족을 비롯해 주변 사람들이 받은 고통을 가해자에게 직접 알리고 싶다 •가해자의 동기에 대해 직접 들어보고 싶다 •자신의 잘못이 없다는 것을 인정받고 재발 방지를 약속받고 싶다 •손해배상을 받고 싶다 •가해자가 뉘우치고 새롭게 되기를 바란다 •가능한 한 관계가 회복되기를 바란다	•잘못에 대한 책임을 지되 피해자에게 직접 상황을 설명하고 싶다 •할 수 있으면 직접 용서를 구하고 잘못된 행동에 대해 사과하고 싶다 •사람들이 비난보다는 이해해주기를 바라며, 제2의 기회가 주어지기를 바란다 •사회로부터 '죄인'으로 낙인찍히고 싶지 않다 •공개적이지 않을지라도 주변의 도움과 신뢰를 받고 싶다 •피해자뿐 아니라 가족 등 주변 사람들과의 관계가 정상적으로 회복되고 싶다

자료: 이재영(2011).

중학교로 확대한다는 목표하에 실시 학교를 확대하고 있는 상황이다. 이러한 자유학기제는 지금 당장은 한 학기만 실시하지만, 이를 모든 중학교로 확대하고, 고교 입시를 선지원 후추첨제로 바꾼다면 중학교 교육을 정상화하는 데 크게 기여할 수 있을 것으로 보인다.

(3) 갈등 해결 능력과 평화 감수성을 길러주는 교육

아이들이 생활하는 일상에서 발생하는 갈등은 이상한 일이 아니고 자연스러운 현상이다. 이러한 갈등을 교육의 중요한 요소로 생각하고 이를 극복해가는 과정과 절차를 마련해서 교육적인 통로를 확보하는 것이 학교가 해야 할 역할이다.

이뿐 아니라 학교폭력을 비롯한 학교에서 일어나는 수많은 갈등 상황에서 가해자를 처벌하는 것에 급급한 기존의 응보적 태도를 벗어나, 가해자와 피해자의 관계를 회복시키는 회복적 접근을 할 필요가 있다. 즉, 아이들 사이에서 발생하는 수많은 크고 작은 갈등 상황을 갈등 해결 교육의 장으로 활용할 필요가 있다. 이러한 갈등에 대한 회복적 접근은 최근 사법 영역에도 조금씩

도입되어 효과를 보고 있다.

현재 학교에서는 학교폭력이 발생하면 교사들이 교육적 개입을 하지 못하게 하고 무조건 학교폭력 자치위원회에 넘겨 가해자를 처벌하는 데만 급급하고 있다. 그러다 보니 피해자의 절박한 요구를 수용하거나 회복을 위한 노력을 하지 못하고, 가해자의 반성을 이끌어내지도 못하고 있다. 즉, 학교가 교육기관으로서의 기능을 상실하고 준사법기관으로서의 역할만 하고 있는 것이다. 하지만 학교가 교육기관이라는 점을 생각할 때 피해자의 요구와 가해자의 요구를 충분히 담아내면서 피해자와 가해자의 진정한 회복이 이루어지도록 다음과 같은 시도들을 해야 할 것이다.

첫째, 일선 학교에서 학교폭력이 발생했을 경우, 외부의 전문 조정자에게 의뢰하여 '피해자-가해자 대화모임' 또는 '갈등당사자 대화모임'을 활용하는 것이 필요하다. 학교폭력이 발생할 경우 학교가 할 수 있는 조치는 극히 제한적이기 때문에 많은 경우 당사자들에 의한 고소·고발로 이어지고 학교범위를 벗어나 사법기관을 통한 문제해결을 시도하게 된다. 그러나 그 과정에서 당사자는 물론이고 양측 가족, 학교 등 많은 사람들이 원치 않는 대결과 갈등을 겪게 된다. 이러한 한계를 극복하고 당사자 간의 직접적 문제해결을 돕기 위해 전문조정자를 통한 당사자 간 대화모임이 활성화되어야 한다. 학교의 문제가 사법기관에 고소·고발되기 이전에 학교나 지역 교육청 단계에서 개인 간, 학교 간 비밀이 보장되는 대화모임으로 의뢰하는 것이 가장 바람직하다. 따라서 이제는 교육계가 전문조정기관과 협력하여 학교폭력 대응모델을 만들어갈 필요가 있다. 당장은 현재의 '학교폭력대책 자치위원회' 위원들이 조정 훈련을 받아 가해자·피해자 대화모임의 중재 역할을 하는 것도 가능할 것이다.

둘째, 갈등해결 교육 및 또래조정 프로그램 시행이다. 학교폭력의 가장 효율적인 접근은 예방적 접근이다. 이를 위해 학교관리자, 교사, 학부모,

학생에 이르는 학교구성원에 대한 평화교육이 적극적으로 이뤄질 필요가 있다. 학교폭력이 발생할 경우 학교 구성원 간의 분쟁이므로 일이 더욱 어렵고 복잡해지기 쉽다. 따라서 사전에 학교폭력 예방을 위한 평화교육 측면에서 분노조절, 의사소통, 다양성교육, 문제해결 능력 교육, 조정과 진행 훈련 등 다양한 '갈등해결 교육'이 이뤄져야 한다. 또한 선배가 후배의 문제를 돕고 또래가 서로 문제해결을 도울 수 있는 '또래조정 프로그램'을 학교가 도입하여 시행해야 한다. 이를 위한 담당교사나 학교 사회복지사 등의 인력을 훈련시킬 필요가 있고, 학부모를 대상으로 피해자·가해자 대화모임을 홍보하고 교육하여 자신들이 학교폭력의 당사자가 될 경우 어떻게 학교로부터 도움을 받아 전문조정기관을 통해 문제를 풀 수 있는지 인식시키는 것이 중요하다. 학부모의 이해가 있어야 학교폭력 사태가 일어났을 때 발생될 수 있는 교사와 학부모 간 불필요한 오해나 시비가 미리 예방될 수 있고, 서로 원만하게 문제를 풀어갈 수 있다.

셋째, 교사를 포함한 학교 구성원들이 갈등 조정자로서의 능력을 갖추는 것이다. 외부 조정자의 도움을 받는 것도 좋지만 더욱 중요한 것은 학교나 교육단체 내부적으로 갈등해결 능력과 조정능력을 갖추는 것이다. 캐나다나 뉴질랜드의 경우처럼 지역 교육청의 도움을 받아 관리자를 위한 갈등해결 및 조정훈련 과정을 개설한다면 학교 내에 학교폭력 해결을 위한 회복적 정의 프로그램이 운영되는 데 도움이 될 것이다. 해외의 유사기관이나 학교를 방문해서 또래조정 운영에 대한 노하우를 배우고 지역교육청의 프로그램을 연수하는 것도 매우 의미 있는 노력이 될 것이다.

5. 나가는 말

이상에서 살펴본 것처럼 남한 교육은 양적인 측면에서 세계적인 수준으로 빠르게 성장을 했지만 교육의 본질이란 측면에서는 심각하게 왜곡되었다. 그리고 이러한 심각한 왜곡은 구체적으로 학생과 학부모, 교사들에게 큰 고통으로 다가오며, 한국 사회 발전의 큰 걸림돌로 작용하고 있다. 물론 이러한 문제를 해결하기 위해 정부와 민간 차원에서 노력을 하지 않은 것은 아니지만 남한 교육이 안고 있는 문제의 뿌리가 깊어 하나의 문제를 해결하기 위한 대책이 또 다른 모순을 가져오는 악순환을 거듭하고 있다.

이러한 남한의 교육을 그대로 둔 채 통일이 되어서 북한 주민들과 학생들에게 남한 교육에 적응하라고 말한다면, 그들에게도 재앙이 되겠지만 남한 교육도 또 하나의 거대한 문제를 뒤집어쓸 뿐이다. 하지만 반대로 우리가 통일이라는 큰 민족적인 과업을 수행하기 위해서 남한 교육을 뿌리부터 바꾸지 않으면 안 된다는 인식을 공유할 경우, 그동안 여러 이해관계와 사회 구조적 관계에 막혀 해결할 수 없었던 남한 교육의 모순의 뿌리를 건드릴 수도 있을 것이다. 그리고 이 과정에서 혼란과 아픔이 있다 하더라도 남한 교육을 그대로 둔 채 통일을 맞았을 때의 혼란과 비교해서 교육개혁을 해나갈 수 있는 국민적 동의와 동력을 얻을 수 있을 것이다.

그러므로 이제 남한 교육의 문제를 통일이라는 거대한 민족적 과제의 관점에서 새롭게 논의를 해나갈 필요가 있다. 통일을 대비한 남한 교육 개혁 관련 논의와 노력이 통일을 위한 중요한 준비일 뿐 아니라, 남한의 교육 문제를 해결해가는 쾌도난마의 길이 될 수 있기를 소원해본다.

참고문헌

강영택 외. 2014. 『공교육과 기독교』. 서울: 좋은교사운동 출판부

경향신문 특별취재팀. 2012. 『10대가 아프다』. 서울: 위즈덤경향

교육부. 2013a. 「2013 교육기본통계조사」.

_____. 2013b. 「일반고 교육역량 강화 방안」.

_____. 2013c. 「2013 사교육비 의식수준 결과 발표」.

_____. 2013d. 「학업중단 예방 및 학교 밖 청소년 지원 방안」.

_____. 2014a. 「2014 다문화 교육 활성화 계획」.

_____. 2014b. 「탈북학생 교육지원 계획」.

_____. 2014c. 「2014 미인가 대안교육 시설 현황조사 결과」.

_____. 2014d. 「농어촌 거점별 우수 중학교 집중 육성 대상 선정」.

_____. 2014e. 「2014 유치원 교육비 현황 정보 공시」.

_____. 2014f. 「2014 저소득층 교육비 지원 신청」.

_____. 2014g. 「2014 학교폭력 전수조사 결과」.

교육과학기술부. 2011. 「2011 IMD 국가경쟁력 교육부문 평가 결과」.

_____. 2012a. 「2012 국가수준 학업성취도 평가 결과」.

_____. 2012b. 「선행학습 해소를 위한 대책 본격 추진」.

_____. 2012c. 「2012 인성교육 실태조사」.

_____. 2012d. 「2012 학교진로교육 지표 조사 결과」.

_____. 2012e. 「방과후 돌봄 관련 각 부처별 업무 협조 체제 구축」.

교육운동 연석회의 . 2012. 「모두가 행복한 교육혁신을 위한 총,대선 교육의제」.

국민이 설계하는 대학. 2012. 「좋은대학 100플랜」.

김성기. 2009. 「초·중등학교의 등교중단 현황과 사유」. 경기도교육청.

김승현 외. 2012. 『선행교육 금지법 제정을 위한 제5차 토론회 자료집』. 사교육걱정없는세상.

김신일 외. 1995. 『시민의 교육학』. 서울: 한길사.

김중훈. 2013. 「난독증과 학습부진」. 좋은교사운동.

_____. 2014. 「조기 개입 학습부진 정책을 제안한다」. 좋은교사운동.

김진우. 2007. 「교장공모제 어떻게 할 것인가」. 좋은교사운동.

_____. 2008. 「학습부진아, 어떻게 할 것인가」. 좋은교사운동.

_____. 2012. 『나와라 교육대통령』. 서울: 좋은교사운동 출판부.

김진우 외. 2013. 「학교폭력, 대안을 찾는다」. 좋은교사운동.

_____. 2014. 「교육청 혁신 토론회 자료집」. 좋은교사운동.
남승희. 2012. 『최고의 학교』. 서울: 인카운터.
대학교육협의회. 2014. 「2014년 6월 대학정보공시」.
류방란. 2011. 「공정사회 실현을 위한 교육복지정책 방안」. 한국교육개발원.
박성용. 2013. 「비폭력 평화교육」. 비폭력평화훈련센터.
사교육걱정없는세상. 2012a. 「선행학습의 유발요인 분석과 대책」.
_____. 2012b. 「고등교육법 시행령을 위반하며 대입 구술면접 시험을 출제한 서울대 규탄 기자회견문」.
_____. 2014a. 「자율형 사립고등학교 재지정 관련 분석 결과」.
_____. 2014b. 「사교육 과열 지구 13개 학원 수학/과학 선행교육 실태 조사 결과」.
서울시교육청. 2012. 「교원 행정 업무 감축안」.
손종현. 2010. 『최초의 교육개혁 입학사정관제』. 대구: 경북대학교 출판부.
신명호. 2011. 『왜 잘 사는 집 아이들이 공부를 더 잘하나』. 파주: 한울아카데미.
엄훈. 2011. 『학교 속의 문맹자들』. 서울: 우리교육.
오성철. 2000. 『식민지 초등교육의 형성』. 서울: 교육과학사.
오욱환. 2000 『한국사회의 교육열: 기원과 심화』. 서울: 교육과학사.
이길상. 2007. 『20세기 한국교육사』. 파주: 집문당.
이재영. 2011. 「학교폭력에 대한 회복적 접근」. 한국평화교육훈련원.
이종재 외. 2010a. 『한국교육 60년』. 서울: 서울대학교 출판문화원.
_____. 2010b. 『사교육: 현상과 대응』. 파주: 교육과학사.
이종태. 2004. 『이종태와 함께 찾는 한국교육의 희망』. 서울: 바른길.
이찬승 외. 2013. 「한국 공교육 미래 방향 제안」. 교육을 바꾸는 사람들.
장수명. 2004. 『국가 및 산업 경쟁력 제고를 위한 교육의 역할』. 한국교육개발원.
전국교직원노동조합. 2009. 「학습부진아 관련 초등교사 1658명 설문조사 결과」.
전성은. 2011. 『왜 학교는 불행한가』. 서울: 메디치미디어.
정병오 외. 2013. 「초중등교육 내용, 방법, 평가체제 개선방안 탐색을 위한 세미나」. 한국교육개발원.
조기숙. 2007. 『왜 우리 아이들은 대학에만 가면 바보가 될까』. 서울: 지식공작소.
통계청. 2014a. 「2013 사교육비 통계」.
_____. 2014b. 「2014 청소년 통계」.
한국교육개발원. 2010. 「교육통계연보」.
_____. 2011. 『공정사회 실현을 위한 교육복지정책방안』.

IEA. 2008. "TIMSS 2007 International Mathematics and Science Reports", TIMSS & PIRLS International Study Center, Lynch School of Education, Boston College.
OECD. 2004. "Learning for tomorrow's world"

≪한겨레신문≫. 2012.3.2. "상위권 10개대, 소득 상위10% 출신이 하위10%의 4배".

제3장

북한 교육의 문제점과 개선 과제

신효숙 | 남북하나재단 기획연구팀장

1. 들어가는 말

우리는 남북한이 함께 살아갈 행복한 통일한국을 꿈꾼다. 남북한 국민들이 함께 교육받고 우리 자녀들이 행복해지는 미래를 희망한다. 이러한 미래는 그저 주어지는 것이 아니라 우리들의 노력과 준비로 성취될 수 있다. 그래서 통일한국은 먼 미래의 '사건'이 아니고 지금부터 준비해나가야 하는 '과정'이라는 인식이 확산되어가고 있다. 통일한국은 당사자인 남한과 북한의 변화를 전제로 한다. 남한은 통일 미래를 향해 준비하며 변화해야 한다. 통일의 대상이자 파트너인 북한도 마찬가지이다. 현 상황에서는 북한은 전혀 변하지 않을 것으로 보이지만 역사의 큰 흐름에서 보면 변하고 있고 변할 수밖에 없다.

세계화 시대에서 유일한 폐쇄국가인 북한은 현재 남한, 중국, 미국, 러시아, 유럽연합 등 다양한 국제관계 속에서 변화에 민감하게 대응해야 하는 상황에 처해 있다. 1990년대 김일성 사망과 자연재해로 인한 고난의 행군 시기, 2000년대 김정일 시대, 이어 2011년 이후 김정은 시대로 접어들며 급격한 정치·사회적 변화와 경제적 침체를 겪고 있다. 1990년에는 분단국이었던 동·서독이 통일되었고 사회주의 종주국인 소비에트연방이 붕괴되었는데, 이어서 1991년에 소비에트연방에서 독립한 국가들은 급격한 정치·사회적 변혁과 경제적 불안을 겪으며 체제 전환을 시도했다. 대부분의 체제 전환 국가들은 공산주의 이념과 이를 기반으로 한 사회주의 계획경제를 버리고 새로운 국가이념과 시장경제 체제 도입을 통해 변혁을 도모해왔다.

위에서 언급했듯이, 체제전환 국가들은 자국의 역사적 배경 및 다양한 정치·사회적 여건에 따라 각기 다른 방식의 국가변혁 과정과 교육개혁을 수행하고 있다. 이 국가들은 공통적으로 점진적이지만 더 개방된 교육이념을 수용하고 시장경제 요소를 사회 전 분야에 다양한 방식으로 적용해나가고 있다. 북한이 현재 폐쇄된 독재국가이기는 하지만 체제 안정기에 접어들면 지금보다 빠른 속도로 시장경제의 도입과 개방의 수순을 밟아갈 것이다. 국제사회의 변화를 전망해볼 때, 북한 교육은 이전보다 개방된 교육이념 수용, 시장경제 도입과 국가 인적자원 개발, 복지적 교육제도를 강조하는 방향으로 개편을 시도해나갈 것이다. 특히 이러한 개방된 교육이념과 시장경제의 도입은 행정 및 재정구조의 변화, 지역·계층·개인별 교육 격차 심화 등 다양한 교육 현상들을 일으킬 것이므로 교육복지 제도의 정비와 강화는 개혁의 핵심 키워드가 될 것이다.

교육은 남북한의 제도 통합과 내용 통합 전체를 견인할 수 있다. 교육은 통일 이전 단계는 물론 통일 이후 단계까지 제도의 통합뿐 아니라, 남북한 주민 간에 서로 이해하고 소통하는 내적 통합을 이끌어낼 수 있다. 그런 점에서 교육은 통일한국을 설계하는 강력하고도 효과적인 수단이다. 이 연구는 미래 한국 사회가 추구해야 할 핵심 교육 가치로 네 가지를 상정하고 있다. 첫째는 모든 사람에게 균등한 교육기회를 제공한다. 둘째는 사회적·교육적 약자를 배려하고 교육 격차를 줄이기 위해 교육의 형평성을 보장한다. 셋째는 교육의 수월성과 경쟁력을 높인다. 마지막으로 남북한 주민이 함께 행복하고 신뢰할 수 있는 교육공동체를 구축하는 것이다.

미래 통일한국이 지향하는 이 교육 가치는 현재 한국 교육에도 적용된다. 마찬가지로 북한 교육의 현실 진단과 발전 방향에도 적용될 수 있다. 따라서 이 글은 통일한국 사회가 추구해야 할 기본 교육 가치, 즉 균등한 교육기회, 교육의 형평성 보장, 교육의 수월성 보장, 행복한 교육공동체 구축이라는 네 가지 잣대로 북한의 교육현실을 진단하고 문제점과 개혁 과제를 제시하고자 한다. 다시 말하면, 이 장은 통일한국이 추구해야 할 기본 교육 가치를 염두에 두고서 북한 교육의 문제점을 제시하고 북한 교육이 항구적으로 밟아나가야 할 교육개혁의 기본 방향을 제시하고자 한다.

2. 북한 교육의 현황과 문제점

1) 다양하고 균등한 교육기회

(1) 제도: 의무교육 제도, 국·공립 및 사립학교, 학교 선택권

남북한은 모두 헌법에 국민의 교육에 대한 권리를 직접적으로 명시할 정도로 교육의 기회 균등과 의무교육을 중요시한다.[1] 교육에 대한 국민의 권리를 보장하고 국가의 의무를 실현하기 위해 마련된 최소한의 제도적 장치가

1) 남한은 헌법 제31조 제1항에 "모든 국민은 능력에 따라 균등하게 교육을 받을 권리를 가진다"고 명시하고 있고, 북한은 사회주의 헌법 제3장 제45조에 "국가는 1년 동안의 학교 전 의무교육을 포함한 전반적 11년제 의무교육을 현대과학기술 발전 추세와 사회주의 건설의 현실적 요구에 맞게 높은 수준으로 발전시킨다"고 명시하고 있다.

바로 의무교육이다. 남북한은 모두 사회적 신분이나 경제적 지위에 차별을 두지 않고 모든 국민에게 필수적 기본 교육을 제공함으로써 국민의 교육권을 보장하기 위한 의무교육을 실시하고 있다. 북한은 사회주의 교육이념에 따라 계층이나 경제력에 구애됨이 없이 교육받을 기회를 보장하기 위해 일찍이 무상 의무교육 제도를 확립했다.

북한의 기본 학제는 1972년에 11년제 무상 의무교육으로 법제화되었으며 현재까지 큰 변화 없이 지속되어왔다. 11년제 학제는 유치원 1년을 포함해 소학교 4년, 중학교 6년까지로 우리의 초·중·고등학교까지 포함한다. 한편 김정은 정권 출범 이후 40년간 지속되어온 기본 학제가 12년제 의무교육제로 개편되었다. 2012년 최고인민회의 제12기 제6차 회의에서는 획기적인 경제개혁 관련 입법이 있을 것이라는 일반적 기대와 달리 교육제도 개편안을 전격 발표했다. '전반적 12년제 의무교육을 실시함에 대하여'를 통해서 학교 전 교육 1년, 소학교 5년, 초급중학교 3년, 고급중학교 3년의 학제를 발표했다. 북한은 2013~2014학년도부터 6년제 중학교를 3년제 초급중학교와 3년제 고급중학교로 분리 운영하고, 4년제 소학교를 5년제 소학교로 전환하는 사업은 2014~2015학년도부터 실시한다.[2)]

12년제 교육제도 개편안은 1990년대 이후 유명무실화된 교육체계를 바로잡고 확충하겠다는 의지를 보여주고 있다. 그러나 12년 의무교육제의 전국적 운영에는 교육예산 확보 등의 문제 때문에 시간을 요하는 것으로 보인다. 6년제 중학교를 3년제 초급중학교와 3년제 고급중학교로 분리 운영하는 데는 큰 문제가 없어 보인다. 하지만 4년제를 5년제 소학교로 전환하는 데는 1개 학년의 신설에 따른 소학교 신축, 교사 충원 등 예산확보가 필수적이므로,

---

2) "北, 12년제 의무교육 공표 …… 경제개혁 발표 없어", ≪연합뉴스≫, 2012년 9월 25일자; "北 최고인민회의 '의무교육 12년으로 1년 확대' …… 경제개혁 발표는 없었다", ≪동아일보≫, 2012년 9월 26일자.

〈표 3.1〉 기존 북한의 11년제 기본학제

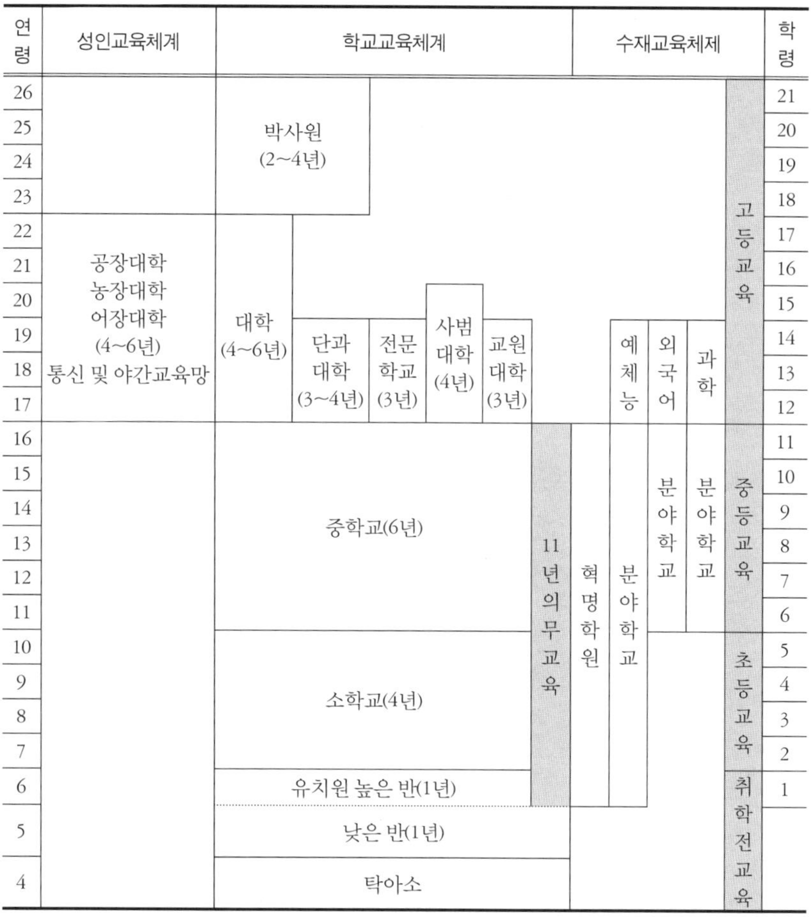

북한 당국의 발표대로 2013년 또는 2014년 입학생부터 적용할 경우에 이들이 초급중학교, 고급중학교를 졸업하게 되는 11년 이후에나 완결될 것으로 보인다.[3]

3) 한만길·이관형, 「북한의 12년제 의무교육 개편을 통한 김정은 체제의 교육정책 분석」, 『북한연구학회 춘계학술대회자료집』(북한연구학회, 2014), 430쪽.

〈표 3.2〉 북한의 12년제 기본학제(2013학년도부터 시행)

연령	학교교육체계		학력
17	고급중학교(3년)	12년 의무교육	12
16			11
15			10
14	초급중학교(3년)		9
13			8
12			7
11	소학교(5년)		6
10			5
9			4
8			3
7			2
6	유치원 높은반(1년)		1

북한의 교육기관은 국·공립학교만 설치되어 있으며 사립학교는 존재하지 않는다. 학교 선택권도 엄격하게 제한되어 있다. 주민들은 거주 이전의 자유가 없기 때문에 학생들은 거주 지역에 있는 유치원, 소학교, 중학교를 다녀야 한다. 대학의 경우 학교 선택권은 대학입학제도와 연관되어 있다. 수험생이 입학을 원하는 학교에서 입학시험을 치를 수 없고, 입학을 관리하는 해당부처에서 대학입학 시험 자격을 부여할 경우만 시험을 치르고 대학에 입학할 수 있다. 이런 점에서 학생 개인의 능력에 따른 대학 선택권은 제한을 받을 수밖에 없다.

균등한 교육기회의 보장이라는 측면에서 볼 때, 북한 교육제도는 모든 학생에게 동일하게 교육의 기회가 제공되는 단선형 학제이다. 중등교육 단계에서 인문교육과 직업교육 중 하나를 선택할 필요가 없는 형태이다. 북한은 대학 진학 전에 중등교육 단계에서 인문계와 실업계로 진로 분화를 하지 않고 있다. 사회주의 교육 원리에 의하면, 중등학교의 계열화는 정신노동과 육

체노동 종사자를 조기에 구분하여 학교가 사회 불평등을 재생산하는 역할을 하는 것으로 비판받고 있다. 따라서 중등교육 단계에서 인문계와 실업계의 구분을 없애고 중학교와 고등학교를 분리하지 않음으로써 모든 학생이 완전한 중등교육을 받도록 한다는 것이다. 이것이 중등 의무교육을 보장하기 위한 논리이다.

북한에서는 일하면서 공부하고자 하는 학생들에게 교육기회를 보장하기 위한 학교들이 일찍이 마련되었다. 한글학교, 성인중학교, 근로자 학교, 근로자 중학교, 통신대학, 공장대학 등 다양한 학교가 있다. 즉, 해방 직후부터 학교교육과 성인교육, 또는 학교교육과 사회교육의 결합 원리에 따라 사회교육이 이루어졌다. 해방 이후 1970년대까지 사회교육은 문맹퇴치 기관과 성인을 대상으로 한 초·중등 교육기관 중심으로 운영되었다. 11년제 중등 의무교육이 보편화된 1980년대에는 초·중등 사회교육 기관이 폐쇄됨에 따라 근로자 학교와 근로자 중학교가 폐지되었고, 1990년대 이후에는 고등교육 단계의 평생교육 기관을 확대하는 데 주력했다.

따라서 고등교육 기관은 일반 고등교육 기관과 성인 고등교육 기관으로 구분된다. 일반 고등교육 체계는 '학업을 전문으로 하는 대학'으로 종합대학, 단과대학, 고등전문학교를 들 수 있다. 종합대학은 세 개뿐이고 단과대학과 전문학교가 대다수를 차지한다. 성인 고등교육 체계는 '일하면서 배우는 대학'이다. 일하면서 배우는 교육체계에는 공장전문학교, 공장·농장·어장 대학, 각 대학 통신 및 야간 교육망, 간부들과 근로자들을 위한 학교 등이 다양하게 운영되고 있다.[4)]

능력과 적성에 따른 균등한 교육기회의 보장이라는 측면에서 주목할 점은 영재교육 기관이다. 북한에서는 1950년대 말부터 특수한 재능과 능력을 가진

---

4) 한만길, 『통일시대 북한 교육론』(서울: 교육과학사, 1997).

아동들을 위해 특수학교를 설치·운영했다. 1960~1970년대에는 예능과 체육에 재능을 가진 학생들을 위한 학교, 외국어에 소질이 있는 학생들을 위한 특수학교만 개설했으나, 1980년대 이후에는 수학 등 과학분야의 우수한 학생을 양성하기 위한 수재학교가 개설했다. 따라서 1990년대 이후 교육제도는 일반교육을 받는 학교교육 체계와 학생들의 다양한 재능과 능력에 따라 교육을 받을 기회를 제공하기 위한 수재교육 체계로 구분되어 운영되고 있다.5)

(2) 정책: 교육행정의 권한, 학교의 자율성

북한 교육행정의 특징은 첫째로, 교육정책을 수립하는 노동당과 집행을 지도하는 교육성으로 이원화되어 있는 점이다. 모든 사회주의 국가와 마찬가지로, 노동당이 주요 교육정책을 수립하고 감독하는 기능을 담당한다면 내각 산하 교육성은 노동당 과학교육부에서 수립한 교육정책을 집행한다. 당 과학교육부는 지방의 당 조직을 통해서 지방 교육행정기구인 교육국과 교육과에도 그 지도력을 행사하고 있다.6)

따라서 노동당 중심 국가인 북한에서는 중앙 교육행정기구인 교육성이 조선노동당의 교육 관련 부서인 '과학교육부'에 의해 그 권한이 제한되고 있다. 헌법에 "조선민주주의 인민공화국은 조선로동당의 령도 밑에 모든 활동을 진행한다(제1장 11조)"라고 규정되어 있듯이, 당 정책이 다른 모든 정책의 지침이 된다. 교육의 주요 당면 정책은 당중앙위원회 전원회의에서 토의·결정된다면, 실질적인 교육정책은 중앙당 과학교육부에서 결정된다. 당 과학교육부는 교육정책의 세부 집행계획 지침을 작성해서 교육성 및 지방 교육행정기구에 시달하고 그 집행을 지도·감독하는 역할을 맡고 있다.

---

5) 신효숙, 「김정일정권의 교육정책」, ≪평화학연구≫, 제11권 제3호(2010).

6) 한만길 외, 『북한 교육 현황 및 운영실태 분석 연구』(서울: 한국교육개발원, 1998), 273~278쪽.

둘째로, 교육행정의 권한이 철저히 중앙에 집중되어 있고 하향식 하달구조로 이루어져 있으며, 지방 분권화가 이루어지지 않아 중앙 교육행정기관이 지방 교육행정기관에 대한 독점적인 관리와 감독 권한을 행사하고 있다. 북한은 사회주의 국가로서 지방 분권주의를 배격하고 국가의 통일성과 안정성 및 사회주의 계획경제의 수행을 보장하기 위해 중앙이 강력한 지도력을 행사하고 있다.7)

지방 교육행정조직은 각 도·시에 위치한 인민위원회 교육국과 시·군 구역에 위치한 인민위원회 교육과에서 관할하고 있다. 지방의 교육행정은 일반행정과 별도로 독립되어 있지 않고 지방행정조직인 인민위원회에 설치되어 있다. 또한 당 조직과 교육행정의 이원화는 중앙뿐 아니라 지방에도 적용된다. 각급 단위의 행정기관에는 반드시 당위원회가 설치되어 있다. 노동당 중앙위원회 산하의 지방당 조직으로서 도당과 군당이 있으며, 지방 당 조직에 설치되어 있는 학교교육부가 교육성에서 운영하는 지방 교육행정기관을 지도·감독하는 역할을 하고 있다.

지방 교육행정기관은 노동당 및 상급 인민위원회와 내각의 결정과 지시를 집행하는 기관으로서 해당 지역 교육기관의 조직과 건설, 교육강령의 집행, 교원의 양성 등 모든 교육사업을 집행하며, 해당 지역의 학교 행정사업을 지도하고 검열하는 일을 담당하고 있다.

셋째로, 학교는 학교당위원회(노동당 소속)의 관리·감독을 받기 때문에 학교장 중심의 자율적 학교운영이 전혀 이루어지지 않는다. 학교 행정의 특징은 교장 및 당 세포비서를 통해 위계적으로 관리되고 있는 점이다. 학교행정조직 체계는 행정조직과 정치조직으로 구분된다. 행정조직은 교장과 부교장을 책임자로 하고, 교무부와 경리부가 실제적인 행정을 담당한다. 정치조직

7) 최진욱, 「행정제도의 조직과 운영」, 박호성 외, 『북한사회의 이해』(서울: 인간사랑, 2002), 113~114쪽.

은 당 세포비서를 겸하고 있는 (교무) 부교장을 중심으로 한 학교당위원회가 있고, 그 산하에 교원단체는 물론 소년단위원회, 청년동맹위원회와 같은 학생단체도 조직되어 있다.

학교에서 실질적 권한은 학교장보다 부교장에게 있다. 학교장은 도인민위원회 위원장이 임명하며, 학교의 책임자로서 행정과 재정을 총괄한다. 교장은 전반적인 학교운영 계획을 수립하고, 학교를 관리하고 보존하는 것을 주임무로 한다. 부교장은 직급상 교장보다 아래이지만 당 세포비서를 겸하면서 학교의 정치조직을 이끄는 실질적인 권한을 행사하고 있다. 부교장은 교원들의 조직생활을 관리하고 사상교양 사업을 담당하고 있으며, 과정안이 교수요강에 따라 정확하게 집행되었는가를 지도·검열하는 사업도 맡고 있다. 학교에는 학교당위원회와 학교평의회가 학교운영 계획과 집행을 견제하고 지원하는 역할을 담당하고 있다.[8)]

(3) 교육과정: 교육과정의 다양성 및 선택권

교육과정은 북한정권의 교육이념과 목적을 달성하기 위해 획일적인 교육커리큘럼과 교육내용으로 이루어져 있다. 우선 교육목적은 공산주의적 혁명인재 양성을 목적으로 한 보편적인 인간 품성의 도야보다는 주체사상, 1인우상화 교육 등 정치사상 교육이 지나치게 강조되고 있다.

「사회주의 교육에 관한 테제」(1977)[9)]에 의하면, 교육의 목적은 인간을 혁명화 · 노동계급화 · 공산주의화 하는 것이다. 교육은 당성과 노동계급성을 구현해서 학생들을 당과 사회주의 혁명에 충실한 혁명인재로 키우는 것이라고 제시되어 있다. 수령에 대한 충실성을 담지한 주체형 인간을 강조하면서

8) 신효숙, 「남북한 교육 행정 및 제도 비교」, 체제통합연구회 엮음, 『남북한 비교론』(서울: 명인문화사, 2006), 223~226쪽.

9) 한국교육개발원, 『북한교육관계법령연구』(서울: 한국교육개발원, 2000).

도 시대적·정치적 상황을 반영한 "선군시대의 혁명인재" 양성을 이상적 인간상으로 제시하고 있다. 선군시대의 혁명인재는 정치·사상적으로 수령결사옹위정신, 일심단결의 정신, 주체사상, 선군사상으로 튼튼하게 무장된 사람이면서 기초과학 교육과 컴퓨터 교육, 외국어 교육 등 해당 전문분야의 지식과 능력을 겸비하여 강성대국 건설에 기여할 수 있는 사람을 의미한다.[10)]

이러한 교육정책과 이념은 교육과정과 내용에 그대로 반영되고 있다. 북한은 전국적으로 통일된 교육과정을 운영하고 있기 때문에 단일 국정교과서만 존재하며, 학교 및 학생들은 교육과정 선택에서 자율권이 없다.

김정일 사후 최근 북한 정치사상교육의 핵심은 '김정일 애국주의 교양'과 '김정은에 대한 찬양숭배' 교육이다. 김정은 충실성 교양은 2012년 9월 학제개편 이후 실시될 새로운 학교 교육과정에 편입시킬 것을 예고하고 있다.[11)] 김정일 시대 초등 교육과정에서는 정치사상교육을 위한 교과목으로 '경애하는 수령 김일성대원수님 어린시절', '위대한 령도자 김정일장군님 어린시절'이 1학년부터 4학년까지 주당 1시간씩 각각 편제되어 있었다. '항일의 녀성영웅 김정숙 어머님 어린시절'은 4학년에 주당 1시간씩 편제되어 있고, '공산주의 도덕'이 '사회주의 도덕'으로 명칭이 변경되어 1학년부터 4학년까지 각각 주당 1시간씩 편제되어 있다. 한편 2012년 학제 개편에 따라 초등교육기간이 5년제로 바뀌면서 5년제 교육과정에 따른 교과목과 수업시간 수 조정이 이루어지고 특히 김정은 관련 정치사상 교과가 신설될 것으로 보인다.

중등교육과정 또한 2012년 9월 학제 개편의 후속조치로 2013년부터 교육과정 개편과 새 교과서 편찬 작업이 이루어지고 있다. 중등교육과정은 초급

10) 「새로운 혁명적대교조의 봉화를 높이 들고 후대교육 사업에서 혁명을 일으키자」, ≪인민교육≫, 제1호(2009), 5쪽.

11) 『교육신문』 2012.1.12., "경애하는 김정은동지의 위대성 교양을 짜고 들어", 한만길 이관형, 앞의 논문, 431쪽 재인용.

〈표 3.3〉 북한의 소학교 교육과정

구분(학년) / 교과명	학년별 수업시간				
	1	2	3	4	계
경애하는 수령 김일성 대원수님 어린시절	35	35	36	36	142
위대한 령도자 김정일 원수님 어린시절	35	35	36	36	142
항일의 녀성영웅 김정숙 어머님 어린시절	-	-	-	36	36
사회주의 도덕	35	35	36	36	142
국어	280	280	252	252	1064
수학	175	176	216	216	783
자연	22	22	108	93	245
체육	70	70	72	72	284
위생독본	-	-	-	36	36
음악	70	70	72	72	284
도화공작	70	70	72	51	263
수영	22	22	25	26	95
연간 총 수업 시간 수	814	815	925	962	3516

자료: 『2003/2004학년도 교육강령조치(유치원, 소학교, 중학교, 륜전기재운전수를 양성하는 중학교)』; 오기성·박창언·신효숙(2008), 123쪽.

중학교 3년과 고급중학교 3년으로 분리됨에 따라 일부 교과목이 변경되고 이에 따른 교과목 및 학년별 수업시간 수 조정이 이루어지고 있다. 초급중학교에서는 3년간 총 16개 과목을 가르치며 주당 32시간, 연간 1,152시간, 3년간 총 3,456시간의 수업을 진행한다.

고급중학교에서는 3년간 총 22개 과목을 가르치며 주당 34시간, 3년간 총 3,258시간의 수업을 진행한다. 개정 교육과정은 예전과 마찬가지로 '위대한 수령 김일성대원수님 혁명활동(혁명력사)', '위대한 령도자 김정일 장군님 혁명활동(혁명력사)', '항일의 여성영웅 김정숙 어머님 혁명활동(혁명역사)' 과목이 편성되어 있지만, 특히 '경애하는 김정은원수님 혁명활동(혁명력사)'과목이 새롭게 편성되어 전 학년에서 주당 한 시간씩 비교적 높은 비중으로 교육하도록 하고 있다. 또한 초급중학교 단계에서 부분적으로 통합형 교육과정

〈표 3.4〉 북한의 초급중학교 교육과정

구분	과 목	학년 / 주간 / 총시간	1	2	3	수업 시간 비중(%)
			18/16	18/16	18/16	
정치 사상 교과	위대한 수령 김일성 대원수님 혁명활동	136	2	2	-	3.9
	위대한 령도자 김정일대원수님 혁명활동	136	-	2	2	3.9
	항일의 녀성영웅 김정숙어머님 혁명활동	34	1	-	-	1.0
	경애하는 김정은원수님 혁명활동	102	1	1	1	3.0
	사회주의도덕	102	1	1	1	3.0
	소계	510	5	6	4	14.8
어학· 인문학 교과	국어	510	5	5	5	14.8
	영어	408	4	4	4	11.8
	조선력사	136	1	1	2	3.9
	조선지리	102	1	1	1	3.0
	소계	1,156	11	11	12	33.4
자연 과학 교과	수학	578	6	5	6	16.7
	자연과학	510	5	5	5	14.8
	소계	1,088	11	10	11	31.5
기술 교과	정보기술	192	2주	2주	2주	5.6
	기초기술	102	1	1	1	3.0
	소계	294	1	1	1	8.5
예체능 교과	체육	204	2(1주)	2(1주)	2(1주)	5.9
	음악무용	102	1	1	1	3.0
	미술	102	1	1	1	3.0
	소계	408	4	4	4	11.8
주당 시간			32	32	32	-
계, 학년별교수시간		3,456	1,152	1,152	1,152	-
과외학습		(540)	(5)	(5)	(5)	-
소년단생활		(432)	(4)	(4)	(4)	-
과외체육		(306)	(3)	(3)	(3)	-

자료: 조정아(2014).

〈표 3.5〉 북한의 고급중학교 교육과정

구분	과목	학년 / 주간 / 총시간	1	2	3	수업 시간 비중(%)
			15/15	14/14	13/10	
정치사상 교과	위대한 수령 김일성 대원수님 혁명력사	160	3(104)	2	-	4.9
	위대한 령도자 김정일 대원수님 혁명력사	148	-	2	4	4.5
	항일의 녀성영웅 김정숙 어머님 혁명력사	42	-	1/2	-	1.3
	경애하는 김정은 원수님 혁명력사	81	1	1	1	2.5
	현행 당 정책	88	1주(20)	1주	1주	2.7
	사회주의도덕과 법	81	1	1	1	2.5
	소계	600	5	6.5	6	18.4
어학·인문학 교과	심리와 론리	34	-	-	1주	1.0
	국어문학	215	3	2	3	6.6
	한문	81	1	1	1	2.5
	영어	243	3	3	3	7.5
	력사	104	1	1	2	3.2
	지리	81	1	1	1	2.5
	소계	758	9	8	10	23.3
자연과학 교과	수학	368	5	5/4	4	11.3
	물리	331	5	4	3	10.2
	화학	248	3	4	2	7.6
	생물	220	3	3	2	6.8
	소계	1,167	16	16/15	11	35.8
기술교과	정보기술	111	2	1	1	3.4
	기초기술	272	2주	3주	3주	8.3
	공업(농업)기초	92	-	-	4	2.8
	소계	475	2	1	5	14.6
예체능 교과	체육	81	1	1	1	2.5
	예술	81	1	1	1	2.5
	소계	162	2	2	2	5.0
군사교과	군사활동 초보	96	-	1주(48)	1주(48)	2.9
주당 시간 수		-	34	34	34	-
계, 학년별 교수 시간 수		3,258	1,122	1,136	1,000	-
과외학습		(465)	(5)	(5)	(5)	-

청년동맹생활	(372)	(4)	(4)	(4)	-
과외체육	(243)	(3)	(3)	(3)	-

자료: 조정아(2014).

적용이 시도되었다. 기초기술, 정보기술 등 기술관련 교과가 신설되고 자연과학교과와 기술교과 수업시수가 증가하는 등 과학기술교육이 강화되고 정보화교육이 강화되고 있다.

초중등 교육과정은 물론이고 대학 교육과정에서도 정치사상교육이 차지하는 비중은 절대적이다. “김일성대학 자연과학 부문의 교육과정안 중 김일성·김정일의 정치사상 교육이 차지하는 비중은 약 30% 정도이다. 여기에 ‘김일성의 역사’, ‘김정일의 역사’, ‘김일성의 노작’, ‘김정일의 문헌’, ‘정치경제학’, ‘철학’ 등이 속한다. 이러한 과목들은 과학연구 활동에 아무런 도움을 주지 못하고 귀중한 시간만 앗아가는 불필요한 지참품이다.”[12]

또한 당원이면서 제대 군인인 대학생이 학교교육의 주도권을 행사하다 보니 권위주의적·군사주의적 대학 문화를 강화시키는 경향이 있다. “학급은 군사체계로 편성되었다. 물론 우리 대학뿐만 아니라 전국 각지에 있는 대학들이 전부 군사체계로 편성된다 …… 소대장, 부소대장, 세포비서, 초급단체 위원장들은 모두 제대 군인이며 당원이었다. 여느 대학도 그렇지만 우리 대학의 30~40%는 제대 군인이었다.”[13] 북한의 대학생들은 군사체계 속에서 학과는 소대, 학과의 대표는 소대장이라 일컬으며 하루 종일 한 교실에서 함께 생활하며 동일한 교과목을 획일적 방식으로 교수에 의해 교육받고 있다. 대

12) 김명세, 「정수분자를 양성하는 김일성종합대학」, 한만길 엮음, 『북한에서는 어떻게 교육할까』(서울: 우리교육, 1999), 124쪽.

13) 김용석, 「군사 체계로 판에 박은 대학 일과」, 한만길 엮음, 『북한에서는 어떻게 교육할까』(서울: 우리교육, 1999), 156~157쪽.

학 생활에서도 집단에 대한 충성심, 집단 규율에 대한 복종, 정치사상성 위주의 교과과정 운영, 권위주의적 교육 방식이 지배적이다.

2000년대 들어 교육과정 선택권과 관련한 약간의 변화가 보이고 있다. 북한의 교육과정안에는 학생들의 과목 선택권을 전혀 인정하지 않았으나, 2001년 4월 새 학기부터 전국의 중학교에서 지역별·지대별 특성에 따라 '선택과목 교육'을 실시하기 시작했다. 이러한 선택과목은 학생의 관심과 능력에 따라 특정 과목을 선택할 수 있다는 것을 의미하지는 않는다. 대신에 지역별·지대별 특성에 따라 공업·농업·수산업·임업 등 과목을 신설함으로써 학생들이 그 지역의 특성에 맞는 과목을 공부할 수 있게 되는 것을 의미한다.

교육과정 선택권과 관련해 주요 대학에서는 학점제, 선택과목제, 수득학점수 제도(졸업 이수학점제) 등 새로운 제도를 도입하고 있다. 과학기술교육의 메카인 김책공업종합대학에서는 2003년부터 학점제와 계발식 강의방법이 도입된 데 이어 2006년에는 선택과목제를 일부 도입했고, 2010년 새 학기가 시작되면서 "수강 과목을 임의로 선택하는 선택과목제를 더 유연하게 적용하고, 졸업에 필요한 수득학점수 제도(졸업이수학점제)를 도입하는 내용으로 교육강령을 개정"하는 조치를 취했다.[14)]

북한의 대학은 학점제가 아니라 남한의 중·고등학교처럼 학년별로 수강과목이 지정되어 있는 학년제로 운영되어왔다. 그런데 최근 김책공업종합대학과 같이 일부 주요 대학을 중심으로 전공과목의 일부를 학생들이 자신의 진로에 맞게 선택해서 수강할 수 있는 선택과목을 운영하기 시작했고, "2006년부터는 새 과정안에 일반 선택과목을 학과마다 10개 이상 정할 것"[15)]을 제시하고 있다.

---

14) "北, 김책공대에 졸업학점제 처음 도입", ≪연합뉴스≫, 2010년 4월 5일자.

15) 허광일, 「교육정책관철을 일관성있게 내밀어」, ≪고등교육≫, 제5호(2007), 15쪽.

또한 2012년 최고인민회의 제12기 6차 회의에서 12년제 의무교육 개편과 관련한 최태복 최고인민회의 의장보고에서는 "수학, 물리, 화학, 생물과 같은 기초과학 분야의 일반 기초 지식을 주는 데 기본을 두면서 컴퓨터기술 교육, 외국어 교육을 강화해야 한다"라고 밝히고 있다. 이와 관련해 중앙통신은 "전반적 12년제 의무교육은 지식경제시대 교육발전의 현실적 요구와 세계적 추이에 맞게 교육의 질을 높여 새 세대들을 중등 일반지식과 현대적인 기초기술 지식, 창조적 능력을 소유한 혁명인재로 키우는 가장 정당하고 우월한 교육"이라고 밝히고 있는데,[16] 향후 교육과정에 현대적 요구를 반영한 실용적 내용과 과목 편성이 강화될 것으로 보인다. 이와 같이 북한의 교육과정은 극히 일부분이지만 새로운 시대의 변화, 세계 여러 나라의 교육제도와 지역적 특성을 반영하는 방향으로 변화의 조짐을 보이고 있다.

2) 교육의 형평성

(1) 제도: 무상교육제도, 사부담 공교육비

북한은 의무교육 기간의 확대와 함께 무상교육의 제도화를 통해서 실질적 평등사회를 달성하고자 했다. 의무교육은 사회주의 국가의 특성상 일찍부터 초등 및 중등 무상교육으로 실시되었다. 1958년 7년제 무상 의무교육, 1967년 9년제 무상 의무교육, 1972년 11년제 무상 중등 의무교육으로 법제화해서 현재에 이르고 있다. 1972년 11년제 무상 의무교육은 유치원 1년을 포함해 소학교 4년, 중학교 6년까지였다. 한편 2012년 '12년제 의무교육제' 개편안을 발표했는데, '무상' 의무교육이라는 표현을 사용하지 않았지만 12년제 무상 의무교육제 실시로 간주해야 할 것이다.

---

16) ≪연합뉴스≫, 2012년 9월 25일자; ≪동아일보≫, 2012년 9월 26일자.

북한은 1945년 해방 이후 일제 교육 잔재 청산을 최우선 정책으로 삼고 초등 의무교육제를 추진했다. 의무교육의 추진을 위해서 부족한 학교를 건설하고 교원을 확보해서 취학대상 아동들을 인민학교에 취학하도록 했다. 이로써 1948년 가을에 학령아동의 94.3%가 인민학교에 취학했다. 1950년 9월부터 초등 의무교육을 실시하고자 했으나 그 계획은 한국전쟁의 발발로 무산되었다. 한국전쟁 이후 다시 초등 의무교육제를 시행하기 위해 학교의 복구와 건설 작업에 박차를 가했다.[17] 1956년에 인민학교의 교육 연한을 5년에서 4년으로 단축하면서 4년제 초등 의무교육을 실시했다. 곧이어 1958년에는 인민학교 4년과 중학교 3년을 합해서 7년제 중등 의무교육을 법제화했다.

무상 의무교육을 실시하려는 노력은 해방 직후 재산 정도에 따른 차등 교육비 지급, 지방 학생을 위한 기숙사 운영, 노동자·농민 출신을 위한 특별과정 운영 등 교육개혁을 통해 반영되었다. 실질적 무상교육은 1958년에 농업의 협동화를 완료하면서 "교과서 및 학용품 무상급여에 관한 규정", 1959년에 "학생들의 수업료를 전반적으로 폐지할 데 대하여"를 발표함으로써 가능하게 되었다.[18]

김정일 정권 시대에 무상교육에 대한 규정은 1998년에 제정된 「조선민주주의인민공화국 교육법」으로 재반영되었다. 교육법 제12조와 제16조는 "모든 학생들은 중등학교까지 무상 의무교육을 받으며 비슷한 교육조건에서 교육을 받을 수 있도록 학비, 실습, 견학비를 면제하고 교과서, 학용품, 생활필수품을 저렴하게 제공"하도록 규정하고 있다.[19]

---

17) 교육도서출판사 엮음, 『해방 후 10년간의 공화국 인민교육의 발전』(평양: 교육도서출판사, 1955), 24~32쪽.

18) 강근조, 『조선교육사 4』(평양: 사회과학출판사, 1991); 김동규·김형찬 편집, 『북한교육사』(서울:교육과학사, 2000)로 재발간.

19) 한국교육개발원 엮음, 「조선민주주의 인민공화국 교육법」, 『북한 교육 관계 법령 연구』(서울: 한국교육개발원, 2000), 175쪽.

교육법에 이어서 2011년 1월 19일에는 「조선민주주의인민공화국 보통교육법」을 발표했다.[20] 어려운 국가경제 현실 속에서도 북한 당국은 모든 국민은 중등교육까지 의무교육과 중등교육을 받을 권리를 가진다고 발표했다. 보통교육법 제13조에는 "중등 일반교육은 무료이다. 학생의 입학, 수업, 실습, 견학, 답사와 관련한 일체 교육비용은 국가가 부담한다. 보통교육기관은 학생이나 그의 부모 또는 보호자로부터 입학, 수업, 실습, 견학, 답사와 관련해 일체 료금을 받을 수 없다"고 명시하고 있다.

북한은 무상교육의 시행 연도나 적용 범위에서 남한보다 훨씬 이르고 광범위하다. 그런데 오래 전부터 법 규정과 달리 무상교육 지원체제에서 여러 가지 문제점을 보여주고 있다. 1990년대 경제난, 식량난을 거치면서 무상교육이 전혀 이루어지지 않고 있는 것이다. 오히려 학부모를 대상으로 한 교육비 부담이 가중되고 있는 실정이다. 국가가 시설 물품·교육기자재·실험실습기구 등의 교육물자를 학교에 제대로 공급하지 못하고 있다. 국가가 부담해야 할 학교운영 경비를 학부모가 대신 내도록 강요하고 있고, 교과서나 학용품을 무상으로 또는 저렴하게 제공하지 못하고 있다. 북한의 의무교육 정책은 교육기회의 확대 및 실질적 평등을 향한 무상교육의 제도화를 달성했다는 점에서 긍정적으로 평가할 만하지만 그 질과 내용에는 여러 가지 문제점이 표출되고 있다.

(2) 정책: 중도 탈락 문제

북한은 학생의 취학과 중도 탈락을 정부 차원에서 엄격하게 관리하고 통제해왔다. 학교가 정상적으로 운영되었을 때의 취학률은 100%에 가까웠고, 중도 탈락률은 매우 미미했다. 그러나 1990년대 고난의 행군 시기를 거치면

---

20) 임순희·조정아·이규창, 「북한의 아동교육권 실태와 관련 법령 제정 동향」, ≪통일정세분석≫(2012.2), 통일연구원.

서 학생의 중도 탈락률이 급격히 상승했으나, 2000년대 이후 취학률이 점차 회복되고 있다.

공식 통계에 의하면 북한은 100%의 취학률을 달성하고 중도 탈락률도 거의 없는 것으로 보고하고 있다. 2008년 조사에 의하면 10세 이상 인구의 문해율이 100%로 제시되어 있다. 문해 능력은 간단한 내용을 읽고 쓸 수 있는 개인의 능력을 말한다. 2008년 당시 10세 인구집단은 1998년 출생해서 만 5세가 되는 2003년부터 정규교육을 받은 집단이다. 이 문해율 조사가 정확하다면 2000년대 들어 학교 상황이 개선되어 학생들이 기초교육을 받은 것으로 보인다. 그러나 북한이탈주민의 증언에 따르면, 북한의 정규학교가 어느 정도 정상화된 것은 2000년대 중반이므로, 10세 집단 가운데는 일시적인 비문해 집단이 있을 가능성도 배제할 수 없다.[21)]

북한 당국에서 발표하는 통계나 문헌의 내용과는 달리 무상 의무교육의 문제점이 발생하면서 중도 탈락, 문맹의 문제가 다양한 경로로 제기되고 있다. 1990년대 경제난과 식량난으로 '고난의 행군 시기'를 거치면서 북한 교육의 문제로 결석률 증가 및 기초학습 능력의 저하, 학생과 학부모의 사부담 공교육비의 증가 등이 끊임없이 제기되어왔다. 1995~2000년 북한 아동들의 학업중단 및 포기율은 주로 함경북도(온성군, 경원군, 회령시, 무산군) 지역이 다른 지역들에 비해 두드러지게 높았던 것으로 조사되었다. 이렇게 학생들의 출석률이 떨어지는 주요 원인으로는 1990년대 말까지는 영양결핍, 생계난 등 만성화된 식량난이 지적되었다.[22)]

한편 2000년대 들어 학생들의 중도 탈락의 원인으로, 만성화된 식량난보다는 학교에서 끊임없이 요구하는 다양한 명목의 과다한 잡부금이 더 큰 문

---

21) 한만길, 『북한의 교육통계 및 교육기관 현황 분석』(서울: 한국교육개발원, 2010), 15쪽.

22) 북한인권시민연합·아시아인권센터, 『북한 아동권 실태 보고서』(서울: 생명과 인권, 2009), 14쪽.

〈표 3.6〉 북한 10세 이상 문해율

연령	남자			여자			전체		
	계	문해	문해율	계	문해	문해율	계	문해	문해율
10~14	1,03,5282	1,035,280	100.0	986,068	986,065	100.0	2,021,350	2,021,345	100.0
15~19	883,962	883,959	100.0	979,034	979,034	100.0	1,862,996	1,862,993	100.0
20~24	555,939	555,934	100.0	885,409	885,405	100.0	1,441,348	1,441,339	100.0
25~29	801,191	801,188	100.0	848,655	848,654	100.0	1,649,846	1,649,842	100.0
30~34	845,920	845,914	100.0	826,639	826,637	100.0	1,672,559	1,672,551	100.0
35~39	1,110,831	1,110,829	100.0	1,096,273	1,096,273	100.0	2,207,104	2,207,102	100.0
40~44	1,000,048	1,000,047	100.0	1,010,206	1,010,203	100.0	2,010,254	2,010,250	100.0
45~49	762,940	762,938	100.0	793,399	793,397	100.0	1,556,339	1,556,335	100.0
50~54	636,756	636,749	100.0	677,332	677,328	100.0	1,314,088	1,314,077	100.0
55~59	423,158	423,155	100.0	479,250	479,240	100.0	902,408	902,395	100.0
60~64	476,605	476,604	100.0	581,536	581,533	100.0	1,058,141	1,058,137	100.0
65~69	379,426	379,422	100.0	533,848	533,844	100.0	913,274	913,266	100.0
70~74	228,276	228,265	100.0	434,341	434,316	100.0	662,617	662,581	100.0
75~79	79,226	79,216	100.0	256,236	256,196	100.0	335,462	335,412	100.0
80 이상	24,708	24,674	99.9	160,541	160,410	99.9	185,249	185,084	99.9
계	9,244,268	9,244,174	100.0	10,548,767	10,548,535	100.0	19,793,035	19,792,709	100.0

자료: DPR Korea 2008 Population Census(2009).

제로 제기되고 있다. 최근 들어 학생들의 학교 출석률은 지역에 따라 편차가 심하지만 거의 정상 수준을 회복해가고 있다. 하지만 농촌 지역은 도시 지역과 비교할 때 결석률이 다소 높은 편이다.

황해북도 사리원시 대성동에 사는 13세의 한 여학생은 "학교에 가면 내라는 것이 너무 많고 선생님은 잘사는 아이들만 잘해주니 학교가기 싫어요"라며 …… 함경남도 고원군 고원소학교에 다니는 여학생은 식당에 다니는 어머니에게 500원을 달라고 했다가 혼났다. 어머니는 "너희 학교에서는 매일 돈만 내라고 하니? 그럴 바엔 한 달분 돈을 한꺼번에 내라고 할 것이지 매일 무슨 돈을 그렇게 받니? 이젠 학교에 가지 말라"고 했다. 이 학교에서는 교실꾸리기, 유휴자재 수집, 이 지원 저 지원 등 각종 명목으로 걷는 돈이 많아 학부모들은 괜히 자녀들에게 화풀이하는 경우가 많다.23)

가정형편이 어려워 학교에서 내라는 잡부금을 내지 못하는 아이들이 늘어나고 있다. 일부 아동과 청소년들은 학교를 가지 못하는 사례도 생겨나고 있다. 부모를 도와 생계를 유지해야 하기 때문이다. 아동들은 부모를 대신해 산에 올라가 산열매를 따고, 산나물을 캐 장마당에 내다 팔아 돈을 벌기도 한다. 부모님이 한 분만 계시거나 부모가 아픈 경우에도 가사를 지원하기 위해 학교에 가지 못한다. 이렇게 생계를 돕기 위해 학교에 나오지 못하면서 일부 북한의 청소년들이 글을 읽거나 쓰지 못하는 문맹의 상태에 놓이는 경우가 생겨나고 있다. 북한이탈주민 강○○은 태국 이민 수용소에서 한국으로 오는 절차를 밟기 위해 서류를 작성하는 과정에서 자신이 본 아이들 열 명 중 서너 명은 글을 제대로 쓰지 못했다고 말했다. 아이들이 학교에 제대로 나가지 못하면서 철자나 받침이 틀리는 경우도 많다고도 한다. 이러한 현상은 평양에서는 거의 없고, 지방에서 나타나고 있다고 한다.24)

가정형편이 어려워 교육을 받기 어려운 현실은 초·중등학교는 물론이고 대학교도 마찬가지이다. 북한은 대학교육도 무상이며 학비, 기숙사비, 교재, 실험실습비 등을 거의 내지 않았다. 그러나 경제난이 심화되면서 대학에서도 학비를 제외하고 다른 모든 비용을 학생들이 부담하고 있다. 대학생들에게 별도로 걷는 교육비나 물자가 너무 많아서 일부 학생들은 돈이 없어 중도에 대학을 포기하고 있다. 장기 결석을 하거나 장사를 하면서 대학에 다니는

23) 오늘의 북한소식, 20호, 2006년 5월 12일자. http://www.goodfriends.or.kr

24) 김수암 외, 『북한주민의 삶의 질: 실태와 인식』(서울: 통일연구원, 2011), 106~123쪽.

경우도 생겨나고 있다. 북한의 이러한 현실 때문에 학생들 중에는 형식적으로 의무교육에 해당하는 초·중등학교를 졸업했지만 읽고 쓰고 셈할 줄 모르는 문맹자가 생겨나고 있다.

(3) 인프라: 교육인프라 현황

2000년대 들어 북한의 학급당 학생 수와 교원 1인당 학생 수가 줄어들었을 것으로 추정된다. 연도별 북한의 교육기관 및 학생 수의 변화 현황을 살펴보면 1990년도에 비해 2000년대 이후 소학교, 중학교, 대학교의 학생 수가 증가하지 않고 줄어들었음을 알 수 있다. 이에 비해 학교 수는 비슷하거나 약간 증가한 것을 볼 수 있다. 최근 지표에서 볼 수 있는 대학교와 대학생 수의 증가는 전문대학, 농장대학 등의 수치가 포함되었기 때문이다.

북한이탈주민을 대상으로 2001년에 실시한 설문조사에 따르면, 북한의 학급당 학생 수를 묻는 질문에[25] 북한 소학교의 학급당 학생 수는 대체로 30~45명 정도이고, 북한의 중학교도 대부분 학급당 학생 수가 30~45명 정도의 범위에 포함되어 있는 것으로 밝히고 있다.

현재 남한 초등학교의 학급당 학생 수가 2000년 기준으로 35.8명, 중학교 및 일반계 고등학교의 학급당 학생 수가 2000년 기준으로 각각 38.0명, 44.1명인 것과 비교해보면, 남북한 초등학교의 학급 규모는 대체로 비슷하다고 볼 수 있다.[26] 2010년을 기준으로 볼 때 북한의 소학교, 중학교는 학생인구 감소로 학급당 학생 수가 더 줄어들었을 것으로 추정된다.

1990년대 이후 남북한 간 산업과 경제 분야를 중심으로 경제력의 격차가 벌어지기 시작해, 2008년 남북한 간 주요 경제지표 비교통계에 의하면 그 격

25) 한만길 외, 『북한 교육의 현실과 변화』(서울: 한국교육개발원, 2001), 87~108쪽.

26) 한국교육개발원·교육부, 『교육통계편람 2000』(서울: 한국교육개발원, 2000), 19쪽.

〈표 3.7〉 연도별 북한의 교육기관 수

(단위: 개 교)

구분	소학교	중학교	대학교
1990	4,790	4,062	273
1998	4,880	4,770	280
2000	4,810	4,840	280
2001	4,810	4,840	300
2002	4,886	4,772	301
2003	4,948	4,825	772
2004	4,946	4,823	772
2005	4,950	4,827	772
2006	4,950	4,827	772
2007	4,800	4,600	480
2008	4,800	4,600	480
2009	4,800	4,600	480
2010	4,800	4,600	480
2011	4,800	4,600	480

주 1: 소학교는 분교를 포함한 수임.
주 2: 2003년 자료부터 대학은 전문대학, 농장대학, 공장대학, 어장대학 포함.
자료: 통계청(2012).

차가 열 배에서 스무 배로 벌어진 분야도 있다.[27] 북한의 산업 및 경제 분야의 저발전과 침체는 그대로 교육사회 분야 저투자로 반영되었다. 이 때문에 1990년대 이후 전반적으로 공교육 인프라 붕괴와 질적 저하가 심각해졌으며, 지역·계층 간 교육 기반시설의 양극화 현상이 심화되고 있다.

〈표 3.8〉은 경제난으로 여러 가지 어려움을 겪고 있는 북한의 학교 환경에 대해 북한이탈주민을 대상으로 실시한 설문조사 결과를 나타낸 것이다.[28] 2000년을 기준으로 각급 학교에 전력이 원활하게 공급된다고 응답한 비율은 18.5%, 전력 공급이 안 되고 있다고 응답한 비율은 51.0%에 이르고 있다. 더

27) "한국, 독일식 통일되면 희생 더 혹독할 것", ≪세계일보≫, 2011년 12월 22일자.

〈표 3.8〉 연도별 북한의 학생 수

(단위: 천 명)

구분	소학교[1)]	중학교	대학교
1990	1,908	3,016	314
1998	1,636	2,204	310
2000	1,631	2,278	310
2001	1,591	2,324	310
2002	1,519	2,381	310
2003[2)]	1,655	2,252	530
2004	1,420	2,439	530
2005	1,376	2,397	530
2006	1,374	2,394	530
2007	1,500	2,200	510
2008	1,500	2,200	510
2009	1,500	2,200	510
2010	1,500	2,200	510
2011	1,500	2,200	510

주 1: 소학교는 분교를 포함한 수임.
주 2: 2003년 자료부터 대학은 전문대학, 농장대학, 공장대학, 어장대학 포함.
자료: 통계청(2012).

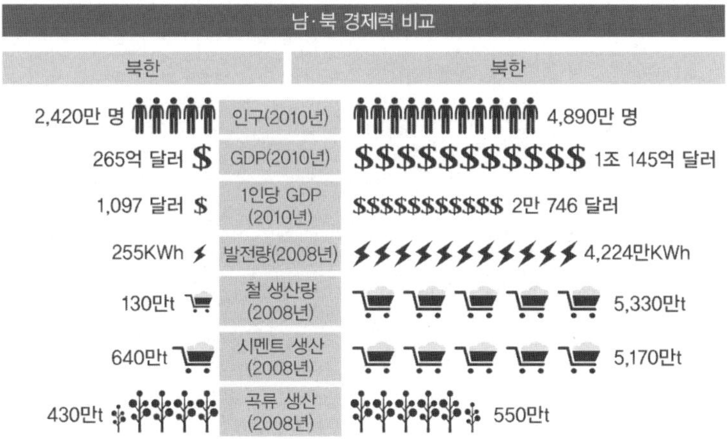

28) 한만길 외, 『북한 교육의 현실과 변화』, 87~108쪽.

구나, 무응답자를 제외한 응답자 153명 중에서 '전기공급 시설이 아직 갖추어져 있지 않다'고 응답한 13명을 포함해 전력 공급이 불충분하다고 응답한 비율은 75.3%에 달하고 있다.

또한 각급 학교의 컴퓨터·텔레비전·녹음기의 보유현황 및 사용현황 등 시청각 교육용 기자재를 활용하는 실태에 대해서도 조사했다. 학생 응답자들 중 컴퓨터를 본 적이 없다고 응답한 비율이 50.0%, 학교에서 1~2대 정도 보유한 것 같다고 응답한 비율이 10.0%, 3~5대 정도 보유한 것 같다고 응답한 비율이 4.0% 등의 순으로 나타났다. 현재 10여 년이 지난 시점에서 교육기자재 보유 상황은 많이 호전되었지만 여전히 컴퓨터 등의 보급률이 낮은 것으로 보고되고 있다.

이런 교육현상을 구체적으로 보여주는 것이 각급 학교의 기본적인 교육물자인 책걸상, 유리창, 난방 연료 등을 조달하는 방법에 대해 조사한 결과이다. 책걸상 조달 방법과 관련해, 학생 및 학부모가 조달한다고 응답한 비율이 47.0%, 국가에서 배급한다는 비율이 28.0%, 학교에서 자체 해결한다는 비율은 13.0% 등의 순으로 나타났다. 학교에서 자체 해결한다는 항목도 학부모의 부담이라고 본다면 결국 전체 응답 비율의 약 60% 정도는 학부모의 부담으로 수급한다는 것으로 볼 수 있다.

학생교육을 위해 학부모가 부담해야 하는 경제적 부담이 적지 않다. 무상의무교육이라고 하지만 교과서조차 전체 학생에게 제공되지 못하는 현실임을 알 수 있다. 교과서가 제대로 지급되지 않아 교과서를 지급받기 위해 교사에게 사적으로 선물이나 현금을 지급하거나, 장마당에서 교과서를 구입하는 것으로 파악되고 있다. 국가가 지급하는 학교 예산이 부족해지면서 2002년 이후부터는 교육 부담의 70% 정도를 주민들이 감당해야 했는데 연필, 종이 등 학용품은 물론이고 학교 건축, 학교 건물 관리, 그리고 겨울철 땔감용 나무까지도 학생과 학부모들에게 부담시켰다고 한다. 2012년 통일연구원의 조

〈표 3.9〉 탈북자가 본 북한의 학교 환경

(단위: 명, 괄호 안은 %)

현 황	전력 사정	조명시설	냉난방 시설
공급 원활	37(18.5)	15(7.5)	10(5.0)
공급 안됨	103(51.0)	75(37.5)	88(43.5)
시설 미비	13(6.5)	42(20.0)	59(29.0)
무응답	49(24.0)	70(35.0)	45(22.5)
계	202(100.0)	202(100.0)	202(100.0)

〈표 3.10〉 탈북자가 본 교육물자 조달 방법

(단위: 명, 괄호 안은 %)

조달 방법	책걸상	유리창	연료
국가배급	57(28.0)	30(15.0)	25(12.0)
학교에서 자체 해결	28(13.0)	30(15.0)	21(10.0)
학생, 학부모가 조달	94(47.0)	108(53.0)	88(44.0)
무응답	23(12.0)	34(17.0)	68(34.0)
계	202(100.0)	202(100.0)	202(100.0)

사결과에서는 응답자의 82%가 학부모의 비공식적 교육부담 여부와 관련해 부담스럽다고 답했으며(매우 부담 52.9%), 비공식적 교육부담은 기타 학교 외 시설지원, 교원식사 대접, 촌지 등의 순으로 나타났다.[29]

북한이탈주민 김○○은 이러한 학교 꾸리기를 위해 많게는 15만 원까지 낸 적이 있다고 증언했다. 자녀들이 사용하는 책상과 의자, 심지어는 컴퓨터, 텔레비전을 사기 위한 돈을 학부모 1인당 1만 원씩 부담하는 사례도 나타나고 있다. 겨울에는 난로를 때기 위한 나무와 석탄 등 땔감도 학부모가 부담할 수밖에 없다.[30] 이와 같이 최근 자녀교육을 위해 비용을 내야 하는 학부모 부담은 너무 엄청난 것이어서 농촌 지역의 학생·학부모들이 학교교육을 포기

29) 통일연구원, 『북한인권백서 2013』(서울: 통일연구원, 2013), 311~312쪽.

30) 김수암 외, 『북한주민의 삶의 질: 실태와 인식』(서울: 통일연구원, 2011), 106~123쪽.

하는 상황까지 나타나고 있다.

3) 교육의 공정성

(1) 제도: 대학입학 시험 및 선발 제도

북한에서도 교육을 통한 사회적 선발과 배치는 개인의 사회적 계층 이동과 관련해 중요한 통로이다. 진학진로와 관련한 1차 선발은 중학교 입학 단계에 영재학교 진학과 관련되어 있고, 2차 선발은 대학입학 시기에 이루어진다. 대학입시는 북한의 학생들에게도 졸업 후 취업과 관련된 사회진출을 위한 중요한 관문이다.

이러한 대학입학 전형은 교육의 공정성 측면에서 여러 가지 문제점을 제기하고 있다. 대학입학 전형의 주목할 만한 특징은 지원할 대학의 선택권이 개인이 아닌 국가에 있다는 점이다. 학생 개개인이 예비시험 성적 결과에 따라 원하는 대학에 가서 시험을 치를 수 있는 것이 아니고, 우선 대학 시험을 치를 수 있는 '추천권'을 받아야만 한다.

대학 추천 과정은 교육성이 각 대학의 학생 수용 능력, 기숙사 수용 인원, 국가의 장기 계획에 따른 분야별 전문가 양성 계획에 근거해 각 대학의 입학 정원 수와 경쟁률을 결정한다. 교육성이 추천 학생 수를 각 시·도 인민위원회 교육부에 배당하면, 추천 학생 수가 다시 군·구역별로, 각급 학교별로 분할 배정된다. 개별 학교에서는 배당받은 추천 학생 수만큼 대학입학 시험을 치를 수 있는 학생들을 추천한다. 그러면 학생은 추천받은 대학에 가서 시험을 치른 후, 시험성적·가정성분·조직생활 등이 종합적으로 고려되어 대학입학이 결정된다.

입학시험을 통과한 학생들은 세 부류로 나뉜다. 직통생, 제대군인, 직장생활자가 이에 해당된다. 직통생은 고급중학교 졸업과 동시에 대학에 입학한 학생들로서 수재로 인정되었거나 당·정기관 간부의 자제인 경우가 대부분이다. 북한의 남학생들은 고급중학교 졸업과 동시에 대부분 군대에 입대한다. 군복무자는 군대 내에서 소속 당 책임자의 추천을 받아 대학입학 시험에 응시할 수 있는 추천권을 받을 수 있다. 이 경우 추천의 기준은 성적보다는 조직생활에서의 당성이다. 대학에 따라 차이가 있지만 일반적으로 대학에서 제대군인과 직장생활자가 차지하는 비율은 50% 내외이다.

1980년대 이후 예비시험을 실시하면서 대학은 입학생의 선발과정에서 학습능력을 이전보다 중요하게 고려하고 있다. 학습능력이 중요하게 고려되고 있지만 그렇다고 해서 출신성분과 조직생활의 비중이 낮아진 것은 아니다. 모든 대학의 입학 과정에서 여전히 출신성분과 조직생활을 중요하게 평가하고 있다. 정치사상성은 학생의 조직생활, 도덕적 품성 등을 살펴보는 것으로 학교생활에서 도덕적 품성에 대한 교사의 의견, 소년단이나 김일성사회주의청년동맹에서의 조직생활과 관련한 지도원의 의견이 중요하게 고려된다. 또한 학생의 출신성분과 부모의 정치사상성은 대학추천의 중요한 요소이다. 특히 부모가 형사처벌을 받았거나 큰 과오를 범했을 경우에는 불이익이 적용된다. 중심대학은 간부양성기관이므로 당과 국가에 대한 충성도와 출신성분을 다른 대학보다 중요하게 고려해 합격자를 선발한다.

한편 북한의 대학입시에서는 다양한 사회적 배려전형을 실시하고 있다. 합격자 선정에 필답시험, 면접시험 등 시험성적 이외에 학생의 출신에 따라 차등 기준이 적용되고 있는 것이다. 출신 지역, 성별, 사회경험, 혁명 유자녀 여부 등의 차등 기준이 적용되기 때문에 합격자 선정 기준은 다음과 같이 다양한 요소를 포함하고 있다. ① 지역별 입학성적 차등화 원칙으로서 평양 지역의 학생보다 지방 학생들의 성적 기준을 낮추어 지방 학생들의 입학기회를 높여주고 있다. ② 남녀별 차등화 원칙으로서 주로 군인과 노동 청년대상자에게 적용되는데, 이들의 기준점수를 낮추어 여성들보다 혜택을 받게 하고 있다. ③ 직통생과 군인 및 노동청년에 대한 차등화 원칙으로서 직통생의 경우 기준 점수가 높고 군인 및 노동청년들의 경우는 기준 점수를 낮추어 혜택을 주고 있다. ④ 당에서 혁명가 유자녀의 등급을 설정하고 등급이 높은 자녀는 무조건 입학시키거나, 낮은 등급에 한해서는 입학 기준점수를 낮추는 방법으로 혜택을 준다. ⑤ 김일성 · 김정일의 직접 지시에 해당하는 대상자에 한해서도 무시험 입학 또는 형식상 시험 입학이 이루어진다. 이와 같이 북한의 대입은 다양한 합격자 선정기준을 가지고 있다.[31)]

북한 대학입시의 문제는 대학입학 추천권을 둘러싼 권력·정실·안면 관계, 뇌물 등의 문제가 지속적으로 제기되고 있다는 점이다. 해당 도·군별로 인민위원회 교육부가 있는데, 중앙 교육부에서 각 지방 교육부로 대학입학 시험을 치를 수 있는 추천권을 할당해 내려보낸다. 평양의 명문대학이나 지방대학에 입학시험을 치를 수 있는 할당 인원을 각 지역별로 지정해주는데, 이 과정에서 평양시가 할당량을 가장 많이 받고 힘없는 지역일수록 할당량이 줄어든다. 또한 군·구역 및 학교별로 할당된 추천권을 받는 과정에서도 성적이 우수한 학생이 명문대학 추천권을 받기도 하지만, 힘 있는 당 간부의 자제가 우선적으로 추천권을 받은 경우가 적지 않다. 실제로 지역 교육부에서 간부들을 위해 할당량을 공개하지 않고 따로 배정하는 것이 관례처럼 되어 있으며, 아무리 우수한 성적을 기록한 학생이라도 뇌물이 함께하지 않으면 명문대학에 가는 것은 기대할 수 없다고 한다.[32)] 이와 같이 대학입학이 학생의 학습 성취도에 의해 전적으로 결정되지 않고 권력이나 뇌물과 연계되다 보니 가난한 노동자, 농민의 자녀들은 일찌감치 대학 진학을 포기하는 경향을 보

31) 한만길, 「북한 대학생 선발과정의 사회적 기능 분석」, 『북한 교육의 이론과 실제』, 통일교육학회발표논문(1999), 78~79쪽.

32) “북한에도 입시전쟁, 치맛바람이 있다”, ≪주간조선≫, 1890호(2006년 2월). http://nk chosun.com/news/news.html?ACT=detail&cat_id=4&res_id=76111&page=1

이고 있다.

(2) 출신성분에 따른 교육기회, 사교육 등장

경제난 이후 국가에서 제공했던 공교육 비용의 상당 부분을 학부모가 부담하게 되면서 학교 내 교육 격차가 심해지고 있다. 탁아소와 유치원에서부터 초·중·고등학교, 대학교에 이르기까지 개인이 부담하는 사부담 공교육비가 증가하고 있다. 빈곤 계층은 다양한 명목의 잡부금을 내지 못하고 결국은 학교를 그만두는 사태까지 벌어지고 있다. 반면에 경제력이 있는 가정의 자녀는 학교에서 요구하는 각종 교육비를 내면서 선생님들의 관심과 지지를 독차지하고, 심지어는 사교육을 통해서 학력 수준을 높이고 수재학교와 명문대학에 입학하는 엘리트 코스를 밟아나가고 있다. 실례로, 과외교육 기관인 학생소년회관에 다니는 학생들은 대부분 가정형편이 넉넉한 학생들이고, 가난한 학생들이 이곳에서 계속 재능과 소질을 발전시킬 수 없는 것이 북한 교육의 현실이다.

> 가정형편이 필수적으로 영향을 미쳐요. 과외교육에 참가하려고 하면 일반학생들보다 부담이 큰 거예요 …… 예능과목 같은 경우에 공연하거나 축전 가게 되면 요즘에는 돈이 가량없이 들어가요 …… 학생이 실력은 있고 내세워주고 싶은데 가려고 하면 뒷감당이 안 되는 거예요. 경연을 간다든가 할 때, 우리도 힘든데 내 돈을 꺼내서 학생을 도와준다는 거 그것도 힘들잖아요. 그런 경우에는 점점 그 학생 자체가 위축되고 부모도 자꾸 그걸 느끼게 되면 많이 힘들게 되면 그만두는 경우가 많죠. 가정형편을 많이 고려해야 되는 거고, 처음에 우리가 시작할 때까지는 그 정도까지는 아니었는데 점점 날이 갈수록 가정적인 바탕을 많이 보게 되는 거예요.[33]

북한의 사교육은 최근 공교육과 함께 자리를 잡아가고 있는 듯하다. 과목도 다양해서 무용, 악기, 성악, 스포츠, 미술 등 예체능 과목에서부터 영어, 수학, 컴퓨터 등 주요 과목까지 다양하게 이루어지고 있다. 북한에서의 사교육은 남한의 사교육 같이 학원 형태이거나 공교육을 위협할 정도로 보편화된 것은 아니지만 의식의 변화가 보이고 있다. 즉, 집단주의 사회인 북한에서도 가정의 경제력을 배경으로 자기 자녀의 성공과 출세를 위해 돈을 투자하고 그 결과를 성취해낼 수 있다는 의식의 변화가 나타나고 있는 것이다.[34]

북한 사회는 11년제 무상 의무교육 제도를 통해 다수에게 교육의 기회를 개방함으로서 '형식적 평등'의 확산에 상당한 성과를 가져왔으나, 2000년대 들어 공교육의 역할이 줄어들고 학생과 학부모의 사부담 공교육비가 증가하면서 출신성분이나 가정배경에 따른 교육기회의 불평등이 갈수록 커지는 추세이다. 실제로 노동자와 농민의 자녀가 수재학교나 일류대학에 진학할 수 있는 기회는 당 간부를 비롯한 특권계층에 비해 갈수록 줄어들고 있다.

4) 교육의 수월성 및 국제경쟁력

(1) 제도: 영재교육, 직업교육, 고등교육

북한은 역사적으로 한국보다 이른 시기에 예체능 및 외국어 분야에서 능력과 재능이 있는 학생들을 위해 수월성 교육을 실시했다. 북한에서는 '수재교육'이라 칭하며 오래전부터 영재교육을 발전시켰다. 1958년에 중등학교 단계의 외국어 학원을 설치해서 외국어 분야의 영재를 육성하기 시작했다.

---

33) 여자, 평안북도 소재 중학교 교사 및 학생소년회관 과외교사 역임(1990~2007년). 면담일: 2009년 3월 21일.

34) 조정아, 「2000년대 북한의 교육전략과 교육생활세계의 변화」, 『KDI 북한경제리뷰』(2009년 4월), 한국개발연구원.

1960년 초부터는 예체능 분야의 영재를 양성하기 위해 초·중등 단계에 해당하는 6~11년제로 운영되는 음악학교, 무용학교, 조형예술학교, 체육학교를 신설했다. 이러한 영재학교는 1970년대 말까지는 특별히 주목의 대상이 되지 않았고 최소한의 형태로 운영되었다.

그러나 1984년에 과학기술 분야의 영재를 양성하는 평양 제1고등중학교(이하 '제1중학교')를 신설하면서 영재교육이 주목받기 시작했다. 제1중학교가 1985년에 12개 교, 1995년에 각 도·시 단위에 26개 교, 1999년에는 전국 시·군·구마다 1개 교씩 추가로 신설되었다.[35] 1990년대, 2000년대 들어 북한은 과학기술과 경제발전이라는 국가적 요구 속에서 외국어 학원과 제1중학교를 급속히 확대했다. 제1중학교가 200여 개로 증설되었고 초등교육부터 고등교육에 이르는 과학기술 분야의 '수재교육 체계'를 확립했다.

북한의 영재교육은 한 학교 내에 '수재반'을 편성해 운영하는 것뿐 아니라 일반 중학교 또는 제1중학교 내에서 우수한 학생을 선발해 더 나은 수준의 영재학교로 진급시키는 능력별 영재교육 체제를 갖추고 있다. 제1중학교 내에 6세에서 9세 과정의 '인민반'이 설치되었고 2001년에는 평양 및 각 도 제1중학교에 '수학 수재반', '생물학 수재반'을 신설했다.[36] 일부 대학에도 일부 학부나 학과에서 공부 잘하는 학생들을 중심으로 영재반을 편성했다.[37] 또한 제1중학교도 수준별 등급이 있어 군·구역 단위 제1중학교에서 우수한 학생을 선발해 시·도 단위 제1중학교로 진급시키는 능력별 체제를 갖추고 있다.[38]

---

35) 『조선중앙년감』(평양: 조선중앙통신사, 2000), 199쪽.

36) 『조선중앙년감』(평양: 조선중앙통신사, 2002), 171쪽; "김정일의 지시에 의해, 평양제1고등중학교에 생물수재반이 조직되었다. 생물수재반에서는 학생들이 백두산 3대장군의 혁명력사를 비롯하여, 생물, 수학, 물리, 화학, 외국어, 컴퓨터를 배우고 있다. 3학년까지는 생물학(동물학, 식물학, 미생물학)에 대하여 배우며 4학년부터는 생명과학의 기초에 대하여 배우고 있다." ≪교원신문≫, 2001년 5월 31일자.

37) ≪청년전위≫, 2001년 5월 30일자.

제1중학교의 입학 자격은 과학 및 수학 성적이 우수해야 하지만 기본적인 출신성분도 좋아야 한다. 제1중학교 학생들은 일반 중학교와 다른 별도의 교재로 수업을 하고 자연과학, 컴퓨터, 영어 등을 배운다. 학기 중에는 농촌 지원활동, 군 입대 등이 면제되는 혜택을 받고 있으며 졸업 후에는 김일성종합대학과 김책공업종합대학 등 명문대학에 입학하고 있다. 이와 같이 북한의 영재교육은 국가 차원에서 각 분야의 재능과 능력을 가진 영재들을 조기에 발굴해서 교육시키는 교육체제를 갖추고 있다. 또한 1990년대 이후에는 경제발전에 필요한 전문인력을 조기에 집중적으로 양성하고자 하는 의도에서 영재교육이 더욱 강화되었다.

한편 북한은 중등교육 단계에서 실업계와 인문계로 직업교육 계열을 분화하는 것이 없다. 사회주의 교육 원리에 의하면, 중등학교의 계열화는 정신노동과 육체노동 종사자를 조기에 구분함으로써 학교가 사회 불평등의 재생산 역할을 한다고 비판받기 때문에, 중등학교에서 인문계와 실업계를 구분하지 않고 모든 학생들이 완전한 중등교육을 받도록 했다. 중등학교에서 모든 학생들이 기본적인 기술을 익히고 직업생활의 기초를 습득하도록 한다. 북한에서는 중학교를 졸업하고 대학에 들어가서야 본격적인 직업기술 교육과 전문교육을 받는다. 한편 2012년 12년제 학제 개편안에 따라 2013~2014학년도부터 6년제 중학교를 3년제 초급중학교와 3년제 고급중학교로 분리 운영[39]하겠다고 발표했는데, 중학교를 전기와 후기로 구분함에 따라 고급중학교 단계에서 중등 전문교육이 강화될 것으로 전망된다.

---

38) "北 '컴퓨터 수재반' 후원자는 김 총비서", ≪연합뉴스≫, 2001년 5월 15일자. 실례로, 구역단위 영재학교인 평양 삼석 제1고등중학교는 3학년에서 공부 잘하는 학생 9명을 뽑아서 동평양 제1고등중학교 4학년으로 진급을 시켰다거나, 올해 설치된 컴퓨터 수재학교인 제1·2금성고등중학교의 신입생들 중에는 일반 고등중학교나 제1고등중학교의 우수한 학생들이 시험을 통해 선발되어 입학했다는 데서 확인할 수 있다.

39) ≪연합뉴스≫, 2012년 9월 25일자; ≪동아일보≫, 2012년 9월 26일자.

북한 교육제도는 계획경제 체제 아래에서 노동시장과 깊이 연관되며 운영되었기 때문에, 졸업 이후 학생들은 실업 문제를 심각하게 고민할 필요 없이 자신의 전공과 관련된 직장을 어렵지 않게 찾을 수 있었다. 이러한 직업교육 체제의 문제점은 직업교육이 유연하고 다양한 커리큘럼을 제공하지 못하며 전문직업기술의 필요를 빠르게 감지하지 못했다는 것이다. 예전에 직업교육 체제는 새로운 시장의 환경과 요구에 적절히 부응하지 못했다. 이 때문에 노동시장에서 기업이 요구하는 기술과 실제 노동자가 보유한 기술 사이에는 큰 격차가 생기게 되었다. 북한은 1990년대 경제난으로 산업 기반시설의 붕괴와 공장 가동 중단이 일어나 산학 협력의 부족, 노동시장에서 필요로 하는 실용기술 보유 인력의 부족, 이론적인 지식 위주의 커리큘럼, 노동시장에 대한 체계적인 모니터링과 노동시장 전망에 대한 정보 부족 등 심각한 문제에 직면해 있다.

북한의 직업교육 시스템은 현대사회의 급속한 산업발전 요구에 따른 적절하고 전문적인 직업교육을 중등교육 단계에서 전혀 실시하지 않고 있다. 고등교육 단계에서도 새로운 국제 산업환경 및 국내 노동시장의 요구를 반영해 교육과정과 교육커리큘럼을 재구조화하지 못하고 있다. 세계 여러 나라 학교제도의 일반적 추세는 중등학교 단계에 학교 계통을 다양화해서 학생의 진로 선택의 폭을 넓혀주고, 노동시장이 필요로 하는 다양한 전문교육을 실시하는 것이다. 따라서 북한은 중등학교 단계부터 학교 계통을 다양화해 사회경제구조와 노동시장의 수요를 반영한 다양한 전문교육을 개설하고 학생들의 진로 선택의 폭을 넓혀주어야 할 것이다.

3. 북한 교육의 개혁과제

1) 학제 및 행정제도 개혁을 통한 다양하고 균등한 교육기회 제공

(1) 국제적 학제 호환성을 갖도록 학제 개편

북한의 학제는 소학교 4년, 중학교 6년의 10년제로서 만 7세에 입학해서 만 16세에 중등교육이 종료되고, 만 17세의 이른 나이에 사회진출이 이루어진다. 게다가 북한의 청소년들은 중등학교에서 일반계와 실업계의 계열구분에 따른 전문 심화교육을 받지 못한 채 사회로 진출하고 있다. 이에 반해 구미 선진 국가들과 한국의 일반적인 학제는 12년제로서 만 19세에 학생들의 사회진출이 이루어진다. 이런 점에서 북한의 학제는 다른 선진 국가들과의 학제 호환성을 고려해 11년 내지 12년 학제로의 연장 필요성이 조심스럽게 제기되어왔다. 학생들이 기본 초등교육 및 개개인의 능력과 적성에 따라 인문교육과 직업 중등교육을 충실히 받은 후 사회에 진출할 수 있도록 학제 연장을 고려하는 문제이다.

그런 점에서 김정은 정권의 12년 의무교육제 개편은 국제 교육 교류에 대비한 단계적 학제 연장 조치라 할 수 있다. 북한의 학제는 세계 여러 나라에서 전혀 통용되지 않고 있다. 한편 유럽연합 국가들, 동유럽과 러시아를 비롯한 체제전환 국가들은 EU 교육통합에 대비해 학제 개편을 추진하고 있다. 특히 러시아, 중앙아시아 등 사회주의 체제에서 시장경제로 체제전환한 국가들은 구미 선진국과의 학제 호환성 및 교육교류의 필요성에 따라 10년제 또는 11년제 학제를 12년제로 개혁하고 있다. 즉, 러시아 및 중앙아시아 국가들은 과거 초등교육 4년, 전기 중등학교 5년, 후기 중등학교 2년의 11학년제를 현재 초등교육 4년, 전기 중등교육 5년, 후기 중등교육 3년의 12학년제로 전환 중이다.[40] 북한은 초등학교 4년, 중등학교 6년으로 다른 나라에 비해 2년이나 짧은 10년제로 운영되었으나 12년제 의무교육제 개편을 통해 초등학교를 5년으로 연장하면서 초·중등학교를 11년제로 개편함으로써 국제 교육교류에 대비한 적절한 조치를 취했다.

한편 북한은 정규 학교교육과 함께 평생교육이 제도적으로는 일찍이 마련되어 운영되었다. 이러한 북한의 평생교육 제도에서는 정치사상 교육과 함께 직업훈련 교육을 위주로 한 기관들이 대다수였다. 이들은 고등교육 단계의 평생교육 기관으로, 일하면서 공부하는 형태로 공장대학, 농장대학이 운영되고 있다. 그런데 최근까지 경제난으로 공장과 농장이 운영에 어려움을 겪었고 직업 기술과 지식을 보충하는 형태의 공장대학과 농장대학도 거의 유명무실하게 운영되었다.

향후 북한의 평생교육 제도는 정치사상 교육을 지양하고, 사회·경제적 변화에 빠르게 대응하고 적응할 수 있는 가치관과 지식을 제공하도록 바뀌어야 한다. 산업 환경의 변화에 따른 직업능력을 지속적으로 제고하고 최신 기술과 정보를 가르쳐야 한다. 또한 개인의 적성과 취미를 개발하는 자기개발 학습 기회도 제공해야 한다. 이와 같이 북한의 평생교육 제도는 교육수요자의 다양한 요구를 반영해 교육훈련 내용과 방법을 제공하는 기관으로 거듭나야 할 것이다.

(2) 행정 및 재정 개혁

북한의 교육행정은 노동당 및 일반 행정으로부터 자율성과 책무성을 강화하는 방향으로 개혁이 이루어져야 할 것이다. 북한은 중앙당 → 지방당 → 기층 당조직으로 이어지는 노동당의 교육행정조직과 교육성 → 시·도교육국 → 시·군·구 교육과 → 단위학교로 이어지는 이중적인 교육행정 구조로 되어 있

40) 신효숙, 「러시아와 중앙아시아 국가의 교육개혁 경험」, 『체제 전환국의 경험과 북한 교육개혁 방안』(파주: 한울아카데미, 2012).

다. 노동당이 중앙 교육행정기구, 지방 교육행정기구, 그리고 모든 학교에 대한 관리 감독권까지 가지고 있다.

향후 북한 교육행정 개혁은 교육행정 조직이 노동당 조직으로부터 독립성을 유지하도록 해야 할 것이다. 그리고 중앙집권적인 교육행정 방식은 단계적인 지방자치제 시행과 함께 지방 교육행정기관으로 그 책임과 권한을 점차적으로 이행해야 한다. 폐쇄적이고 중앙 집권적이며 수직적인 교육행정체계와 문화풍토는 단계적인 교육자치제 시행을 통해 단위학교에 자율성과 책무성을 부여해서 학교단위별로 교육자치가 이루어질 수 있도록 다양한 조치들이 이루어져야 할 것이다.

북한의 교육재정 개혁은 교육개혁의 성패를 좌우하는 중요한 문제이다. 새로운 환경에 부응하기 위한 교육제도의 마련은 교육재원의 확보에 그 성패가 달려 있다. 국가 GDP 및 국가예산 대비 교육재정의 비중은 일정 비율 이상 반드시 확보해놓아야 한다. 계층 및 소득 수준에 따라 교육 성취도가 달라지지 않으려면 국가가 부담해야 하는 일정 분량의 공교육비가 줄어들지 않도록 하고, 학생 및 학부모가 부담해야 하는 교육비의 비중이 높아지지 않도록 해야 한다.

북한은 공공재정의 축소로 나타난 교육재정 부족을 메울 수 있는 대안적인 재정 충당 방안을 마련해야 한다. 중앙정부와 지방정부가 교육재원의 책임을 적절히 분담하는 방안을 검토하고 그보다 장기적인 차원에서는 민간부문 및 지역공동체 파트너십 등을 통한 재정 확보 방안이 마련되어야 할 것이다. 민간부문의 교육시장 참여를 유도하되 다수의 계층이 교육기회를 누릴 수 있도록 민간교육 시장을 형성하는 데도 관심을 기울여야 할 것이다.

(3) 대학교육 기회의 확대

세계적인 추세가 고등교육의 보편화를 목표로 대학교육의 기회를 확대하는 상황이다. 남한의 대학입학률은 2009년에 71%로서 OECD 평균(59%)보다 훨씬 높아 대학교육의 보편화 단계에 이르고 있다.[41] 이에 반해 북한의 대학입학률은 비교가 되지 않을 정도로 현저하게 낮은 상태이다. 국가가 대학교육의 진학 기회를 국가적 차원에서 철저히 규제하고 통제하고 있다. 고등학교를 졸업한 학생의 약 10~20% 정도만 대학에 진학하고 대부분은 군대나 직장 생활을 하다가 그중 일부 청년들만이 뒤늦게 대학에 진학한다. 개개인의 능력과 선택에 의해 고등교육의 기회를 갖도록 하는 것은 개인에게 높은 교육의 기회가 충분히 제공된다는 점에서 뿐 아니라 국가의 교육경쟁력을 제고하는 측면에서도 중요하다. 북한은 학생들에게 고등교육의 기회를 대폭 확대해야 할 것이다.

대부분의 체제전환 국가들에서 정부의 교육재정 감소 등의 이유로 학생이 교육비를 내는 유상교육을 부분적으로 도입하고 있는데,[42] 북한 또한 대학의 경쟁력 강화와 교육재원의 확보 차원에서 단계적으로 대학 내에 일정 비율로 유상교육 학생을 받는 것을 고려해야 할 것이다. 제한적인 사립대학의 신설과 운영도 고심해야 한다. 무상교육에서 부분적 유상교육으로 전환되는 과정에서, 가난한 계층의 학생들이 대학 진학 교육의 기회를 제한받지 않도록 이에 따른 세부적 대응방안도 마련해야 할 것이다.

(4) 교육과정 개편 및 학생 중심의 학습 시도

북한의 교육과정은 체제유지 중심적인 정치사상 교육이 축소되고 학생들이 필수적으로 습득해야 하는 보편적 교육내용과 과목들이 많은 비중을 차지하도록 재편성되어야 할 것이다. 학생 개인의 교육과정 선택권이나 자발성

---

41) OECD. "Education at a Glance(2010)".

42) 신효숙, 「러시아와 중앙아시아 국가의 교육개혁 경험」, 『체제 전환국의 경험과 북한 교육개혁 방안』(파주: 한울아카데미, 2012).

이 존중되지 않는 획일적인 교육과정 운영방식은 개인의 창의성과 자발성을 함양하는 방식으로 개편되어야 할 것이다.

북한 청소년들은 김일성, 김정일, 김정숙, 김정은 등 가계 우상화 교육, 선군정치의 군사주의적이며 전체주의적 가치와 행동양식 교육, 편향된 공산주의적 이데올로기 교육을 받으며 수령을 결사 옹위하는 혁명의 후비대와 전사로서 길러졌다. 또한 북한 당국은 개개인의 인권과 자유를 억압하고 기본 생존권을 보장하지 못해 수많은 주민들을 굶어죽게 했음에도 체제 정당성을 강조하는 지속적인 정치사상 교육을 통해 북한주민들의 민주적 인식과 태도를 마비시켰다.

따라서 북한의 교육과정은 무엇보다도 체제 유지를 위한 편향적인 김일성·김정일·김정숙 우상화 교육, 주체사상 교육, 공산주의 정치사상 교육을 축소해야 한다. 올바른 인식과 가치판단 형성을 위한 교육을 실시해야 한다. 북한경제를 발전시키고 국가경쟁력을 강화하기 위해서는 다양한 분야의 창의적인 전문인력을 필요로 한다. 이를 위해서 북한의 교육은 개인의 자발성이 발휘되고 독창적이고 창의적인 능력이 개발될 수 있도록 교육과정 개편 및 학생 중심의 민주적 교육방법으로의 전환이 이루어져야 할 것이다.

2) 취학 전 교육 확대 및 교육 격차 해소 방안

(1) 취학 전 무상 의무교육 내실화

의무교육 정책과 관련한 세계적인 추세는 공교육의 개시 시기를 앞당기고 의무교육 기간을 10년 이상으로 연장하는 것이다. 북한의 의무교육은 이러한 추세에 상당히 접근해 있으나 학제 면에서는 초·중등교육이 10년 만에 비교적 일찍 종료되는 문제를 안고 있었다. 그런데 김정은 정권 출범과 동시에 12학년제 의무교육이 발표되었고, 기존 학제에서 초등교육이 1년 연장됨으로써 초·중등교육이 11년으로 연장되었다. 따라서 북한 당국이 발표한 취학 전 교육 1년, 소학교 5년, 초급중학교 3년, 고급중학교 3년을 포함하는 12년제 의무교육은 차질 없이 진행되어야 할 것이다.

북한은 취학 전 1년 교육을 의무교육에 포함해 모든 미취학 아동이 1년간 무상 의무교육을 받도록 했다. 하지만 이러한 조치와 반대로 최근 취학 전 교육기관에 다니지 않는 아동들이 늘어나고 있다. 즉, 러시아, 독일, 중앙아시아 대부분의 체제전환 국가들과 마찬가지로, 북한은 사회복지 정책의 퇴보와 함께 취학 전 학교가 감소하고 유아원이나 유치원에 다니는 아동들이 계속 줄어드는 현상이 나타나고 있다. 급식비, 간식비, 각종 학교운영비를 학부모가 내는 사부담 교육비가 증가하면서 경제적으로 어려운 가정은 취학 전 교육기관에 아동을 맡기지 못하고 있는 실정이다.

취학 전 교육의 확대는 유네스코의 주도하에 이루어지고 있는 '만인을 위한 교육(Education for All)'의 첫 번째 교육목표로서 국제적으로 중요한 이슈이다. 조기교육 및 취학 전 교육은 취학 전 아동으로 하여금 적절한 준비를 한 후 동등한 출발선에서 교육을 시작할 수 있도록 하기 때문에 선진국가에서는 아동 복지정책으로 중요시되고 있다.[43] 취학 전 교육은 이후의 교육성과에 긍정적인 영향을 미친다. 취학 전 교육에 대한 접근을 확대하는 것은 교육의 형평성을 높이기 위한 교육개혁 및 교육성과 향상에서 중요한 전략이다.

이런 점에서 북한은 취학 전 교육의 확대를 위한 재원 확보와 무상 의무교육의 내실화에 주력해야 할 것이다. 북한도 점차적으로 지역 간, 빈부 간 교육 격차가 커지는 상황에서 가능한 한 조기에 교육기회를 제공함으로써 그 격차를 줄여나가야 한다. 만 6세의 모든 아동이 취학 전 교육을 무상으로 받을 수 있도록 교육비, 급식비를 국가에서 제공해야 한다. 만 6세 미만의 아동

43) 권율·신효숙·박수경, 『한·중앙아시아 중장기-권역별 교육협력방안 연구』(서울: 한국교육개발원, 2009), 54~57쪽.

이 다니는 탁아소와 유아원의 경우에도 저소득층 가정의 아동은 무료로 다닐 수 있도록 복지 시스템을 강화해야 한다. 농어촌 지역 및 저소득층의 아동들에게 취학 전 교육에 대한 접근 기회를 확대함으로써 이후 북한 지역 내 교육 격차를 줄이고, 나아가 북한과 남한 지역 간에 교육 격차를 상쇄하는 데 기여해야 할 것이다.

(2) 교육인프라 및 교육환경 개선

북한은 교육기회의 양적 확대와 함께 교육의 질적 수준 향상에 주목해야 할 것이다. 교육의 질적 수준 향상은 교육환경과 교육내용 모두에 초점을 맞추어야 하지만, 단계적으로는 교육환경 개선이 더 시급하다. 현재 북한의 학교에서는 교과서, 공책, 연필 등 교육용품, 책상과 걸상, 전기와 난방의 원활한 공급, 교육기자재, 통신설비 등 기본적인 학교운영 물품이 부족해서 수업에 어려움을 겪고 있다. 실험 실습에 필요한 교육물품과 교육기자재의 부족으로 실습보다 이론교육에 치우치는 경향도 있다. 특히 농촌 지역은 학교시설이 낙후되고 도시 학교에 비해 훨씬 교육환경이 열악한 편이다. 교육 내용적 측면에서는 우수한 교사의 확보, 교사에 대한 적절한 임금과 인센티브 제공, 커리큘럼의 유연화와 다양화 등이 이루어져야 한다.[44]

한편 북한 당국은 2013~2014학년도부터 초급중학교와 고급중학교를 분리해 운영하고, 2014~2015학년도부터는 소학교를 5년제로 전환한다고 발표했다. 12년제 학제개편이 제대로 이루어지기 위해서는 학교와 교실의 확보, 교육설비와 기자재 확보, 교원 충원 등 교육인프라 구축을 위한 예산이 확보되어야 한다. 북한의 경제 상황에 비추어볼 때, 학제개편은 전면적으로 시행되기 어렵고 단계적으로 실시될 것으로 추정된다. 학제개편 때문에 심화될 교

44) 신효숙, 「북한 교육 실태와 남북 교육협력의 경험」, 『체제 전환국의 경험과 북한 교육개혁 방안』(파주: 한울아카데미, 2012).

육 인프라 문제는 이전보다 시급한 현안이 될 것으로 보인다.

구사회주의 국가들은 체제전환 과정에서 국가 교육예산의 감소, 빈부 격차와 지역 격차 때문에 나타난 교육의 불균형과 기회의 불평등이 증대되는 부작용을 심각하게 겪고 있다. 북한도 이러한 문제들이 이미 사회 곳곳에서 나타나고 있다. 따라서 농촌 등 빈곤지역을 대상으로 학교 시설 및 설비 개선, 교육기자재의 확보와 같이 교육의 질을 향상시키기 위해 별도의 교육복지 예산을 확대하는 것과 함께 남한 및 국제사회와 교육협력 활동을 증진해야 할 것이다.

이와 함께 정보통신기술(ICT: Information & Communication Technology)의 보급이 급선무이다. 북한은 정보통신기술의 전국적 보급을 목표로 단계별 정보통신기술 보급 계획을 수립해야 할 것이다. 우선 인트라넷 보급 현황, 향후 인터넷 보급률, 사용인구, 컴퓨터 보급 수준, 인터넷 요금, 인터넷 언어 등 정보통신 기반 현황에 대한 면밀한 조사가 이루어져야 한다. 이에 기초해 도시는 물론 열악한 환경에 처해 있는 농촌지역의 컴퓨터 기자재 보급 계획, 컴퓨터 기초교육의 접근성을 높이기 위한 정보화 교육 보급 방안이 수립되어야 할 것이다.

1990년대 이후 남북한 간에 경제력 격차로 야기된 교육시설과 교육환경의 격차는 상당한 수준이다. 1990년대 중반 북한이 국제사회에 인도적 지원을 요청한 것을 계기로 남한의 민간단체들도 북한에 대한 인도적 지원에 뛰어들었다. 초기 긴급지원의 형태로부터 교육물자 지원, 교육환경 개선을 위한 사업까지 다양한 지원을 전개했던 경험을 가지고 있다. 이런 점에서 교육시설과 교육환경 개선을 위한 남북한 간 교류협력은 통일 이전 및 이후까지 지속되어야 한다. 교육환경 개선 사업이나 교육 교류협력 사업은 현실적으로 북한 교육의 발전에 기여할 뿐 아니라 장기적으로는 남북한 통일비용 축소 등 통일 환경을 조성하는 데도 기여할 것이다.[45] 이러한 점은 통일 이후에 북한 내 지역 간 격차 해소 및 남한 지역과 북한 지역 간 교육 격차 해소를 위해서도 지속적인 관심과 정책적 배려가 필요한 부분이다.

(3) 지역 불균형 해소 및 지방 특성화 대학의 육성

북한은 2000년대 부분적 시장 형성 이후 계층 간 빈부 격차 및 도농 간 소득 격차가 확대되고 있는 상황이다. 급속한 도시화로 지역 간 불균형이 심화되어 농촌지역 학생의 교육기회가 상대적으로 제한되고 있다. 특히 평양을 중심으로 평안남도·평안북도에 우수한 교육기관이 집중되어 있으며, 교육시설과 내용 면에서 평양과 타 지역 간 교육 격차가 상당히 심한 편이다.

북한의 경우 고등교육을 통해 양성된 다양한 분야의 전문인력들이 그 사회를 구성하는 핵심세력으로 자리 잡아 가고 있다. 그런 점에서 고등교육기관 정책을 보면, 종합대학을 포함한 10여 개의 단과대학을 '중심대학'으로 선정하여 각 분야의 전문가를 양성하는 중심적 역할을 담당하게 하고 있다. 대표적인 중심대학으로는 김일성종합대학, 김책공업종합대학, 고려성균관대학, 평양의학대학, 김형직사범대학, 함흥화학대학, 청진금속대학, 평성이과대학 등으로 절반 이상이 평안남북도 지역에 집중되어 있다. 이들 대학은 학생모집, 교육시설, 교수수준, 교육재정 등에서 우선적으로 지원을 받고 있다.

북한 고등교육 정책의 주목할 만한 또 다른 특징은 지역 특성을 반영한 단과대학과 전문대학을 설치하여 운영하는 것이다. 지방 대학들은 교육시설과 교육내용 면에서 평양 지역에 비해 훨씬 뒤처졌지만 각 지방의 인력 수급 계획에 따라 산업별, 직종별로 전문화된 과정을 운영하고 있다. 구체적으로 전문대학이 소규모 단과대학 형태로 운영되며 중등 수준의 산업기술 인력을 양성하는 대학이라면, 공장대학은 산업체에 부설되어 직업교육 및 재교육을 실

45) 신효숙, 「대북 교육지원 활성화와 개발지원」, ≪현대북한연구≫, 10권 2호(2007), 88~89쪽.

시하는 기관이다.

북한의 기존 교육시설과 제도를 활용해 지역 간 교육 불균형을 해소하기 위해서는 각 도와 직할시에 골고루 배치되어 있는 단과대학과 전문대학을 확대·발전시켜야 한다. 해당 지역의 사회·경제적 특성, 산업구조, 인력수급 계획 등을 고려해 단과대학이나 전문대학을 특성화 대학으로 지정하고 우선적으로 재정지원이 이루어지도록 해야 한다. 더 나아가 남한 및 국제사회와의 교육 교류협력을 통해 지방 특성화 대학에 대한 시설 지원과 프로그램 지원을 병행해나가야 할 것이다. 국제사회와 교육협력을 통해서 공장대학과 전문대학의 개·보수와 신설, 직업기술 교육 설비 지원, 전문가 초빙과 기술인력 재교육을 실시해야 한다. 지역경제의 수요에 기초한 특성화된 공장대학, 전문대학의 육성은 지역에서 필요로 하는 산업인력의 원활한 수급 경로가 되어 지역경제를 활성화하고 북한경제를 발전시키는 동력으로 작용할 것이다.

3) 교육의 공정성 확보를 위한 입시제도 개편

북한사회에서도 교육의 목적은 국가적 측면과 개인적 측면이 병존하고 있다. 국가 차원에서 교육은 국가가 요구하는 공산주의적 인간을 양성하는 것이다. 개인 차원에서는 개개인의 적성과 능력에 따라 자아를 실현할 뿐 아니라 교육을 통해 더 나은 사회적 계층으로 이동하려는 목적도 내재하고 있다. 따라서 개인의 사회적 계층 이동과 관련해 북한사회에서도 교육의 역할, 교육의 공정성 문제가 조심스러운 현안으로 떠오르고 있다.

영재학교 및 대학에서의 학생선발은 능력에 따른 공정한 경쟁이라고 하지만 학생의 능력보다 출신성분과 당성에 따라 선별적으로 이루어지는 경향이 있다. 북한에서의 학생 선발은 1차로 중등 단계에서, 2차로 대입 단계에서 이루어진다. 영재학교에 해당하는 제1중학교나 외국어 학교와 예체능 분야의 학교들은 그 분야의 적성과 실력을 갖춘 우수한 학생들을 입학시키고자 엄격한 선발 제도를 갖추고 있다. 대학에서도 대학별로 선발 제도를 가지고 있다. 그런데 입학전형의 결정 요인에 학생의 '출신성분'과 학교 조직생활을 평가하는 '당성'이 중요하게 작용하고 있다. 북한사회에서 주목하는 명문학교 해당하는 영재학교나 혁명학원, 김일성종합대학을 비롯한 중점대학에 진학할 경우에 개인의 학업성적 못지않게 부모의 출신성분과 권력 배경, 당성이 상당한 영향력을 미치고 있다.

북한의 대입제도는 학생의 실력을 평가하는 예비시험 성적과 함께 출신성분·정실관계가 작용하는 대학 추천권 및 대학별 시험이 결합되어 있는 형태이다. 대학추천권이란 학생이 입학시험을 치를 대학을 본인이 선택하는 것이 아니고 국가가 학교를 통해 학생에게 배당하는 것이다. 대학추천권을 배정하는 과정에서 학생의 성적보다는 직권과 정실관계, 뇌물수수가 광범위하게 영향을 미치게 되었다. 대학별 시험에서 최종 합격자를 결정하는 데 있어서도 성적 이외의 다른 요인이 작용하고 있다.[46)]

2000년대 들어 북한사회에 시장 경제가 점차 확대되면서 경제적 부를 축적한 가정이 생겨나 상급학교 진학을 위한 개인과외가 생겨나고 권력과 뇌물을 이용해 대학에 입학하는 사례가 늘어나고 있다. 대학 진학에서는 출신성분이나 당성보다도 학업성적, 부모의 권력배경, 경제력 등이 더 영향을 미치는 것으로 알려져 있다. 통일연구원의 2012년 조사결과에 의하면, 북한사회에서 상급학교 진학에 영향을 미치는 요소가 경제력(뇌물, 53.9%), 토대(20.7%), 학습능력(19.1%), 권력(5.2%) 등의 순으로 나타났다.[47)]

따라서 북한에서는 객관적 평가제도, 입시제도의 공정성, 부모의 경제력

46) 신효숙, 「북한 교육 연구의 성과와 과제」, 『현대 북한 연구의 쟁점 2』(파주: 한울아카데미, 2007), 199~200쪽.

47) 통일연구원, 『북한인권백서 2013』(서울: 통일연구원, 2013), 309~310쪽.

에 의한 학업성취도 차이의 최소화 등 교육 대책들이 논의되어야 할 것이다. 대입시험제도는 전국적 단위로 학생들의 성취도를 객관적으로 측정하고 평가할 수 있는 예비시험 제도로 재정비해야 한다. 국가가 아닌 학생 개인이 대학과 학과를 선택할 수 있는 제도로 정비해야 한다. 선발의 공정성 확보를 위해 주관식 위주의 시험과 면접제도는 객관성을 확보할 수 있는 구체적 대안들을 마련해야 한다. 향후 국가 간 학점, 학제 이동이 가능한 교육의 국제적 호환성을 고려해서 시험제도와 평가제도의 개편을 준비할 필요가 있다.

통일한국은 모든 학생이 개인의 적성과 능력과 학업성취도에 따라 교육의 기회를 공정하게 부여받고 사회적 계층 이동을 할 수 있게 되어야 한다. 따라서 통일한국의 교육은 학생의 학업성취도에 따라 평가되고 선발되는 입시제도를 마련해야 할 것이다. 부모의 경제적 능력에 따라 학교교육 활동, 상급학교 진학의 기회가 제한되지 않도록 국가의 공교육비 투자를 확대하고 공교육 시스템을 더 강화해나가야 할 것이다.

4) 교육 거버넌스 개선 및 전문인력 교육 개편

(1) 교육 거버넌스 개선 및 재교육 프로그램 운영

북한의 단계적 개혁개방 조치가 성공적으로 이루어지기 위해서는 교육행정 역량이 강화되어야 한다. 교육부문에서 교육행정의 개방성과 분권화의 도입, 지방정부로 교육행정 권한의 단계적 이양, 사교육 부문의 단계적 확대, 교육관리 체계의 효율화, 교육기관 관련 교육행정 및 재정자립 능력의 강화 등이 단계적으로 이루어져야 한다.

이를 위해 남북한 간에 교육개혁의 정보를 교류하고 인적자원 양성과 관련한 교육 및 재교육 부분의 협력이 이루어져야 한다. 교육정책 담당자들의 교육행정 역량 강화를 위한 프로그램과 재교육이 시급하다. 학교의 효율적 운영과 관련한 교육재정, 예산관리, 회계제도의 개선 등 거버넌스 강화 프로그램이 필요하다. 교육행정가들은 국제사회의 변화와 시장경제로의 전환에 대응한 교육개혁의 방향과 과제를 인지할 수 있는 안목과 기획·관리·평가를 위한 실무능력 개발이 필요하다.

교육개혁의 현장인 일선학교에서 변화를 주도하는 교장·교감·교사들을 위한 교육 프로그램이 필요하다. 이들은 변화의 주체로서 변화의 필요성을 인식해야 하고, 이들의 당면 업무를 해결할 수 있는 전문성 개발 프로그램이 필요하다. 사회주의적 교육이념과 교육방법으로 훈련된 북한의 교사들에게 새로운 현대적 교육방법과 프로그램을 접할 수 있는 기회를 제공해야 한다. 또한 체제전환기 교육제도와 교직사회의 급격한 변화에 대응하는 능력, 학교의 효율적 관리·운영을 위한 경영 능력, 문제해결력과 창의력을 증진하는 교과 교수능력 함양, 정보통신기술 활용 능력 배양, 학교 회계예산 편성의 이론과 실제, 학교와 지역사회의 협력 방안, 해외 선진 교육의 이해와 교육현장 체험 등 재교육이 이루어져야 한다.

(2) 직업훈련 제도 개편과 시장교육 강화

북한이 빈곤을 감소시키고 지속가능한 경제성장을 하기 위해서는 직업훈련 제도의 개편과 시장교육의 강화가 필요하며, 이와 관련한 국제 교육 교류 협력을 강화해야 한다. 교육은 빈곤 감소 및 경제성장 전략의 일부로서 중요하게 간주되어왔다. 교육 분야 중에서도 고등교육과 직업교육은 경제성장 전략의 주요 부문이라 할 수 있다.

북한은 중등교육 단계의 직업교육 과정 개설 및 고등교육 단계의 전문적 직업교육 체제 구축이 필요하다. 새로운 사회경제 체제에 부합하는 직업교육 체제를 구축하고 노동력을 원활하고 효율적으로 공급하기 위해서는 일련의 개혁 조치가 진행되어야 한다. 이를 위해서 중등학교의 학제 개편과 전문적 직업기술 과정이 신설되어야 할 것이다. 북한은 과거 40여 년간, 중학교 6년 과정에서 인문계열과 실업계열의 구분 없이 기본 교과를 중심으로 중등교육을 실시했고, 대부분의 청소년들이 16세의 나이에 충분한 중등 전문교육을 받지 않은 채 사회로 진출했다. 이런 점에서 2012년 김정은 정권의 3년제 초급중학교와 3년제 고급중학교를 포함하는 12년제 학제개편은 변화의 시발이라 할 수 있다.

향후 북한이 국제사회의 변화, 현대사회의 급속한 산업발전 요구에 따른 전문적 인력 양성 및 직업교육 체계를 구축하기 위해서는 고등교육은 물론 중등교육 단계에서부터 다양한 전문과정을 개설하고 직업훈련 기관들을 운영해야 한다. 중등 직업교육 기관은 12년제 의무교육제에 포함시킴으로써 중등 직업교육을 활성화해야 한다. 북한은 다양한 중등 직업교육 체계를 신설해 노동시장의 요구에 맞는 전문적 지식과 기술을 습득한 학생들을 노동시장으로 배출해야 할 것이다.

이와 더불어 직업교육 운영능력 향상을 위한 교사 교육 프로그램이 병행되어야 할 것이다. 북한의 장기적 경제발전 전략과 산업별 경제구조에 따른 노동 수요와 공급 상황을 고려해 직업훈련의 방향과 내용을 설정하고, 이에 따른 고등교육 및 중등교육 직업훈련 제도의 개편, 직업훈련 시설의 신설 및 개보수, 교육과정과 내용의 개편, 산학연계 등이 이루어져야 한다. 이러한 제도 개편에서 무엇보다 중요한 것은 직업훈련 제도를 운영하고 교육을 담당하는 교사 및 전문인력에 대한 재교육이라 할 수 있다.

마지막으로 시장경제 교육이 도입되어야 할 것이다. 새로운 산업시장의 경제적 요구에 신속히 대응하기 위해서는 창조적이고 비판적인 사고능력, 정보처리 능력, 의사결정력, 팀워크 능력 등이 필요하다. 시장에서 요구하는 기술 및 자질에 대한 체계적인 분석과 정보가 필요하다. 이렇게 변화하는 기업 환경에 적응하고 필요한 기술을 새롭게 습득하기 위해서는 중등 및 고등교육

단계에 자본주의 경제, 국제금융, 국제법, 통상 등 시장경제 교육과 직장 내 재교육을 실시해야 한다. 이를 위해 다른 나라와의 협력 방안도 적극 모색해야 할 것이다.

(3) 고등교육 개혁

세계 여러 나라들은 고등교육의 경쟁력 강화와 대학 개혁의 요구에 직면해 있다. 세계 고등교육 시장이 글로벌화되고 지식기반 경제사회는 고등 능력에 대한 요구를 강화해가고 있다. 현재 북한은 극히 제한적으로 대학 간 국제교류를 진행하고 있지만, 국가 경제성장을 달성해야 하는 북한으로서는 향후 고등교육 개혁의 과제에 직면할 수밖에 없을 것이다. 즉, 고등교육의 재정개혁, 연구개발 활동의 활성화, 교수 경쟁력 강화를 위한 교수 임용 및 평가체제의 마련, 대학의 국제화를 위한 해외 고급인력의 유치, 교육과정 및 교육내용의 개선, 국가 간·대학 간 이동성 제고를 위한 학력·학위·자격제도의 통일 등 다양한 과제를 안고 있다.

여러 과제 중에서도 북한의 고등교육은 우수한 인재 양성을 위한 대학입학제도의 개편, 대학의 구조 개혁, 그리고 국가 간·대학 간 이동성 제고를 위한 학력 및 자격제도 교환의 조치가 우선적으로 이루어져야 할 것이다. 북한의 학위제도는 소련을 위시한 구사회주의 국가들의 '전문가 학위제'로서, 교육의 국제적 통용성을 고려해 서구의 학사-석사 시스템을 도입해야 할 것이다. 또한 학생 개개인의 능력과 적성을 최우선으로 하는 방식의 표준화된 대학입학 시험 제도를 도입해야 할 것이다.

북한 고등교육의 발전을 위해서는 남북한은 물론 세계 여러 나라 대학들과 교류협력 프로젝트를 제도화해야 한다. 무엇보다도 남북한 고등교육기관 간 공동협력 프로젝트를 추진해야 한다. 고등교육은 국가의 미래 비전과 지속가능한 개발 방향을 제시하는 데 교육적 책무성이 있으며 이를 위해 자국의 지속적이고 평화로운 발전에 기여할 수 있는 국제적 경험이 풍부하고 전문적 지식과 기술을 갖춘 뛰어난 인재를 육성해야 한다. 그런 점에서 고등교육 협력 프로젝트는 대학 간 지식과 노하우를 공유하고, 고등교육의 교수방법과 학습 역량을 강화할 수 있다. 연구자·교육자와 학생들이 상호 활발하게 교류할 수 있는 협력기반을 갖추어야 한다. 남북한 간 대학 교류협력 프로그램은 북한 대학의 역량을 강화할 뿐 아니라 남북한 간에 학문공동체를 형성해 상호 간 소통과 협력을 강화할 기회를 제공할 것이다.

5) 민주시민 교육 및 공동체성 함양 교육

(1) 민주시민 교육의 기본지식과 가치관 함양

세계화 시대에 통일한국을 지향하기 위해 북한은 김일성 일가의 우상화 교육과 정치사상 교육을 점차적으로 줄이고, 대신 민주시민 교육과 통일한국의 국민정체성 교육을 강화해야 할 것이다.

북한주민들은 사회주의 체제 중에서도 김일성·김정일·김정은 3대 세습체제를 정당화하는 정치교육과 우상화 교육, 국가주도의 계획경제 체제하에서 살아왔다. 공산주의 독제 체제하에서 북한주민들은 당과 국가의 이름으로 개인의 자유와 권리를 제한받고 억압당하는 데 익숙해져 있다. 개인의 자유와 권리, 다른 사람의 인권 존중에 대한 기본 개념도 모르고 문제의식조차 없기 때문에 기초적 인권교육이 실시되어야 한다. 남성 위주의 문화풍토에서 벗어나기 위한 여성의 인권 및 성평등 교육도 실시되어야 한다. 장애자나 소수자를 보호하고 배려하는 것에 관한 시민교육도 실시되어야 한다.

북한주민들이 국제사회 속에서 국가발전을 도모하고 통일한국을 준비하기 위해서는 지극히 폐쇄적인 정치 이데올로기를 폐지하고 새로운 통일 환경에 적응해갈 수 있도록 민주시민 교육을 단계적으로 확대 실시해야 한다. 개방된 국가, 사회로 나아가기 위해서는 열린 국가체제의 기본적 요소인 민주적 거버넌스와 민주주의 교육, 자본주의 경제체제와 교육, 법의 지배 등이 교육과정 안에 편성되어야 한다. 법의 지배는 안정적인 정치 토대와 효율적인 경제 구조의 발전을 위한 필수적인 요소이다. 민주적 생활태도 함양 및 법이 지배하는 사회를 만들기 위한 법 이해 교육이 이루어져야 한다.

(2) 사회통합 능력 함양 교육

남북한은 70여 년 이상을 분단된 채 살아왔다. 따라서 남북한 간 이념적 갈등과 대립, 북한지역과 남한지역, 북한 내 지역, 남한 내 지역 간의 지역적 차별성 등 다양한 갈등 요인을 해소하고 이해 기반을 확산시키기 위한 노력이 무엇보다 중요하다.

북한지역 주민들은 당과 국가의 지시에 따르는 데 익숙해서 개인이 스스로 생각하고 판단하는 능력이 부족하다. 다른 사람과 함께 의견을 나누고 판단하는 의사소통, 합리적 의사결정에 어려움을 겪고 있다. 실제로 북한지역의 주민들은 성별, 연령별로 생각과 행동이 다양하며 당원과 비당원, 관료직과 생산직, 출신지역과 성분에 따라 그 성향이 매우 다를 뿐 아니라 서로 비판하고 갈등하는 양상을 보이고 있다. 통일 과정은 물론 통일 이후에도 남한지역 주민 간에, 남한지역과 북한지역 주민 간에 이념과 생활 환경의 차이로 야기되는 오해, 갈등, 반목이 심각할 것으로 예상된다.

따라서 다른 사람을 이해하고 함께 의견을 나누고 판단하는 합리적 의사결정 능력을 기를 수 있도록 남한 주민 간, 북한 주민 간, 남북한 주민 간에 의사소통 교육이 실시되어야 할 것이다. 서로의 차이와 다름을 이해하고 타문화를 존중하고 이해하는 다문화 이해교육, 갈등을 평화적으로 해결하기 위한 대인관계 훈련과 협상 능력 고양 등 주민통합 능력을 함양할 수 있는 다양한 교육시스템을 구축해야 할 것이다. 그리고 무엇보다도 혈연주의, 학연주의, 지역주의 그리고 정당 간, 이익집단 간, 계층 간, 세대 간의 갈등을 평화적으로 해소하는 타협과 합의의 정치문화를 정착시켜나가야 할 것이다.

(3) 통일한국의 민주시민으로서 국민적 정체성 함양

통일한국은 통일 이후 경제적·정치적·군사적·사회문화적으로 산적한 통합의 과제를 해결해야 할 것이다. 여러 가지 과제 중에서도 통일한국의 우선적 과제는 국민통합일 것이다. 남북한 주민의 심리적·정서적 통합은 가장 어렵고 장기적인 과제가 될 것이다. 국민통합은 개인 또는 집단 차원에서의 심리·정서적 통합을 전제로 하며, 이러한 정신적 통합의 기초 위에서 통일한국의 국민적 정체감을 형성해나갈 수 있다.[48]

1990년 통일이 되기 직전에 동독국민들 중 66%가 자신을 '독일인'이라고 표현했던 반면에, 1992년이 되자 동독지역 주민들의 대다수가 자신들을 '구동독 국민'이라고 생각했다.[49] 이러한 사실에 비추어, 북한지역 및 남한지역 주민들을 대상으로 통일한국의 국민임을 인식시키는 교육을 현 단계에서부터 준비할 필요가 있다. 남한국민과 북한국민들이 과거 남한과 북한의 각각의 국민임을 뛰어넘어, 이제는 통일한국의 한 국민임을 인식하고 자각토록 하는 국민적 정체성을 함양하는 교육이 필요하다.

이러한 국민적 정체성 회복은 역사교육에서부터 시작되어야 한다. 남북한의 정권유지를 위한 편협하고 왜곡된 역사교육 내용은 축소시켜나가고, 남북의 통합을 강화하는 역사 교류와 통합 역사교과서 편찬을 추진해나가야 할 것이다. 이와 함께 유구한 역사를 함께한 민족으로서, 남북 분단의 고리를 끊고 통일한국을 향해 통합된 국민역량을 결집해나갈 수 있는 역사관 교육이

48) 김국현, 『통일교육의 새로운 파라다임』(서울: 인간사랑, 2004).

49) 게하르트 미켈스, 「2000 한·독 금강산 워크숍: 민주시민교육으로 통일시대 대비해야 한다」, ≪통일한국≫(평화문제연구소, 2000.12.), 69쪽.

필요하다. 통일한국의 역사관은 주변의 미국, 중국, 일본, 러시아의 4대 강국을 비롯한 세계 여러 나라의 국제적 관계 속에서 통일한국의 발전을 모색하는 것이 기본 방향일 것이다. 남북한 국민들은 새로운 통일 환경의 이해, 국제사회의 일원으로서 갖추어야 할 보편적 가치관 및 개방적 태도 습득, 타인에 대한 배려에 기초한 다양한 문화·민족·국가에 대한 이해 등 통일한국의 세계시민으로서의 기본 소양도 갖추어야 할 것이다.

참고문헌

강근조. 1991.『조선교육사 4』. 평양: 사회과학출판사.

게하르트, 미켈스(Michels Geghard). 2000.「2000 한·독 금강산 워크숍: 민주시민교육으로 통일시대 대비해야 한다」. ≪통일한국≫, 통권 204호. 평화문제연구소.

교육도서출판사 엮음. 1955.『해방후 10년간의 공화국 인민교육의 발전』. 평양: 교육도서출판사.

권율·신효숙·박수경. 2009.『한·중앙아시아 중장기-권역별 교육협력방안 연구』. 서울: 한국교육개발원.

김국현. 2004.『통일교육의 새로운 파라다임』. 서울: 인간사랑.

김동규·김형찬 엮음. 2000.『북한 교육사』. 서울: 교육과학사.

김명세. 1999.「정수분자를 양성하는 김일성종합대학」. 한만길 엮음.『북한에서는 어떻게 교육할까』. 서울: 우리교육.

김수암 외. 2011.『북한주민의 삶의 질: 실태와 인식』. 서울: 통일연구원.

김용석. 1999.「군사 체계로 판에 박은 대학 일과」. 한만길 엮음.『북한에서는 어떻게 교육할까』. 서울: 우리교육.

북한인권시민연합·아시아인권센터. 2009.『북한 아동권 실태 보고서』. 서울: 생명과 인권.

신효숙. 2006.「남북한 교육 행정 및 제도 비교」. 체제통합연구회 엮음.『남북한 비교론』. 서울: 명인문화사.

신효숙. 2007a.「북한 교육 연구의 성과와 과제」.『현대 북한 연구의 쟁점 2 』. 파주: 한울아카데미.

_____. 2007b.「대북 교육지원 활성화와 개발지원」. ≪현대북한연구≫ 10권, 2호. 서울: 북한대학원대학교.

_____. 2012a.「러시아와 중앙아시아 국가의 교육개혁 경험」.『체제 전환국의 경험과 북한 교육개혁 방안』. 파주: 한울아카데미.

_____. 2012b.「북한 교육 실태와 남북 교육협력의 경험」.『체제 전환국의 경험과 북한 교육개혁 방안』. 파주: 한울아카데미

_____. 2012c.「김정일정권의 교육정책」. ≪평화학연구≫, 제11권, 제3호. 한국평화연구학회.

오기성·박창언·신효숙. 2008.『남북 통합 초·중등학교교육과정 시안 연구』. 서울: 교육과학기술부.

이향규·조정아·김지수·김기석. 2010.『북한 교육 60년, 형성과 발전 전망』. 서울: 교육과학사.

임순희·조정아·이규창. 2012.「북한의 아동교육권 실태와 관련 법령 제정 동향」. ≪통일정세

분석≫. 통일연구원.
조정아. 2009.「2000년대 북한의 교육전략과 교육생활세계의 변화」. ≪KDI 북한경제리뷰≫, 4월호.
_____. 2014.「김정은시대 북한 교육정책 방향과 중등교육과정 개편」,『세계북한학 학술대회 자료집』. 북한연구학회.
최진욱. 2002.「행정제도의 조직과 운영」. 박호성 외.『북한사회의 이해』. 서울: 인간사랑.
통계청. 2012.『북한의 주요통계지표』. 서울: 통계청.
통일연구원. 2013.『북한인권백서 2013』. 서울: 통일연구원.
한만길. 1997.『통일시대 북한 교육론』. 서울: 교육과학사.
_____. 2000.「북한의 대학생 선발과정의 사회적 기능 분석」. ≪통일교육연구≫, 창간호. 통일교육학회.
한만길 외. 1998.『북한 교육 현황 및 운영실태 분석 연구』. 서울: 한국교육개발원.
_____. 2001.『북한 교육의 현실과 변화』. 서울: 한국교육개발원.
한만길·이관형. 2014.「북한의 12년제 의무교육 개편을 통한 김정은 체제의 교육정책 분석」.『북한연구학회 춘계학술대회자료집 』. 북한연구학회.
한국교육개발원.2000.『북한 교육 관계 법령 연구』. 서울: 한국교육개발원.
한국교육개발원·교육부. 2000.『교육통계편람 2000』. 서울: 한국교육개발원.
허광일. 2007.「교육정책관철을 일관성있게 내밀어」. ≪고등교육≫, 제5호.
『2003/2004학년도 교육강령조치(유치원, 소학교, 중학교, 륜전기재운전수를 양성하는 중학교)』. 2003. 평양: 교육성,.

"DPR Korea 2008 Population Census". 2009. Central Bureau of Staticstics Pyongyang, DPR Korea, 2009).
OECD. 2011. "Education at a Glance".

「새로운 혁명적대교조의 봉화를 높이 들고 후대교육 사업에서 혁명을 일으키자」. ≪인민교육≫, 제1호, 2009.
『조선중앙년감』. 2000. 평양: 조선중앙통신사
_____. 2002. 평양: 조선중앙통신사

≪동아일보≫. 2012.9.26. "北 최고인민회의 '의무교육 12년으로 1년 확대' …… 경제개혁 발표는 없었다".

≪세계일보≫. 2011.12.22. "한국, 독일식 통일되면 희생 더 혹독할 것".
≪연합뉴스≫. 2001.5.15. "北 '컴퓨터 수재반' 후원자는 김 총비서".
_____. 2010.4.5, "北, 김책공대에 졸업학점제 처음 도입".
_____. 2012.9.25. "北, 12년제 의무교육 공포 …… 경제개혁 발표 없어".
≪주간조선≫. 2006.2.6. "북한에도 입시전쟁 치맛바람이 있다". http://nk.chosun.com/news/articleView.html?idxno=76111

제4장

통일한국의 교육 비전, 철학, 제도 및 정책

박상진 | 장로회신학대학교 기독교교육학 교수

1. 들어가는 말

통일한국의 교육은 어떤 모습이어야 할까? 통일한국 사회의 경제, 정치, 외교, 문화, 예술, 교육 등의 분야별 청사진을 그리는 작업은 매우 중요한 의미가 있다. 바람직한 방향으로 통일 후의 남북한 통합이 이루어질 수 있도록 방향과 전략을 제시할 수 있다면 통일의 필요성을 절감하지 못하는 사람들, 특히 젊은 세대들에게 통일의 필요성을 깨닫는 근거를 제공할 수 있을 것이다. 오늘날 교육의 현실을 생각할 때, 남한과 북한 모두 심각한 문제를 지니고 있는데, 그 문제를 해결할 수 있는 기회가 될 수도 있다는 사실은 통일 이후 교육에 대한 희망을 갖게 한다. 또한 통일한국의 교육의 모습을 상정할 때 그 목표 지점을 향해 나아가는 과정을 이해할 수 있게 된다. 즉, 통일한국의 남북한 통합교육을 위한 로드맵을 설정할 수 있게 된다. 막연하게 통일을 기다리는 것이 아니라 구체적으로 통일을 이루어가는 노력을 기울일 수 있을 것이다. 그뿐 아니라 통일한국의 교육을 상정할 때 오늘 이 시대, 이 땅의 교육 문제를 분명히 인식할 수 있고, 어떤 방향으로 개선과 개혁이 필요한지를 확인하는 근거가 될 수 있다. 통일한국의 남북한 통합교육은 통일 이후에 갑자기 등장하게 되는 교육현실이 아니라 남과 북이 지금부터 변화를 추구해야 할 방향과 기준이 되는 것이다.

이런 점에서 통일한국의 교육은 단지 물리적인 통합이거나 두 교육의 중간 지점에서의 만남을 의미하는 것이 아니라 남북한 모두에 공통의 비전이 되어야 한다. 남북한의 구성원들이 합의할 수 있고 공유할 수 있는 비전으로 제시될 때, 각각의 교육현실을 변화시킬 수 있는 힘의 원천이 될 수 있을 것이다. 여기에서의 합의는 지도자들끼리의, 혹은 일부 대표 지식인들 간의 의견 일치가 아니라 대다수 국민들이 동의하는 합의를 의미한다. 이러한 통일한국의 교육 청사진은 이상적이면서 동시에 현실적이어야 한다. 통일한국 교육의 모습은 교육본질을 회복하고 교육정도를 구현할 수 있는 이상적인 교육을 지향하면서도 동시에 지금의 교육 상황으로부터 도달 가능하며 실현 가능한 현실성을 지녀야 한다. 비전은 그것의 당위성과 함께 획득 가능한 것임을 분명히 보여줄 때 생명력 있는 가치로서 다가오게 될 것이다. 지금까지 통일한국의 남북한 교육통합에 대한 여러 가지 논의가 있었으나 대부분은 평면적으로 제도나 정책, 교육과정이나 교육여건을 통합하는 방안을 제시하는 방식이었으며 교육 가치에 대한 논의가 부족한 편이었다. 이 글은 남북한의 교육 실제와 여건의 통합을 넘어서는 공통의 교육 비전과 교육 가치를 제시하고 이에 근거한 통일한국의 교육제도와 정책을 제안하는 데 초점을 맞추었다.

2. 통일한국의 교육 비전: 다음 세대가 더불어 행복한 교육 공동체

1) 비전모델

통일한국의 남북교육 통합을 추구하는 다양한 접근방식이 있다. 이들을 크게 세 가지 종류로 구분하면 현재 지향적 접근, 과거 지향적 접근, 그리고 미래 지향적 접근으로 분류할 수 있다. 현재 지향적 접근은 남북한의 교육현실을 정확히 진단, 분석하고 그것을 근거로 합리적인 통합 방안을 모색하는 접근 방식이다. 그중 대표적인 모델이 기능주의적 통합모델일 것이다. 남북한 교육의 통합을 말할 때, 대부분의 경우는 기능적 통합을 의미한다. 기능주의적 통합 논리는 "두 체제 간에 체제 혹은 체계를 구성하는 단위별 교류가 이루어지면 이 교류가 점진적으로 확대되어 궁극적으로 체제의 통합에 도달할 수 있다"는 것이다.[1] 즉, "남북한 교육통합은 남한과 북한의 상호 이질적인 교육이 연계성이 없이 분리되어 운영되는 것이 아니라, 기능적이고 구조적인 차원에서 연계되거나 또는 적극적인 차원에서 민족동질성 회복을 위한 표준화된 특성을 지닌 교육체제를 지향해 하나의 교육공동체로 형성되어가는 일련의 동태적인 과정"을 의미한다.[2] 남북한 교육통합에 대한 현재 지향적 접근방식에서는 현재의 상황에 근거한 합리적 통합 방안의 모색이 중요하다. 그래서 양 체제 모두에 유익하면서도 현실적으로 실현 가능한 지점에서 통합을 이룩하는 것이다. 물론 이 접근도 수리적으로 중간 지점에서 통합하

---

1) 강무섭 외, 『남북한 교육 및 학술 교류, 협력의 방향과 과제』(서울: 한국교육개발원, 1994), 12~16쪽.

2) 신효숙, 「교육통합」, 체제통합연구회 엮음, 『한반도의 평화와 통일』(서울: 백산서당, 2005), 394쪽.

는 것을 의미하는 것은 아니며 과학적이고 합리적인 통합 방안을 추출해내는 것이 중요한 과제라고 할 수 있다.

남북한 교육통합에서 과거 지향적 접근방식은 남한과 북한이 분리되기 전의 상황을 근거로 해서 통합을 추구하는 방식이다. 한 민족으로서 남과 북이 지난 5,000년의 역사 속에서 공유한 동질성을 토대로 통합을 추구하는 것이다. 한국의 전통문화나 전통종교, 전통사상에 기초한 통합방식은 모두 이 범주에 속한다고 볼 수 있다. 이러한 방식과는 다르지만 김기석의 남북한 교육통합 방식도 이 영역에 포함시킬 수 있다. 그에 의하면 남북한 교육통합이란 남과 북이 나뉘기 전으로 돌아가서 그것과 연속성을 지니는 통합방식을 모색하는 입장이다. 즉, 남북이 분리되기 이전인 100여 년 전에 시도되었으나, 식민지와 전쟁 그리고 분단으로 이루지 못한 근대교육을 완성해가는 방안을 모색하는 것이다. 그는 "남한과 북한의 지난 반세기 동안의 교육적 경험을 참고해서, 양자의 장점을 살리고 단점을 지양하는 비교적 소박한 방식의 교육통합안"을 모색하고 있다. 이는 "체제통합으로부터 교육체제를 연역해내는 것이 아니라, 남북한의 과거 교육의 역사에 대한 귀납적이고, 경험적인 규명을 기초로 양자의 장단점을 반성적으로 성찰한 결과를 통합방안으로 정리"하는 것이다.[3]

그런데 이러한 현재 지향적 접근방식이나 과거 지향적 접근방식과는 다른 접근방식이 있는데, 바로 미래 지향적 접근방식이다. 남북한의 교육통합에 대한 미래 지향적 접근방식은 이상적인 미래의 교육상(像)을 설정하고 이를 실현할 수 있는 통합방안을 모색하는 방식이다. 이것은 현실 상황에서의 실현 가능성에 매이거나 과거의 전통이나 제도의 동질성에 예속되기보다는 남북한 체제를 초월하는 제3의 체제를 구상하고 이를 추구함으로써 남과 북을

3) 같은 책, 396쪽.

통합하려는 방안이다. 그러나 이러한 미래 지향적 접근방식은 현실적인 상황이 충분히 고려되지 않거나 과거와의 연속성이 약화될 때 지나친 이상주의적 공상에 그칠 가능성이 있다. 여기에서 제안하고 있는 통일한국의 남북한 교육의 통합모델인 비전모델은 기본적으로 미래 지향적 접근방식을 취하면서도 현실적인 상황을 철저히 분석해 실현 가능한 비전을 설정하며, 과거의 동질성을 에너지원으로 삼되 여기에 얽매이지 않고 그 가치를 미래에 구현할 수 있는 방안을 모색하는 모델이다.

'비전(vision)'은 '미래에 대한 구상', '미래상'이라는 뜻을 지니고 있다.[4] 남북한 교육통합의 비전모델은 통일한국의 미래에 대해 사회 구성원이 공감할 수 있는 교육 구상을 제시하고 이를 구현하는 과정에서 통합이 이루어지도록 하는 것이다. 비전모델은 미래적 비전이 통합을 견인하고 이끌어내는 특징을 갖는다. 남한 교육과 북한 교육의 중도적 통합이나 산술적 통합이 아닌 공통의 비전이 이들 교육을 한곳으로 모아가도록 만드는 원천이 되는 것이다. 제도와 기능의 통합보다는 의식의 통합이 더 중요한데, 공통의 비전을 갖는 것은 바로 의식의 통합을 이루어내는 과정이고 그 의식의 통합이 결국 제도와 기능을 통합해낼 수 있다. 비전모델에서 가장 중요한 것은 공감하고 공유할 수 있는 비전을 제시하는 일이다. 남북한 구성원 모두가 공감할 수 있는 통일한국의 미래 교육상이 제대로 제시되고 이를 공유하게 될 수만 있다면 제도나 정책, 프로그램의 통합은 비전의 힘에 의해 어렵지 않게 이루어질 수 있기 때문이다. 이런 점에서 통일한국의 남북한 통합 교육의 가장 큰 과제는 남북한이 교육 비전 공동체가 되는 것이다. 동일한 비전을 공유하면 그 비전이 변혁을 이끌어내는 힘이 되어 교육통합을 이루어갈 수 있는 것이다.

---

4) 『동아 새국어사전』(서울: 동아출판사), 982쪽.

2) 통일한국의 교육 비전: 다음 세대가 더불어 행복한 교육공동체

통일한국의 모든 사회 구성원들이 공감할 수 있고 공유해야 하는 교육 비전은 어떤 모습일까? 남한과 북한의 교육이념과 철학, 제도와 정책이 상이하지만, 함께 추구할 수 있는 교육 지향점을 찾는다면 '다음 세대가 더불어 행복한 교육공동체'라고 할 수 있다. 여기에서는 이 교육 비전이 갖는 의미를 살펴보려 한다.

(1) '다음 세대'

통일한국의 교육 비전은 미래지향적이어야 한다. 과거 60여 년 동안 남과 북이 이데올로기에 의해서, 열강의 정치적 이해관계에 의해서, 그리고 전쟁과 계속된 대립·반목으로 인해서 나뉘어 있었지만 통일한국의 교육은 미래를 전망하면서 희망을 선포해야 한다. 현재의 기성세대는 남과 북의 이질성을 온전히 극복하기가 쉽지 않을지라도 미래 세대는 하나의 국가로 통합을 이루어야 한다. 통일 후 한국의 현실적인 모습은 절대 낙관할 수 있는 형태가 아닐 것이다. 해결해야 할 수 많은 과제들이 산적해 있을 것이다. 여기에서 다음 세대에 대한 비전을 갖는 것은 관점을 미래지향적인 방향으로 옮길 수 있는 근거가 된다.

남북한 사회 구성원들이 지니는 중요한 공통점은 자녀교육에 대한 관심이다. 일반적으로 '교육열'로 불리는 이러한 자녀교육에 대한 관심은 국가 발전에 공헌한 긍정적인 면이 있으면서 동시에 입시경쟁을 유발한 부정적인 요인이기도 했다. 그러나 그 자녀교육에 대한 관심을 교육통합과 교육변혁의 에너지원으로 사용할 수 있다면 얼마든지 교육을 바람직한 방향으로 나아가게 할 수 있다. 이러한 다음 세대 자녀교육에 대한 관심은 남북한 구성원이 모두 공유하고 공감하는 것이기에 이를 교육통합의 열쇠로 삼을 수 있는 것이다.

(2) '더불어'

통일한국의 교육은 소수만을 위하는 교육이 되어서는 안 된다. 모두가 더불어 교육의 혜택을 받아야 하고 교육의 권리를 누릴 수 있어야 한다. 기본적으로 남과 북이 더불어 교육의 유익을 받을 수 있어야 한다. 어느 한 쪽의 희생으로 다른 쪽이 유익을 누리는 방식은 곤란하다. 또한 특정 계층이나 계급만을 위한 교육이 되어서는 안 되고, 모든 사람들과 그들의 자녀들이 더불어 교육의 권리를 향유해야 한다. 남한의 경우 교육에서 '부익부 빈익빈'의 현상이 심각하고, 북한의 경우 교육에서 신분에 따른 격차가 존재하고 있다. 이 점에서 '교육정의(justice of education)'는 통일한국이 추구해야 할 중요한 가치가 아닐 수 없다. 더불어 공평하고 평등한 교육, 누구에게나 교육의 기회가 주어지는 교육이 되어야 한다.

'더불어'의 의미 속에는 남과 북, 계층 간의 통합만이 아니라 교육의 영역에서 소외당하는 사람이 없어야 한다는 의미까지 포함되어 있다. 이주노동자나 다문화 가정의 자녀, 장애인 등이 모두 함께 교육의 혜택을 누려야 한다는 뜻이다. 이는 넓게는 세계 속에서 고립되지 않고 세계와 더불어 교육을 추구해야 함을 의미한다. 세계화 시대 통일한국은 세계 속에서 강한 나라가 되는 것뿐 아니라, 약소국과 저개발국가, 개발도상국들을 돕고 섬기며 세계 평화를 이루는 역할을 감당해야 한다.

(3) '행복한'

통일한국의 교육 비전은 인간 개개인의 존엄성을 인정하고 각자가 어떤 신분, 상황, 경제적 여건에 처해 있든지 존중받는 교육이 되어야 한다. 개개인이 행복하지 않은 채로는 행복한 사회가 될 수 없다. 교육은 개개인의 자아실현(self-realization)을 도와야 하며, 각자가 지닌 개성, 재능, 잠재력을 개발하고 함양할 수 있어야 한다. 획일주의와 경쟁주의, 입시위주의 교육은 개개인의 자아실현을 구현하는 행복한 교육을 가로막고 있다. 통일한국의 교육의 가장 중요한 과제는 모든 개인이 행복을 누리는 교육으로 변화되는 일이다. 이것이 최근 교육 분야에서 강조되고 있는 교육복지의 핵심일 것이다.

통일한국이 추구해야 하는 행복한 교육은 개인이 행복한 것으로 끝나는 것이 아니라 더불어 행복한 교육이 되어야 한다. 다른 사람의 행복을 파괴함으로써 내가 행복해지는 교육은 참된 행복한 교육이 아니다. 행복을 추구하는 과정이 누군가에게 불행을 주는 것이 되어서는 안 된다. 결과의 행복만큼이나 과정의 행복이 중요하다. 이런 점에서 행복한 교육은 공정한 교육과 분리될 수 없다. 그리고 교육의 목적 또한 다른 사람이나 이웃, 국가, 나아가 세계를 행복하게 하는 교육이 되어야 한다. 궁극적으로 통일한국이 추구해야 하는 교육 비전은 인류를 행복하게 하는 교육인 것이다.

(4) '교육공동체'

통일한국의 교육 비전은 공동체를 강조한다. 교육을 개개인의 생존 경쟁의 각축장으로 보기보다는 서로가 유기적인 관계성을 맺고 있는 공동체로 이해하는 것이다. 좁게는 가정이 교육공동체로 회복되어야 하고, 학교가 단지 공부하고 시험 보는 곳이 아니라 교육공동체로 회복되어야 한다. 그리고 지역사회가 교육공동체로서의 역할을 감당해야 하고, 넓게는 사회와 국가가 교육공동체로서의 사명을 지녀야 한다. 이런 점에서 먼저 학교교육(schooling)과 교육(education)을 구분할 수 있어야 한다. 학교에서 수업 받는 것만이 교육이 아니라 공동체 안에서의 생활이 모두 교육이 될 수 있기 때문이다. 그런 점에서 사회생활, 학교생활, 가정생활이 모두 교육적 기능을 지니고 있다고 할 수 있다. 이런 공동체가 바로 서고 공동체로서의 정체성이 회복될 때 건강한 교육이 이루어질 수 있다.

교육공동체에 대한 강조는 구성원의 참여가 중요함을 의미한다. 국가에 의해 일방적으로 주도되는 교육이 아니라 공동체 구성원의 참여에 의해서 교육이 이루어지는 것이다. 모든 국민이 교육의 주체임을 인식하고 교육공동체를 형성할 때 그 안에서 사회화(socialization), 문화화(enculturation)를 통한 교육이 이루어진다. 공동체가 교육한다. 그렇기 때문에 어떤 공동체를 형성하느냐가 교육에서 가장 중요하다고 할 수 있다. 통일한국의 비전은 건강한 교육공동체를 이루는 것인데, 이것이 바로 다음 세대가 더불어 행복한 교육공동체를 이루는 것이다.

3. 통일한국의 교육철학 방향

통일한국의 비전에 근거한 교육철학의 방향은 무엇인가? 다음 세대가 더불어 행복한 교육공동체가 되기 위해서 다음과 같은 교육철학의 방향을 설정할 수 있다. 첫째는 교육복지, 둘째는 공동체교육, 셋째는 상생교육, 넷째는 변혁주의, 다섯째는 세계지역화이다.

1) 교육복지: 자본주의 교육과 사회주의 교육을 넘어서

자본주의는 사유재산권을 보장하고 시장경제의 원칙을 중요시한다. 개인의 자유를 확장하고 이 때문에 생겨난 경쟁을 불가피한 것으로 보며 경쟁을 통한 효율성을 추구한다. 대한민국 헌법 제119조 1항은 "대한민국의 경제 질서는 개인과 기업의 경제상의 자유와 창의를 존중함을 기본으로 한다"라고 되어 있다. 그런데 이러한 시장경제와 자유경쟁 제도는 종종 부익부 빈익빈이라고 하는 사회 역기능을 유발하고, 경쟁에서 도태되어 소외된 계층으로 전락하는 사람들을 양산하게 된다. 이를 극복하기 위해 위의 헌법 조항 2항은 "국가는 균형 있는 국민경제의 성장 및 안정과 적정한 소득의 분배를 유지하고, 시장의 지배와 경제력의 남용을 방지하며, 경제주체 간의 조화를 통한 경제의 민주화를 위해 경제에 관한 규제와 조정을 할 수 있다"라고 밝히고 있다. 이는 자본주의 시장경제의 원리에 근거하되 경제민주화를 위한 제한을 둔 것이라고 볼 수 있다. 북한은 체제 이념상 사회주의 이상과 목표를 지니고 평등과 보편성을 더욱 강조하는 정책을 시행해왔다. 북한의 보편적 사회복지는 사회보험, 공적 부조, 사회서비스 등으로 구성되는 자본주의 사회복지를 넘어서 광의의 사회복지 체제를 운영한다. 북한에는 교육 및 주거에 대한 공적 지원과 사회보험 외에 국가 사회보장 제도가 있다. 즉, 국가가 개인의 생활을 전적으로 보장하는 것을 목적으로 한다. 그러나 현재 북한은 극심한 경제적 어려움으로 식량배급, 교육, 의료보건 등 모든 분야의 복지체계가 거의 무너진 상황이다.[5)]

남한의 교육을 지배하는 가장 강력한 이데올로기는 역시 자본주의이다. 국가가 의무교육을 시행하고 평준화 제도를 통해 평등을 구현하려는 노력을 기울이고 있지만, 치열한 경쟁, 입시위주의 교육, 사교육 시장의 팽창은 바로 이러한 경쟁적 자본주의 이데올로기가 교육에 강력한 영향을 끼치고 있음을 보여주고 있다. 교육에서 부익부 빈익빈의 현상은 심화되고 있으며, 사회·경제적 지위에서 상층 계층과 하층 계층, 지역에서 도시와 농촌, 그리고 서울 안에서도 강남과 강북의 교육 격차가 심화되고 있다. 북한의 교육을 지배하는 이데올로기는 사회주의이다. 북한 헌법 제43조는 "국가는 사회주의 교육학의 원리를 구현하여 후대들을 사회와 인민을 위하여 투쟁하는 견결한 혁명가로, 지덕체를 갖춘 공산주의적 새 인간으로 키운다"라고 규정하고 있다.[6)]

---

5) 조민 외, 『통일비전개발』(서울: 늘품플러스, 2011), 36쪽.

6) 이서행 외, 『통일시대 남북공동체: 기본구상과 실천방안』(서울: 백산서당, 2008), 59쪽.

즉, 북한 교육은 모든 소재나 교육내용이 특정인에 대한 우상화 교육을 목적으로 시행되고 있으며, 개인적인 가치의 추구를 경시하고 전체와 사회에 대한 봉사와 헌신을 강조하고 있다.[7)]

어떻게 하면 개인의 욕망을 기반에 둔 시장경제인 자본주의 체제와 국가의 통제를 기초로 한 계획경제인 사회주의 체제의 한계를 극복하고 통합을 이룰 수 있을 것인가? 특히 교육의 영역에서 이 두 가지 가치를 어떻게 조화시킬 수 있을 것인가? 최근 교육학에서 중요하게 부상하고 있는 교육복지의 개념이 통합의 열쇠가 될 수 있다. 교육복지는 개인의 삶의 질을 높이는 것과 다른 사람과 함께 누리는 것을 동시에 추구한다. 개인의 삶의 질을 높이기 위해서는 시장경제를 기반으로 하는 경제발전이 여전히 추구되어야 하며, 동시에 시장경제 체제에만 사회를 맡기지 말고 국가가 계획적으로 보편적인 복지를 실현하기 위해 노력해야 한다. 교육에서도 자율성과 경쟁, 효율성을 추구하되 부익부 빈익빈의 계층 간 위화감이나 소외 계층이 생기지 않고 누구나 교육의 혜택을 누릴 수 있도록 국가가 교육복지 정책을 시행해야 한다. 통일한국의 교육 비전이 이러한 교육복지로 제시될 때 통일에 대한 기대와 함께 더 나은 교육을 향한 소망을 가질 수 있을 것이다.

2) 공동체교육: 개인주의 교육과 집단주의 교육을 넘어서

교육이 개인의 자아실현이나 출세의 수단인가 아니면 사회의 구성원이 되게 하는 사회화의 과정인가? 교육 목적의 초점을 개인에게 맞추느냐 사회에 맞추느냐에 따라 추구하는 교육의 양상이 달라질 수밖에 없다. 교육을 개인의 욕구를 달성하는 과정이나 수단으로 이해하게 되면 교육경쟁이 심화될 수

---

7) 같은 책, 61쪽.

밖에 없고 협동이나 팀워크, 그리고 상호존중이나 평등의 가치는 약해진다. 오늘날 남한의 교육이 겪고 있는 입시과열과 사교육 팽창 현상은 이러한 개인주의 교육의 심각한 증상이라고 할 수 있다. 일반적으로 서구 근대교육은 개인주의 교육을 강조하는 경향이 있다. 근대주의의 토대라고 할 수 있는 데카르트 철학의 상징인 '나는 생각한다, 고로 나는 존재한다'는 모든 것을 다 의심할 수 있어도 마지막까지 의심할 수 없는 자아의 독립성을 강조하는 것인데, 결국 세상의 중심에 '나'라고 하는 개인이 있다는 주장이다. 교육은 개인을 위한 것이고, 개인은 교육을 받을 권리, 교육을 선택할 권리가 있기 때문에 교육의 자유와 자율성을 강조하게 되는 것이다. 이러한 개인주의 교육은 개인의 이익만을 추구하게 될 경우 자칫 이기주의 교육으로 흐르기 쉽고, 사적인 도구로 전락하는 경향이 있다. 교육을 통한 개인 간의 격차가 심화되고 특히 개인이 지닌 기득권에 따라서 개인이 누리는 교육의 효과가 대를 이어가며 재생산되거나 심화될 가능성이 있으며, 이것은 결국 사회적인 위화감을 가져오고 사회불안의 요인이 되기도 한다.

집단주의는 북한 교육이 지향하는 중요한 가치지향이다. 사회주의 헌법 제49조는 "조선민주주의 인민공화국에서는 공민의 권리와 의무는 '하나는 전체를 위하여, 전체는 하나를 위하여'라는 집단주의 원칙에 기초한다"고 규정하고, 제68조에서도 "공민은 집단주의 정신을 높이 발양하여야 한다. 공민은 집단의 조직을 사랑하며 사회와 인민의 리익, 조국과 혁명의 리익을 위하여 몸 바쳐 일하는 혁명적 기풍을 세워야 한다"라고 강조한다.[8] 즉, 북한의 교육은 개인의 이익이나 성공을 위한 것이 아니라 당과 국가라고 하는 집단의 이익에 충성하도록 하는 교육으로서, 애당초 사적인 성격이 아니라 공적인 성격을 지니는 것으로 이해된다. 이러한 집단주의 교육에서는 개인의 자유

8) 같은 책, 64쪽.

나 자율성은 억압되며 개인의 재능과 창의성의 구현보다는 집단의 구성원으로서 모든 인민을 똑같이 대우하고 교육하는 획일주의적인 교육이 이루어지게 된다.

개인주의 교육과 집단주의 교육은 갈등하고 대립되는 교육으로서 어느 하나를 강조하면 다른 하나는 약화될 수밖에 없는 대칭적 성격을 지니고 있다. 그러나 바람직한 교육은 이 두 가지 가치가 서로 보완되고 통합되는 것이다. 개인주의 교육이 심화되어 이기주의적인 교육으로 전락하거나 지나친 부익부 빈익빈의 불평등 교육이 되어서는 안 되며, 집단주의 교육이 심화되어 획일주의 교육이나 전체주의 또는 독재주의적인 교육이 되어서도 안 될 것이다. 개인주의 교육이나 집단주의 교육으로 전락하지 않으면서 개인과 집단이 긍정적으로 통합되고 상호 이로운 영향을 끼칠 수 있는 방안이 교육공동체를 이루는 것이다. 교육공동체는 개인을 존중하면서 동시에 그 개인들이 유기적으로 연결되어 있는 전체의 중요성을 인식한다. 모든 생명체는 세포로 구성되어 있으며 이 세포들이 서로 연결되어 유기체를 이루고 있다. 개개의 세포나 기관이 중요하며 이들 각각을 건강하게 보살피는 것이 필요하다. 한편으로, 전체 유기체가 원활하게 성숙해나가는 일은 궁극적으로 이들 세포나 기관의 성숙과 분리될 수 없다. 개인주의 교육과 집단주의 교육이 이와 마찬가지이다. 통일한국의 남북한 통합교육은 개인주의나 집단주의 교육 어느 하나에 고착되어서는 안 될 것이다. 교육에서 개인의 자유와 자율성을 보장하면서도 사회와 국가 전체가 발전할 수 있는 공동체적 접근이 필요할 것이다.

3) 상생교육: 자유주의 교육과 평등주의 교육을 넘어서

남한 교육의 중요한 이념적 축을 이루는 것은 자유이다. 개개인의 자유를 존중하는 사회가 자유 민주주의 사회이며, 타인에게 해를 주지 않는 한 최대한의 자유를 보장해주는 것이 민주적 교육의 본질이라고 할 수 있다. 헌법에서 보장하고 있는 종교의 자유, 양심의 자유, 집회의 자유, 언론의 자유 등 온갖 자유를 누릴 수 있는 사회가 자유 민주주의 사회라고 할 수 있고, 남한의 교육도 이러한 자유에 기초를 두고 있다고 볼 수 있다. 물론 평준화 제도를 비롯해 평등의 개념이 개입된 교육제도나 정책이 없는 것은 아니지만 북한 교육과 비교할 때 상대적으로 강한 교육이념이 자유라고 할 수 있다. 북한 교육의 중요한 이념적 축을 이루는 것은 평등이다. 사회주의는 자유를 제한해서라도 평등을 구현하려는 사회체제이다. 국가가 개인을 통제하며 개개인의 능력이나 욕구에 따라 자유를 향유하기보다는 집단의 구성원들이 함께 노동하며, 그 결과를 모두에게 공평하게 분배하는 사회이다. 교육에서도 사적인 개인이 교육의 주체가 되는 것을 인정하지 않고, 국가가 교육을 주도하는 주체가 된다.

통일한국의 교육은 이러한 자유와 평등을 통합하는 교육을 추구해야 한다. 자유와 평등은 서로 대립하고 갈등하기 쉬운 대조 개념이다. 개인의 자유를 극대화하면 평등은 위축될 수밖에 없고, 반대로 평등을 극대화하게 되면 자유는 상실될 수밖에 없다. 평등을 위해서는 자유를 억제해야 하고, 자유를 위해서는 평등을 제약해야 하는 셈이다. 이런 점에서 자유와 평등의 통합은 매우 어려운 과제일 수밖에 없다. 그리고 자유와 평등의 중간 지점에서 타협하는 것은 진정한 통합을 이루기보다는 더 큰 갈등을 가져오기 마련이다. 자유와 평등을 통합하기 위해서는 제3의 가치가 자유와 평등을 견인할 수 있어야 한다. 이성구는 『민족공동체통일론』에서 자유와 평등을 통합하는 가치로서 사랑을 제안한다. "나의 자유가 소중한 만큼 너를 소중하게 여기는 마음이 사랑의 마음이다. 내가 평등한 대접을 받고자 하는 대로 너를 평등하게 대하는 마음이 바로 사랑의 관점인 것이다."[9] 사랑으로 서로를 존중하고 더불어 성장할 수 있게 될 때 자유와 평등이 공존할 수 있다. 사실 자유를 더 누리기 위해서는 평등의 가치가 요청되며, 평등도 의미 있는 평등이 되기 위해서는 자유에 대한 배려가 필요하다. 이런 점에서 자유와 평등을 통합하는 가치로서 상생(相生)을 제안한다. 생명은 자유를 추구하지만 더불어 살기 위해서는 평등의 가치를 중요하게 받아들여야 하기 때문이다. 통일한국의 교육은 상생의 교육을 추구하며 자유와 평등을 통합하여 이를 발전적으로 성숙시켜 나갈 수 있을 것이다.

4) 변혁주의: 보수주의 교육과 진보주의 교육을 넘어서

교육의 이념을 크게 구분한다면 보수주의 교육과 진보주의 교육으로 나눌 수 있다. 보수주의 교육은 과거 전통의 전수나 지식의 전달을 중요하게 여기며, 인류나 민족이 축적해놓은 유산을 후대에 물려주는 것을 교육의 목적으로 삼고 있다. 시대나 상황의 변화에 민감하기보다는 변치 않는 항구적 가치가 있다고 보고 고전이나 전통 속에 담겨 있는 이러한 진리를 다음 세대에게 전하는 것을 교육의 주 기능으로 인식하는 것이다. 보수주의 교육은 온고이지신(溫故而知新)이 의미하듯이 과거의 것을 중시하는 풍조가 있으며, 현재나 미래의 문제는 과거의 지혜에 근거해 타개하고 해결해야 할 그 무엇으로 이해하는 경향이 있다. 이런 교육에서는 아동보다는 교사 중심, 교과 중심의 교육이 이루어질 가능성이 높으며, 절대적인 지식이 존재하기 때문에 쌍방향이 대화를 나누는 교육보다는 일방적인 교육이 이루어질 가능성이 높다.

이에 반해 진보주의 교육은 시대의 변화에 민감하며 본래부터 타당한 교육이 존재하는 것이 아니라 모든 교육은 시대나 상황에 따라서 변할 수밖에 없다고 본다. 존 듀이(John Dewey)를 대표로 하는 진보주의 교육운동은 유기

9) 이성구, 『민족공동체통일론』(서울: 형설출판사, 2007), 144쪽.

체가 새로운 환경을 만나면 상호작용을 통해서 계속 진화하고 변화해나가듯이, 아동도 환경과의 경험을 통해 계속 성장한다고 본다. 여기에서는 교육내용이나 가르쳐야 할 지식이 이미 정해져 있는 것은 아니라, 시대나 상황에 따라 얼마든지 변할 수 있는 것으로 인식한다. 이런 점에서 진보주의 교육은 과거에 종속되거나 과거로 회귀하는 교육보다는 현재와 미래에 열려 있는 교육을 추구하며, 절대적인 지식의 전수보다는 끊임없는 변화를 추구하는 교육을 지향한다.

남한과 북한의 교육 중 어느 쪽이 더 보수주의적이거나 더 진보주의적이라고 단정하기는 어렵다. 남북한 모두 그 사회 속에서 보수적인 성격과 진보적인 성격을 동시에 지니고 있다. 우리가 일반적으로 인식하는 대로 사회주의 국가는 진보주의적 이념을 갖고 있지만, 그 이념을 절대시하게 될 때는 이미 보수적 성향을 지닐 수밖에 없다. 이는 자유 민주주의 국가에서도 마찬가지이다. 이런 점에서 통일한국의 교육은 두 가지 측면에서 보수주의 교육과 진보주의 교육을 통합해야 한다. 첫째로 통일 후 교육은 교육의 보수적 성격과 진보적 성격이 통합되어 이전보다 균형 잡히고 온전한 교육으로 나아가야 한다. 둘째로 남북한 각각이 그동안 추구해온 교육을 고수하려는 보수주의 교육과 통일 후의 변화된 상황에 걸맞게 끊임없이 변화를 추구하려는 진보주의 교육을 통합해야 한다. 이러한 두 가지 통합을 가능케 하는 것은 변혁주의이다. 변혁주의는 과거의 연속선상에 있으면서도 끊임없이 변화를 기하려는 입장이다. 변혁(transformation)은 과거를 부정하는 개혁이 아니고 과거에 뿌리를 두되 새로운 상황 속에서 새로운 정체성을 모색하려는, 변화를 추구하는 노력이다. 보수해야 할 것을 보수하면서도, 통일 후의 상황에 과감하게 응전해 남북한 통일 공동체에 가장 적합한 교육을 모색하는 것이다.

5) 세계지역화: 민족주의 교육과 세계주의 교육을 넘어서

통일한국의 교육은 남북한 교육이 지니고 있는 동질성을 강조하고 그를 공통분모로 하는 통합을 추구해야 하는데, 남북이 지니는 동질성의 가장 강한 근원은 그들이 동일한 민족이라는 점이다. 민족의 정통성과 전통 문화와 가치를 강조하는 데서 남과 북이 크게 다르지 않다. 민족이란 "같은 지역적 공간에서 오랫동안 같이 살아오면서 언어, 습관, 규범 등의 생활양식과 행위양식을 공유하면서 서로 간의 유대, 연대, 협동, 결속 등의 사회관계가 생활공동체를 유지하는 집단"이라고 할 수 있다.[10] 남과 북은 지난 60여 년을 제외하고는 5,000년 이상 한 민족의 정체성을 지니고 살아온 민족공동체인 것이다. 그런데 동시에 통일한국이 직면하게 될 매우 중요한 상황적 특징은 세계화(globalization)일 것이다. 오늘날은 세계의 모든 나라가 분리되어 존재하는 것이 아니라 서로 긴밀하게 영향을 주고받는 지구촌 공동체를 이루게 되었다. 통일한국의 교육에서는 이러한 세계화에 대한 충분한 고려가 필요하다.

그런데 이렇게 상충되는 것 같아 보이는 두 가치, 민족주의와 세계주의는 갈등되거나 대립되는 것이 아니라 상호보완적이다. 민족주의가 배타적 민족주의가 되어 국수주의 형태를 띠게 될 때 국가는 세계 속에서 고립될 수밖에 없다. 북한 사회, 북한 교육이 범하는 오류와 마주하는 한계는 이러한 배타적 민족주의 교육에서 벗어나지 못하기 때문에 생겨난다. 민족의 정체성을 분명히 인식하면서도 세계화 시대 속에서 타 민족, 국가, 문화를 인정하고 개방성을 지니고 소통할 때 세계 속에서 건강한 정체성을 지닌 시민으로 살아갈 수 있다. 최근 세계화와 지역화를 동시에 강조하는 세계지역화(glocalization) 개념은 남북한 통합교육의 방향에 중요한 통찰을 준다. 세계지역화 추세에

---

10) 이서행 외, 『통일시대 남북공동체』(서울: 백산서당, 2008), 45쪽.

서는 세계의 모든 지역이 연결되어 교류하며 보편성을 향해 나가는 경향이 있으며 동시에 지역을 강조한다. 세계지역화는 정치·경제·문화적 차원에서 진행되는 동질화뿐 아니라, 다른 한편으로 동시에 지역화(localization)로 이해된다. 세계지역화의 추세 속에서 한국의 고유한 전통과 문화, 그리고 사상과 예술은 더욱 그 가치를 인정받게 되는 것이다.

4. 통일한국의 교육제도 및 정책

통일한국의 교육 비전과 그에 따른 교육철학의 방향에 근거한 교육제도와 정책은 어떤 모습이어야 할까? 다음 세대가 더불어 행복한 교육공동체가 되기 위해서는 교육복지, 공동체교육, 상생교육, 변혁교육, 그리고 세계지역화를 추구해야 하는데, 이를 가능케 하는 교육 가치는 '다양하고 균등한 교육기회', '교육의 형평성', '교육의 공정성', '교육의 수월성', 그리고 '공동체적 신뢰 및 행복' 등이다. 여기에서는 각 교육 가치를 구현하는 교육제도와 정책을 제안하고자 한다. 각 교육 가치 영역 별로 비전을 설정하고, 중요 이슈를 파악하며, 그 교육 가치를 실현할 수 있는 대표적인 교육제도와 정책을 기술할 것이다.

1) 다양하고 균등한 교육기회

비전: 통일한국의 비전인 "다음 세대가 더불어 행복한 교육공동체"가 되기 위해서는 남북한 구성원 모두에게 다양하고 균등한 교육기회가 제공되어야 한다. 모든 국민이 기본적인 교육을 받을 수 있는 의무교육 제도를 확립하되 국·공립학교만이 아니라 사립학교의 자율성을 보장해서 다양한 교육을 누릴 수

있는 자유를 보장해야 한다.

(1) 교육이슈: 통일한국의 공교육 체계

통일한국의 공교육 체계를 어떻게 정립할 것인가? 이 질문은 통일한국의 의무교육 체계, 국·공립학교와 사립학교 체계, 그리고 학교선택권 문제에 대한 방향을 묻는 질문이기도 하다. 국·공립학교 위주의 공교육을 확립할 것인지, 사립학교의 자율성을 인정하고 이를 포함한 공교육을 확립할 것인지를 분명히 할 필요가 있다. 여기에서는 공교육의 의미를 재해석하고 이것이 국·공립학교 및 사립학교와 어떤 연관성을 지니는지를 분석해서 통일한국에서 이루어질 공교육의 새로운 모습을 그려보려고 한다.

먼저 공교육의 의미를 살펴보자. 단어 그대로의 의미는 '공적(public)' 교육이다. 그렇다면 무엇이 공적 교육이고 무엇이 사적(private) 교육인가? 가장 좁은 의미에서 '공교육'은 국가와 공공단체가 설립, 경영하는 국·공립학교를 가리킨다. 공교육은 영어로 'public education'이라고 표현하지만 'public schooling'도 같이 쓰이고 있는데, 미국의 경우 공교육은 특별한 단서를 붙이지 않는 한 '공립학교 교육(public schooling)'을 의미한다. 이러한 관점에서의 공교육은 국가나 지방자치단체가 설립해 운영하는 국·공립학교의 교육을 의미하는 반면, 사교육은 공공기관이 아닌 개인이나 개인들이 모인 집단이 설립·운영하는 사립학교에서 실시하는 교육을 의미한다. 그러나 이보다 광의의 공교육 개념은 "국가 수준에서 제도적으로 확립되고 법률의 통제를 받는 교육"을 의미한다.[11] 이 관점에서는 공교육은 국·공립학교만이 아니라 사립학교의 교육까지를 포함한다. 좀 더 범위를 확대한다면 사회교육이나 성인교육까지를 포함시킬 수도 있을 것이다. 그런데 이러한 공교육 개념보다 더

---

11) 나병현, 「공교육의 의미」, 황원철, 김성열, 고창규 편저, 『공교육: 이념, 제도, 개혁』(서울: 도서출판 원미사, 2004), 15쪽.

확장된 개념은 교육 전체를 공교육으로 이해하는 경우이다. 즉, 교육의 내용이 사회적 성격을 띠기 때문에 공적 측면을 지니고, 개인이 교육을 받지만 그 혜택이 사회 전체에 미치기 때문에 공공선의 기능을 지니므로 이미 공적 특성이 있다고 볼 수 있을 것이다.[12]

공교육을 어떤 범위로 이해하느냐에 따라 전혀 다른 논의가 가능할 것이다. 가장 넓은 범주인 '모든 교육'이 공교육이라고 이해하는 데서부터 '국가가 통제하는 교육'으로 보는 견해, 그리고 '국가나 지방자치단체가 직접 설립, 운영하는 국·공립학교의 교육'을 공교육으로 이해하는 협의의 공교육 이해가 있다. 현재 남한에서의 일반적인 공교육 이해는 두 번째인 '국가 수준에서 제도적으로 확립되고 법률의 통제를 받는 교육'이라고 할 수 있다. 물론 이러한 견해에 대해 사립학교의 자율성을 강조하는 입장에서는 공교육에 대한 이해와 이에 근거한 통제가 사립학교의 자율성을 심각하게 위축시키고 있다고 주장하기도 한다. 과연 국·공립학교의 공공성과 사립학교의 공공성은 같은 것인가? 그리고 동일한 공공성을 요구하는 것이 타당한 것인가?

일반적으로 공교육에서 공공성(publicness)의 의미는 교육의 제공자, 비용의 부담, 교육의 대상, 교육의 내용, 교육의 목표 등 다섯 가지 측면에서 이해되고 있다.[13] 첫째, 공교육은 교육의 제공자가 공공기관이라는 것을 의미한다. 공교육은 국가 또는 지방자치단체 등 준 국가적 공공기관에 의해 설립, 운영되는 학교에서 이루어지는 교육을 지칭하는 것이다. 그러나 이를 좀 더 넓게 보면 국가가 직접적으로 학교를 설립해 운영하는 것이 아니더라도 교육 관계법과 정책을 통해 교육을 통제, 관리, 지원하고 있다면 그것 역시 공교육이라고 보기도 한다. 그런데 사립학교는 엄연히 교육의 제공자가 개인 또는

12) 같은 책, 15~16쪽.

13) 같은 책, 17~22쪽.

법인이다. 개인 또는 법인에 의해 학교가 설립되고 '이사회'를 통해 운영이 된다는 점에서 공교육의 범주에 포함할 수 있느냐의 문제가 제기될 수 있다.

둘째, 공교육은 국가가 국민이 낸 세금으로 조성한 공비로 제공하는 교육이다. 이는 개인이 그 비용을 부담하는 교육을 사교육이라고 하는 것과 대비된다. 이런 관점에 따르면 오늘날 한국의 대부분의 사립학교는 국가가 거의 모든 운영 경비를 부담하고 있기 때문에 이러한 공교육 범주에 포함된다고 볼 수 있다. 그러나 미국의 바우처(Voucher)제도에서 볼 수 있듯이 정부가 학생이 선택한 사립학교에 교육비를 지급하지만 운영에 직접 관여하거나 통제하지는 않는다. 즉, 국가가 재정을 부담하는 것을 통제의 정당성을 주장하는 근거로 사용하거나 정체성의 근거로 이해하는 것은 옳지 않다는 주장이 가능한 것이다.

셋째, 공교육은 공중을 대상으로 하는 교육이다. 이때의 공중이란 특정 집단이 아닌 일반 대중을 의미한다. 사교육이 특정 집단에 제한된 교육을 실시하는 것과 대조되는 특징인 것이다. 그러나 18세기 영국에서 출현한 공중학교(public school)가 본래 사립학교였다는 것은 흥미롭다. 당시 사립학교는 공중을 대상으로 교육을 했는데, 이는 귀족에게 제한된 학교가 아니라 일반인에게(to the public) 개방된 학교라는 의미였다. 이러한 사실은 교육대상이 공중이라는 것이 반드시 공교육의 근거가 될 수는 없음을 알게 해준다.

넷째, 공교육은 공통교육과정(common curriculum)을 교육내용으로 하는 교육이다. 누구나 알아야 할 보편적인 지식을 상정한다는 것이다. 그런데 과연 교육이 어떤 가치에도 치우치지 않은 보편적 지식을 다루고 있는가? 교육은 진공상태에서 이루어지지 않는다. 교육에는 어떤 형태로든 가치가 개입된다. 모든 교육에 가치가 개입될 수밖에 없다면, 공교육도 어떤 가치가 개입된 교육을 하고 있는 셈이다.

다섯째, 공교육은 공익과 공동선을 추구하는 교육이다. 공교육은 특정인이나 특정 집단의 이익이 아닌 공동의 이익을 추구하는 교육이라는 의미이다. 그런데 누가 이 공동선을 결정하는가? 결국은 국가 권력을 지닌 자들이다. 이런 점에서 공교육이 진정한 의미에서 공동선을 추구하고 있다고 보기는 어려울 것이다.

이러한 공교육과 사립학교의 관계에 대한 논의를 통해서 알 수 있는 것은 사립학교의 자율성과 다양성을 무시한 채 사립학교를 공교육의 통제 속에 두어 국가주의적 교육을 구현하려는 것은 바람직하지 않다는 것이다. 사립학교의 공공성은 공립학교의 공공성과 동일하지 않은데, 사립학교가 건전한 건학이념을 구현하면서 교육으로서의 역할을 다하는 한 공공성에 기여한다고 볼 수 있다. 따라서 사립학교를 공교육 체제 속에 편입시켜 획일적인 교육을 시행하는 교육기관으로 간주하기보다는 그 사적 특성에 맞게 자율성을 부여하고 그에 대한 책임을 지도록 하는 것이 필요하다. 진정한 공교육은 어떠한 가치도 개입시키지 않은 가치중립적인 것을 가르치거나 그 사회 구성원 모두가 배워야 할 공통적인 지식만을 가르치는 것이 아니라, 다양한 신념이나 가치를 건강한 방식으로 배울 수 있는 공간을 제공하고, 그러한 다양한 교육이 조화롭게 사회 발전에 기여할 수 있도록 돕고 지원하는 것일 것이다.

통일한국의 공교육체계는 국가가 의무교육을 확대해 국민의 교육받을 권리를 최대한 보장하되 국가 주도의 획일주의적 교육을 시행하는 것이 아니라 사립학교의 자율성을 적절히 보장함으로써 국민의 다양한 교육 가치와 교육 욕구를 충족시킬 수 있는 체계가 되어야 한다. 즉, 통일한국 교육에서 국가의 책임은 국가통합과 사회통합을 위해 필수적인 국민공통 교육과정을 설정해서 이를 모든 국민이 교육받도록 하고, 그러한 교육을 어떤 정치적·경제적·지역적·문화적 여건에 제한받지 않고 모든 국민이 향유할 수 있도록 인프라를 구축하고 재정을 지원하는 데에 있는 것이지, 사립학교의 자율성을 인정하지 않은 채 모든 교육을 국·공립학교 중심으로 획일화한다는 의미는 아닌 것이다. 이런 관점에서 통일한국의 의무교육 제도, 국립·공립·사립학교 제도, 그리고 학교선택권에 대한 분명한 방향이 설정되어야 한다.

(2) 교육제도 및 정책

의무교육 연한

의무교육 연한은 모든 국민이 기본적인 교육을 받을 수 있는 권리가 어느 정도 보장되고 있는지를 보여주는 척도가 된다. 의무교육이 어느 정도의 질적 수준으로 제공되는지도 중요하지만 기본적으로 의무교육의 연한이 길수록 짧은 경우보다 충분한 교육기회가 제공된다고 볼 수 있다. 통일한국의 의무교육 연한은 장기적으로는 고등학교까지 연장될 필요가 있다. 현재 남한의 의무교육 연한은 초등학교와 중학교 과정까지를 포함하고 있는데, 종료 나이는 14세이며 의무교육 기간은 9년이다. 이에 비해 북한은 1972년 이래 11년제 무상의무교육을 실시해오다가 김정은 정권 출범 이후인 2012년부터 학교 전 교육 1년, 소학교 5년, 초급중학교 3년, 고급중학교 3년의 12년제 의무교육을 시행하게 되었다. 의무교육 기간만을 비교해볼 때 남한은 북한보다 상대적으로 짧고, OECD 국가들과 의무교육 연한을 비교하더라도 상대적으로 짧은 편이다.

통일한국의 의무교육은 장기적으로는 고등학교까지 교육을 받을 수 있도록 보장하는 방향으로 나아가야 한다. 그런데 이와 함께 논의해야 하는 것은 취학 전 교육의 의무교육 포함 여부이다. 오늘날 남한도 대부분 가정이 자녀들을 유치원에 보내고 있고, 북한의 경우는 이미 유치원 1년을 의무교육에 포함시키고 있다. 사실 영·유아기를 비롯한 어린 나이의 아동들에 대한 교육의 중요성은 대부분의 발달심리학자들이 동의하고 있다. 만약 이 시기에 받는 교육을 의무교육에 포함시키지 않는다면, 실제적으로는 그 연령대의 거의 모든 아동들이 교육을 받는데 그 교육을 담당하는 교육기관은 국가의 지원과 통제를 받지 않게 된다. 이는 유아교육 체계가 '시장'으로 전락할 우려가 있다는 것을 의미한다.

유치원 1년을 포함해 초등학교 5년, 중학교 3년, 고등학교 4년, 대학교 4년의 기본학제를 설정하고, 이 중 유치원 1년과 초등학교 5년, 중학교 3년까지를 의무교육으로 시행하고, 장기적으로 고등학교 4년까지 포함하도록 확대해야 할 것이다. 통일연구원의 보고서인 『남북한 실질적 통합단계의 교육통합 방안 연구』에서 제안하듯이 5년제 초등학교는 국민생활에 필요한 기초적인 초등보통교육을 제공하며, 3년제 전기 중등학교인 중학교는 전기 중등 보통교육을 제공한다. 또한 4년제 후기 중등학교인 고등학교는 후기 중등 보통교육과 전문교육을 제공하며, 4년제 대학교육은 고급 전문인력을 양성하는 과정을 제공한다.[14] 고등학교를 4년으로 연장하는 것은 고등학교에서 더 진지한 진로탐색이 이루어지도록 하고, 이 과정에서 공식교육을 종료하는 경우에도 직업 전선에서 충분히 역량을 발휘할 수 있도록 준비시키기 위함이다.

국·공립학교와 사립학교

통일한국의 학교교육은 국·공립학교와 사립학교가 공존하는 방식이 바람직하다. 남한은 중등교육의 경우 사립학교 의존도가 지나치게 높은데 국·공립학교를 더 설립하든지 사립학교를 국·공립학교로 전환해서 사립학교 비율을 낮출 필요가 있다. 반면 북한의 경우는 사립학교가 존재하지 않기 때문에 사립학교를 설립할 수 있도록 지원해야 한다. 남한의 경우 초등학교를 제외하고는 사립학교의 비중이 높은데, 특히 고등학교의 경우는 사립학교의 비율이 40%를 넘어서고, 대학의 경우는 사립에 의존하고 있는 실정이다. 특히 의

---

14) 한만길 외, 『남북한 실질적 통합단계의 교육통합 방안 연구』(서울: 통일연구원, 2002), 59~60쪽.

무교육의 경우 사립학교 의존도가 높으면 체계적이고 지속적인 공교육을 실현하기 어렵다. 국·공립학교의 비율이 최소한 80% 이상이 되도록 국·공립학교를 늘려야 한다. 반면 사립학교는 공교육 체계 속에 존재하더라도 사립학교의 자율성이 보장되어야 사립학교로서 존재 의의가 있다.

그런데 사립학교가 비중이 지나치게 크다 보면, 이들에 자율성을 부여했을 때 전체 공교육이 확립되기 어렵다. 사립학교 의존도가 높은 경우 사립학교도 정체성을 상실하게 되고 공교육도 성격이 왜곡될 수밖에 없다. 이런 의미에서 남한의 경우는 사립학교로서의 의지가 분명하지 않거나 약한 학교에 대해서는 국가가 이를 인수해서 국·공립학교로 전환하는 조치가 필요하다. 반대로 북한의 경우는 사립학교가 전무한 상황이기 때문에 사립학교의 설립이 필요한데, 북한에 독자적인 사립학교를 설립하는 것 외에도 남한의 사립학교들이 북한으로 이전을 할 수 있도록 장려하고, 병설 학교를 설립할 수 있도록 허용할 수 있다. 특히 북한 지역에는 사립대학의 설립을 통해서 고등교육을 활성화시킬 필요가 있는데 남한 사립대학들의 북한 지역 캠퍼스 설립을 허용하는 것도 하나의 방안이 될 수 있을 것이다.

학교선택권

교육에서 학교선택권은 매우 중요한 의미가 있다. 학생이 자신이 다니고 싶은 학교를 선택하든지, 그 학생이 성년이 되지 않은 경우 그 학생의 부모가 자녀가 다닐 학교를 선택하는 권리는 국민의 기본적인 권리라고 할 수 있다. 이것은 교육의 주체가 국가인가 부모인가라는 논쟁과도 연결되는데, 민주주의의 원리에 따르면 학생 자신이나 그 부모의 교육의 권리를 더 지지한다고 볼 수 있다. 다양한 부모들의 자녀교육에 대한 신념이나 교육관이 동일하지 않고, 각자가 자신의 교육적 확신대로 자녀를 교육할 수 있는 학교를 선택하는 것은 기본적인 행복추구권이나 사상의 자유, 종교의 자유와도 연결되어 있다고 볼 수 있다. 그러나 국가는 국가통합, 사회통합을 이루기 위해 의무교육 제도를 시행하고 국민공통 교육과정을 시행하기 위해 학교의 다양성보다는 동질성을 강조하려는 경향이 있다. 이런 점에서 학교선택권은 늘 교육문제의 '뜨거운 감자'와 같은 성격을 지니고 있다. 즉, 동질성을 강조하면 학교선택권이 약화될 수밖에 없고, 다양성을 강조하면 학교선택권은 강화되지만 동질성은 약화될 수밖에 없기 때문이다.

현재의 경우를 살펴보면, 남북한 교육 모두 학교선택권이 제대로 보장되어 있지 못하다. 남한의 경우 사립학교는 물론 희망하는 국·공립학교에 취학할 수 있는 권리가 보장되어 있지 못하다. OECD 국가들 가운데 초·중·고교 모두 학교선택권이 보장되어 있지 않은 몇 안 되는 나라에 포함되어 있다. 특히 남한의 평준화 제도는 학교선택권을 제한하는 매우 상징적인 제도라고 할 수 있다. 북한의 경우는 사립학교가 존재하지 않는 점에서도 이미 알 수 있듯이 학교선택권은 철저하게 제한되어 있다고 볼 수 있다. 북한 주민들은 거주이전의 자유가 없기에 해당 지역의 학교에 배정된다.

통일한국의 교육은 교육공동체 구성원들이 공통의 문화를 공유할 수 있는 동질성의 교육을 추구하되, 교육의 다양성을 인정하고 학생과 그 부모의 가치관과 관심, 취향에 따라 학교를 선택할 수 있는 여지를 제공해야 한다. 즉, 교육기회의 균등을 보장하면서도 교육의 다양성과 자율성을 확보할 수 있는 방안을 모색해야 한다. 이를 위해서는 일방적인 배정 방식이나 추첨 방식보다는 지원에 기초한 학교선택이 바람직하며 최소한 선지원 후추첨제를 통해서라도 학교선택권이 존중되어야 할 것이다.

교육 자율성: 교육행정 권한의 분권화 및 자율화

교육의 자율성을 보장하기 위해서는 교육행정이 지나치게 중앙집권화 되기보다는 지방분권화가 되고 교육자치의 가능성이 많아야 한다. 중앙부처에서 모든 것을 결정하고 이를 하달하는 방식으로는 교육의 자율성을 기대할 수 없다. 교육 자율성은 교육행정기구의 자율성과 단위 학교의 자율성으로 나누어 생각할 수 있다. 북한의 경우는 교육 자율성이 거의 없는 실정이다. 북한의 교육행정은 중앙집중식으로 이루어져 있으며 지방분권화가 되어 있지 않기 때문에 중앙 교육행정기관이 모든 행정을 일방적, 하향식으로 집행하고 있다. 북한의 경우 일선 학교에서도 교육 자율성이 구현되지 않고 있다. 북한의 학교는 교육행정기관보다는 학교당위원회(노동당 소속)의 감독하에 있기 때문에 학교별로 자율적 운영이 이루어지는 것이 아니라 당의 지시대로 움직인다고 할 수 있다. 북한의 교육은 이런 점에서 정치와 교육이 분리되지 않은 셈인데, 노동당 중앙위원회 산하의 지방당 조직이 교육행정을 관할하고 있는 것이다.

남한의 경우 북한과 비교할 때 상대적으로 교육 자율성이 많이 확보되어 있다고 할 수 있다. 교육과학기술부가 중앙에서 전체적인 교육행정을 관장하지만 교육자치제가 실시되고 있어서 시·도교육감이 선거에 의해서 선출되어 그 지방의 교육의 실질적인 책임을 맡고 있다. 그러나 개별 학교가 학교 단위의 교육 자율성을 충분히 향유하고 있다고 보기는 어렵다. 여전히 중앙 교육행정기관과 지방 교육행정기관의 지나친 지시와 요구에 의해, 학교장을 비롯한 교사와 학부모의 자율적 교육이 이루어지기보다는 피동적·수동적·획일적 교육이 이루어지는 경향이 크기 때문이다. 의무교육으로서, 그리고 국가통합을 이루는 국민교육으로서 전국의 모든 학교가 공통적으로 받아들여야할 교육지침이 있을 수밖에 없지만, 자율적 교육을 할 수 있는 영역을 구분해 해당 학교에 맡김으로써 그 지역과 상황, 대상에 맞는 창의적이고 효과적인 교육을 자율적으로 실천하도록 해야 할 것이다.

통일한국의 교육행정은 교육의 자율성을 강조하는 방향으로 나아가되 단일성과 다양성, 체계성과 자율성이 서로 대립되거나 갈등되는 것이 아니라 서로 보완되고 조화될 수 있도록 추진되어야 할 것이다. 특히 통일한국 초기 단계에서는 남북한 교육의 동질성 확보라는 중요한 과제가 있기 때문에 중앙 교육행정의 역할이 중요할 수밖에 없는데, 중장기적으로 교육 자율성을 확대하는 계획을 수립해 이를 실천해나가야 할 것이다. 일단 통일한국의 교육을 전체적으로 관장하는 중앙 교육행정기관을 설치하고 여기에서 교육 자율화 중장기 계획안을 수립해 연차적으로 자율화를 강화하는 방향으로 진행해야 할 것이다. 이미 교육자치제를 시행하고 있는 남한의 사례를 평가·분석하고 수정·보완된 교육자치제를 전국적으로 적용하되 북한 지역의 경우는 이러한 교육자치의 경험이 부족하기 때문에 '전문직 연수'를 통해 교육행정 전문인력을 양성해나가는 노력도 중요하다.[15]

(3) 교육과정: 교육과정의 다양성

통일한국의 교육제도와 정책에서 통합성이나 단일성이 중요하면서도 자율성과 다양성도 포기할 수 없는 것처럼, 교육과정에서도 하나의 통일된 교육과정이 필수적이지만 다양한 교육과정을 통해 학생들의 다양한 개성과 창의적 능력이 개발될 수 있도록 해야 한다. 먼저 통일한국의 남북한 통합을 위해서는 표준교육과정이 정해져야 할 것이다. 하나 됨을 추구하기 위해서는 제도나 정책의 통합도 중요하지만 교육과정의 통합을 통해서 동질성을 확대·강화하고 이질성을 이해·포용할 수 있는 능력을 갖도록 해야 할 것이다. 그러나 동시에 그러한 교육과정이 중앙에서 정한 교육내용을 학생들에게 주입하는 식의 획일주의적인 성격을 지니는 것이 아니라 융통성이 있어야 하는데 다음의 세 가지 다양성을 존중해야 하기 때문이다.

첫째는 학생 재능의 다양성이다. 모든 학생은 제각기 다른 재능을 지니고

15) 한만길 외, 『남북한 실질적 통합단계의 교육통합 방안 연구』(서울: 통일연구원, 2002), 74쪽.

있다. 바람직한 교육은 '붕어빵을 찍듯이', 그리고 공장에서 제품을 만들듯이 똑같은 학생들을 '생산'하는 것이 아니다. 학생 한 사람, 한 사람의 독특성에 주목하면서 그들의 다양한 재능이 개발될 수 있도록 돕는 것이다. 둘째는 지역의 다양성이다. 각 지역마다 문화와 환경이 다르다. 더군다나 남북한의 학생들은 오랫동안 다른 체제와 문화 속에서 생활해왔다. 궁극적으로는 하나의 표준교육과정으로 통합해나가야 하지만, 핵심 구조는 동일하다고 하더라도 이들의 차이와 다양성을 고려한 교육과정의 운용이 요청되는 것이다. 세 번째는 학교의 다양성이다. 학교의 자율성과 독특성을 교육과정의 차원에서도 인정해야 한다. 특히 사립학교의 경우는 건학 이념이 있고 그 학교가 강조하고자 하는 교육이념이 있다. 그러한 학교의 독특성이 반영될 수 있는 교육과정이 이루어져야 할 것이다. 이를 존중하기 위해서는 학교가 교육과정을 선택할 수 있는 자율성이 있어야 하며, 개별 학교가 학교 차원에서 교육과정을 재구성할 수 있는 융통성이 있어야 할 것이다.

2) 교육의 형평성

비전: 통일한국의 비전인 '다음 세대가 더불어 행복한 교육공동체'가 되기 위해서는 다음 세대 모두에게 그들의 부모의 신분이나 사회·경제적 지위에 관계없이 교육의 기회가 주어져야 하며, 열악한 환경에 처한 학생들에게는 보상적 교육을 통해 교육 소외나 교육 격차를 극복할 수 있는 교육복지가 이루어져야 한다.

(1) 교육 이슈: 교육복지와 교육의 평등

교육복지와 관련된 가장 중요한 교육학적 주제가 있다면, 그것은 '교육의 평등'이다.[16] 교육의 평등 문제는 교육학 중에서도 특히 교육사회학의 오래된 주제다. 교육기회가 과연 모든 사람에게 균등하게 주어지고 있는가의 질문은 마치 그 사회가 평등한 사회인가의 질문처럼 근본적인 물음이다. 특히 신분제 사회가 종식을 고하고 나서 시민사회가 되어 누구나 교육을 받을 수 있고 그 교육의 혜택을 누릴 수 있게 된 이후에는 이것이 더욱 민감한 주제가 되었다. 교육 이외의 다른 신분 상승의 기회가 사실상 제거되었기 때문에 누가 더 교육을 받느냐가 계층 상승과 직결된다고 생각하게 되었고, 이는 교육 평등에 대한 더 큰 관심을 낳게 되었다. 교육복지는 이러한 교육의 평등이 보장되지 않은 사람들에게 교육의 평등을 보장하는 데서부터 출발한다고 볼 수 있다. 즉, 교육복지의 기초는 교육 불평등의 해소라고 할 수 있다. 그런데 교육 평등의 문제에 접근하기가 간단치 않다. 왜냐하면 평등이라는 개념이 너무 다양하게 쓰이기 때문이다. 어떤 이념을 지녔느냐에 따라서 평등에 대한 견해가 다르다. 사회주의에서 말하는 평등의 개념과 자본주의에서 말하는 평등의 개념이 같을 수 없다. 역사적으로도 교육 평등의 개념은 다양하게 변화해왔다.

교육의 기회 균등에 관한 연구로 유명한 제임스 콜먼(James Coleman)은 교육의 평등관의 변천을 크게 네 단계로 분류했다.[17] 첫 번째 단계는 산업화 이전의 단계로 대부분의 사람들에게 교육은 가정의 책임이었기 때문에 학교 교육의 평등 문제에는 큰 관심이 없었던 시기이다. 두 번째 단계는 초기 산업화 시대로서 초등교육이 의무화되어 누구나 취학할 수 있었지만 중등교육 이후의 교육은 상층계급의 자녀만이 받을 수 있었다. 신분제도가 무너졌지만 교육에는 그 자취가 남아 있는 시대였다고 할 수 있다. 세 번째 단계는 미국이나 사회주의 국가들은 물론 서유럽 여러 나라에서 2차 세계대전 이후에 등

16) 박상진, 『기독교교육과 사회』(서울: 기독한교, 2010). 127~144쪽.

17) 김신일, 『교육사회학』(서울: 교육과학사, 1993), 257쪽.

장한 교육평등에 대한 이해로서, 모든 사람에게 교육의 기회가 주어져야 한다는 입장이다. 적어도 사회·경제적 제약 때문에 교육받을 수 있는 기회가 제한되지 않도록 무상교육이나 교육지원 정책을 수립하는 단계이다. 네 번째 단계는 교육기회의 균등만으로는 불충분하고 학습 결과의 평등이 이루어져야 진정한 교육평등이 실현되었다고 보는 것이다. 학교에 갈 수 있는 기회의 균등이 아니라 학교에서 누구나 제대로 배울 수 있는 평등이 실현되어야 한다는 입장이다.

김신일은 교육평등을 크게 기회의 평등과 내용의 평등으로 구분하고, 기회의 평등을 다시 허용적 평등과 보장적 평등으로, 내용의 평등을 교육조건의 평등과 교육결과의 평등으로 구분하고 있다. 그리고 여기에 더해 사회개혁 평등관을 첨가하여 교육평등을 다섯 가지 유형으로 분류하고 있다.[18] 첫째, 교육기회의 허용적 평등은 모든 사람에게 교육받을 기회가 주어져야 한다는 입장이다. 즉, 개인의 능력이 다를 수 있음을 인정하되, 출신 신분이나 지역, 인종, 성, 종교 등의 이유로 교육의 기회가 제한되어서는 안 된다는 것이다. 둘째, 교육기회의 보장적 평등은 교육기회가 허용된다고 해서 다 교육을 받을 수 있는 것은 아니고 교육기회를 보장해주어야 한다는 것이다. 경제적으로 어려워 등록금을 낼 수 없는 학생은 기회가 허용되어도 학교를 다닐 수 없기 때문에 실제적으로 교육을 받을 수 있도록 하기 위해서는 취학을 가로막는 장애물들을 제거해주어야 하는 것이다. 셋째, 교육조건의 평등은 교육기회만 평등해서는 안 되고 교육의 조건이 평등해야 함을 강조하는 의미이다. 다 같이 중학교에 들어갈 수 있는 기회를 제공하는 것으로 교육평등이 이루어지는 것이 아니라 그 학교의 교육적 조건, 즉 시설, 교사의 질, 교육과정 등이 차이가 없이 평등해야 한다는 것이다. 넷째, 교육결과의 평등은 교육기

18) 같은 책, 258쪽.

회라는 출발점의 평등이 교육평등을 가져오지 않음을 인식하면서 교육결과라는 도착점의 평등을 강조하는 입장이다. 출발점이 다른 학생들을 결과의 평등으로 인도하기 위해서는 열등한 학생에게 더 많은 관심을 갖고 교육적인 투자를 해야만 한다. 다섯째, 사회개혁에 의한 교육평등은 교육의 기회나 조건을 변화시켜서는 완전한 교육평등을 이룰 수 있는 것이 아니기 때문에 사회구조가 개혁되어 사회적 평등이 실현될 때에만 교육평등이 이루질 수 있다는 입장이다.

이러한 교육평등에 대한 논의를 통해 교육복지의 의미를 생각할 때, 교육복지는 교육불평등 해소의 성격을 지닌다고 볼 수 있다. 사실 교육복지의 가장 큰 과제는 오늘날 교육에 만연한 불평등을 극복하는 것이다. 교육불평등은 교육에 대한 상대적 박탈감과 교육 소외, 그리고 이 때문에 발생하는 '부익부 빈익빈'이라는 악순환을 낳는다. 교육불평등에는 다양한 요소가 있다.

첫째는 사회·경제적 요인 때문에 나타나는 교육불평등이다. 사회·경제적 지위에 따라 교육을 받을 수 있는 기회나 능력이 달라지는 현상이다. 부모의 사회적 신분, 경제적 수입에 따라 자녀가 받는 교육에 격차가 발생하고, 이러한 이유로 낮은 사회·경제적 지위를 지닌 가정의 자녀들이 교육을 제대로 받을 수 없다면 이는 심각한 교육불평등 현상이라고 할 수 있다. 교육복지는 이러한 교육불평등을 경험하는 사람들에게 교육받을 수 있는 기회를 제공하고 보상적 교육을 실시함으로 그들도 교육의 혜택을 누릴 수 있도록 하는 것이다.

둘째는 문화적 요인 때문에 나타나는 교육불평등이다. 민족이나 인종, 그들이 지닌 언어와 문화의 차이로 인해 교육에서 차별받거나 소외되는 경우이다. 최근 다문화가정이 급증하고 있는데, 많은 경우 이들은 한국 사회 속에서 교육 소외와 교육 격차를 경험하고 있다. 이를 극복하기 위해서는 사회 전반의 가치관도 변화되어야 하지만 문화적 다양성을 충분히 고려한 교육제도나 교육과정을 마련해서 이들도 일정한 수준의 교육을 향유할 수 있도록 도와야 한다.

셋째는 신체적 장애 요인 때문에 발생하는 교육불평등이다. 신체적 장애를 지닌 사람들도 교육을 받을 권리가 있고, 국가와 사회는 그들도 비장애인들과 차별되지 않는 교육을 받을 수 있도록 교육기회와 제반 교육여건을 제공할 수 있어야 한다. 이것은 교육시설 등 하드웨어의 개선만이 아니라 교육내용과 교육방법, 그리고 교육제도 등 소프트웨어에서도 교육복지적인 접근이 필요하다.

넷째는 성(性)적 요인으로 인한 교육불평등이다. 교육에 있어서 남녀가 차별받아서는 안 되며, 남성이든 여성이든 동일한 교육을 받을 권리가 보장되어야 한다. 또한 사회 속에서 남녀평등의 가치가 구현되어야 하는데, 이를 위해서는 교육에서 동등한 교육기회가 제공됨은 물론 교육내용에서도 공평한 시각에 의해 남녀에 대한 공정한 서술이 이루어져야 한다.

다섯째는 지역적 요인에서 나타나는 교육불평등이다. 도시와 농·어·산촌 사이의 교육 격차는 해소되어야 하며, 지역 간 불공평한 교육기회의 제공과 교육 격차, 이 때문에 발생하는 교육 소외는 극복되어야 한다. 같은 도시 안에서도 소위 강남과 강북의 차이처럼, 부촌과 빈촌의 격차로 교육불평등이 나타난다면 이를 극복하는 노력도 제공되어야 한다.

통일한국의 교육은 이러한 교육불평등을 극복하는 교육복지를 구현하도록 해야 한다. 구체적으로는 사회·경제적 요인, 문화적 요인, 신체적 장애 요인, 성적 요인, 지역적 요인 등으로 발생하는 교육불평등을 극복할 수 있는 교육제도와 정책이 필요하다. 통일한국은 남북한 간의 격차, 특히 경제적인 격차 문제가 아이들 교육의 질까지 심각한 격차를 형성할 수 있다. 또한 문화적으로도 북한의 학생들이나 최근 남한 사회에서 급증하고 있는 다문화가정의 자녀들이 심각한 교육 소외를 경험할 수 있다. 이를 극복하기 위해서는 국가가 소외된 계층이 교육 격차를 극복할 수 있도록 더 많은 교육복지의 혜택을 제공해야 한다. 신체적 장애를 지닌 학생들을 위한 다양한 특수교육에 대한 투자가 필요하며, 남녀의 차별을 극복하는 교육제도와 정책, 그리고 대도시와 농·어·산촌의 교육 사이에 존재하는 교육불평등을 해소하는 적극적인 교육복지 정책이 요청된다.

(2) 교육제도 및 정책

교육복지

통일한국의 '다음 세대가 더불어 행복한 교육공동체' 형성을 위해 가장 중요한 정책은 교육복지 정책일 것이다. 모든 국민의 자녀가 교육복지를 누릴 수 있도록 하는 정책이 요청된다. 교육복지에서 가장 기본적인 것은 무상 의무교육의 확대일 것이다. 현재 남한의 경우 초등학교 6년과 중학교 3년의 9년제 의무교육을 시행하고 있고, 북한의 경우는 1975년부터 유치원 1년을 포함해 소학교 4년, 중학교 6년의 11년제 의무교육을 실시하고 있다. 학생의 가정적 배경이나 사회·경제적 배경과 관계없이 모든 학생들에게 국가가 교육을 보장해주는 무상 의무교육은 그 연한이 길어질수록 교육복지가 더 잘 구현된다고 볼 수 있다. 그러나 앞에서도 언급했듯이 단지 연한의 길이만이 아니라 제공되는 교육의 질이 중요한데, 양질의 교육을 더 많은 사람들에게 더 오랜 기간 제공할 수 있어야 할 것이다. 북한의 경우 의무교육의 기간은 11년이지만 경제적인 어려움으로 학생들을 위한 교육시설이 열악하고, 무상 교육물품이나 교육기자재, 실험실습 기구 등의 교육물자를 제대로 공급하지 못하고 있다.[19] 남한의 경우 학생들의 등록금을 국가가 부담하는 정도인데, 등록금 외의 교육비용도 국가가 무상 지원할 수 있는 방향으로 교육복지 정

19) 신효숙, 『김정일시대 북한 교육의 변화』(서울: 통일교육원, 2006), 29~33쪽.

책이 수립되어야 할 것이다.

교육복지는 특히 소외된 계층에 대한 교육적 배려를 강조하는데, 남한에서는 학교 중도 탈락자들에 대한 교육복지 정책이 필요하다. OECD에서 발표한 통계에 따르면,[20] 2009년도 남한의 고등학교 졸업률은 89%로서 OECD 평균인 82%보다 높지만 약 11%에 이르는 고등학교 중도 탈락자들에 대한 교육 제공이 중요한 교육복지적 과제라고 할 수 있다. 비록 의무교육 연한에는 포함되지 않는다고 하더라도 취학 전 유아교육에 대한 국가 차원에서의 교육복지적 지원도 필요하다. 교육에서는 어린 나이인 영·유아기가 중요한데 이 시기부터 그 부모의 사회·경제적 지위를 비롯한 가정 배경 요인에 의해서 교육의 불평등이 심화되지 않도록 국가가 교육복지 정책을 구현해야 한다. 위의 국제 교육지표 비교에서는 현재 남한의 육아비용 정부 부담률이 0.2로서 OECD 전체 평균인 0.5에 크게 못 미치며, OECD 국가들 가운데 가장 낮은 수준이라고 보고하고 있다. 이러한 육아비용에 대한 국가의 지원은 계층 간의 교육불평등을 해소하는 중요한 역할을 담당할 수 있다. 그리고 교육복지는 등록금에 대한 국가 지원을 비롯한 일차적인 교육기회 제공에 국한될 것이 아니고 교육의 과정에서 당하게 되는 불평등을 극복하기 위한 급식, 학용품 등에 대한 지원도 교육복지에 포함시켜야 할 것이다.

학력별 임금 격차 해소

교육복지를 실현하기 위해서는 교육제도 안에서의 교육불평등을 해소하는 것만으로는 한계가 있다. 사회구조에서의 변화가 필요한데 대표적으로 학력별 임금 격차 해소를 들 수 있다. 굳이 대학을 나오지 않아도 직장에서 받게 되는 임금이 대학을 졸업한 사람과 큰 차이가 나지 않는다면 무리하게

20) OECD, "Education at a Glance(2011)".

대학에 진학하려고 경쟁하지 않을 것이다. 사회의 임금구조에서 학력별 격차가 줄어들게 되면 그만큼 입시경쟁이 완화될 여지가 있는 것이다. 2011년 OECD 통계를 보면 남한의 학력별 임금 격차는 선진국에 비해서 높은 편은 아니다. 고등학교 졸업자의 임금수준을 100으로 보았을 때 대학졸업자의 임금수준은 143으로 나타났다. 통일한국의 교육이 '다음 세대가 더불어 행복한 교육공동체'가 되기 위해서는 이보다도 더 임금 격차가 줄어들 수 있도록 대학 졸업자와 고등학교 졸업자의 임금 격차를 해소하려는 노력이 지속적으로 필요하다.

(3) 교육과정: 대안 교육

통일한국의 교육에서 대안교육의 영역은 여전히 요청된다. 공교육에 적응하지 못한 부적응 학생과 중도 탈락자들을 위한 교육, 그리고 공교육의 교육이념과는 다른 대안적 교육이념을 추구하는 교육으로서 대안교육이 필요한 것이다. 현재 남한의 경우는 종교계 대안학교를 제외하더라도 100여 개의 대안학교들이 있다. 대안학교를 학제별로 살펴보면 중·고 통합 학교가 31개(27.4%)로 가장 많다. 중·고등학교가 많은 이유로 '2009 대안학교 실태연구'에서는 대안교육이 공교육의 반발에서 출발했음을 들고 있다. 다시 말해 구체적 대안교육 담론이 공교육 문제가 크게 드러난, 주로 중·고등학교에서 일어났던 탓에 대부분의 대안학교가 중·고등학교, 청소년층에 집중되어 있다는 것이다. 그런데 이러한 대안학교는 주로 비인가 형태로 운영되고 있는데, 비인가 대안학교가 전체의 73.4%를 차지하고 있다.

통일한국의 교육에서는 대안교육 또는 대안학교의 영역을 인정하고 이들 학교를 국가적으로 지원할 필요가 있다. 대안학교를 일반 학교의 기준으로 평가하거나 규제하는 것이 아니라 대안교육의 특수성을 인정하되 건강한 대안교육을 구현할 수 있도록 관리·지원하는 노력이 필요하다. 이를 위해서는 학교 부적응 학생이나 중도 탈락자들을 위한 대안학교는 물론, 국가 주도 형태의 획일적 교육을 극복하기 위해 다양한 교육 가치관을 추구하는 대안학교들이 인가받을 수 있도록 하고 재정적인 지원을 하되, 국가의 공통 교육과정을 이수하게 하는 한 자율성을 보장하는 방식으로 접근해야 할 것이다.

3) 교육의 공정성

비전: 통일한국의 비전인 '다음 세대가 더불어 행복한 교육공동체'가 되기 위해서는 상급학교 진학을 결정짓는 입학시험을 비롯한 평가에서 공정성이 보장되는 교육제도와 정책이 요청된다. 특정 능력만을 중시하여 편협한 평가가 이루어지거나 가정의 사회·경제적 지위나 배경 요인에 의해 상급학교 진학이 좌우되지 않아야 한다. 누구나 자신의 재능과 적성, 실력에 따라 진로가 정해질 수 있는 교육이 되어야 한다.

(1) 교육이슈: 입시와 사교육

공정한 교육이 되도록 하기 위한 가장 중요한 과제가 입학시험 제도의 개선일 것이다. 입시 문제는 모든 교육 문제의 핵심에 자리 잡고 있다. 입시 문제를 이해하기 위해서는 입시경쟁이 왜 일어나게 되는지를 파악해야 한다. 입시가 경쟁적 성격을 띠게 되는 것은 입시가 사회적 선발기능을 담당하고 있기 때문이다. 입시를 어떻게 치르느냐에 따라 상위권 학교에 선택되고, 그 학교에 선택되는 것이 단지 교육적 선발(educational selection)만을 의미하는 것이 아니라 그 학생의 향후 사회·경제적 지위에 영향을 끼치게 되는 사회적 선발(social selection) 기능을 지니고 있는 것이다. 한국의 높은 교육열과 과열 입시경쟁은 이러한 사회계층의 상승이동에 대한 욕구에 기인한다고 볼 수 있으며, 이것이 유교문화에서의 입신양명이나 체면 문화, 그리고 출세주의 가치관과 결합되어 오늘날의 극심한 입시경쟁을 일으키고 있다고 볼 수 있다. 교육이 '자아실현'이나 '진리탐구' 또는 '홍익인간'의 이념을 실현하는 등의 내재적 가치를 추구하는 기능만이 아니라 사회적 지위를 결정짓는 외재적 가치와 사회적 선발기능을 지니고 있다는 점을 깊이 인식할 때, 입시의 본질을 제대로 파악할 수 있을 것이다.[21]

결국 입시의 가장 심각한 문제는 경쟁이다. 모두 원하는 대학에 들어갈 수 있다면 오늘날과 같은 입시경쟁의 문제는 발생하지 않을 것이다. 입학하고 싶은 대학이나 학과의 정원은 정해져 있고, 지원하는 자가 많기 때문에 과열경쟁이 생기고, 이러한 경쟁에서 이기기 위해 정규 학교수업 외에 학원이나 과외 등 소위 사교육을 받게 된다. 송순재는 입시에서 경쟁이 발생하는 것은 크게 두 가지 요인 때문이라고 진단한다. 하나는 '사회적 희소성'으로서 '제한된 기회'와 '자유경쟁체제'가 맞부딪혀서 발생하는 '상호배타적 목표달성' 때문이라는 것이다.[22] 이러한 경쟁은 '나의 성공은 상대방의 실패를 전제'하는 상호 부정적 관계를 성립하게 한다. 다른 하나는 '심리적 요인'으로서 "타자에 대한 지배를 통해서 인생의 쾌감을 향유하고픈 욕구의 반영"이다.[23]

입시에서의 경쟁이 부정적인 의미를 갖는 것은 교육적으로 의미 없는 경쟁, 즉 비교육적인 경쟁이기 때문이다. 강무섭은 입시에서 발생하는 교육경쟁의 부적합성, 비인간성, 비정상성을 밝히고 있다. 교육경쟁의 부적합성은 "자신의 성장, 발달 그리고 자기 자신의 지적인 능력의 향상이 교육을 통해 얼마만큼 이루어졌는가를 확인하는 것"이 아니라 경쟁의 대상이 타인지향적이고 경쟁의 목표도 시험성적이나 학력 취득과 같은 외재적 가치에 두고 있

21) 박상진, 「기독교 평화교육의 관점에서 본 시험에 관한 연구」, 고용수 외, 『평화와 기독교 교육』(서울: 장로회신학대학교 기독교교육연구원, 2007), 189~219쪽.

22) 송순재, 『대학입시와 교육제도의 스펙트럼』(서울: 학지사, 2007), 294쪽.

23) 같은 책, 295쪽.

다는 점이다. 교육경쟁의 비인간성은 그 경쟁이 학생 개개인의 소질과 능력, 개인차를 고려하고 지·덕·체의 전인적인 성숙을 꾀하는 것이 아니라 지적 능력에만 치중되어 있기 때문에 나타난다. 교육경쟁의 비정상성은 경쟁을 위해서는 수단과 방법을 가리지 않고 경쟁이 이루어짐을 의미한다. 진정한 경쟁은 그 과정과 방법도 공정해야 하는데, 경제력과 같은 교육 외적인 요인에 의해서 경쟁의 공정성이 왜곡되고 있기 때문이다.[24] 이러한 입시경쟁의 부적합성, 비인간성, 비정상성은 왜곡된 인간의 욕구와 관련되어 있다.

입시 이데올로기는 한국 교육을 심각하게 왜곡시키고 있다. 입시경쟁이 과열될수록 교육 전반에 걸쳐 그 왜곡은 크게 나타난다. 입시 전의 모든 교육이 입시를 준비하는 교육이 되고 '입시위주'의 교육으로 전락하게 된다. 입시가 교육에 끼치는 부정적 영향은 교육목적, 교육내용, 교육방법, 그리고 교육평가에 이르기까지 전 영역에서 나타난다.

첫째, 교육목적의 왜곡이다. 입시가 교육에 미친 가장 부정적인 영향 중 하나가 교육목적의 왜곡이라고 할 수 있다. 입시는 교육의 목적을 입시 위주로 재설정하게 만듦으로써 본래 교육의 목적을 상실한 채 입시 준비 교육으로 전락하고 있는 것이다. 무엇보다 교육 본래의 목적인 "고등정신기능의 양성을 외면하고 단순지식의 암기나 곧 낡아버릴 지식의 습득"을 강조하며 입시에 출제되는 내용에만 집중한 나머지 창의력, 탐구력, 비판력 등은 제대로 가르치지 못하고 있다.[25] 또한 입시는 인성교육을 방해하고 있는데, 학생들의 인격과 성품 형성, 잠재되어 있는 재능 개발을 교육적 관심에서 벗어나게 하고 있다. 오직 입시 위주의 교육에 몰두한 결과 민주시민 의식이나 도덕성, 협동심, 질서의식 등을 가르치는 가치교육도 사라지고 있다.[26]

---

24) 강무섭, 「입시위주교육 해소 대책 탐색을 위한 기본 입장과 접근」, 『입시위주교육의 해소 대책 탐색』(서울: 한국교육개발원, 1991), 1~2쪽.

25) 정범모 외, 『교육의 본연을 찾아서: 입시와 입시교육의 개혁』(서울: 나남, 1993), 100쪽.

둘째, 입시는 교육내용을 왜곡시킨다. 입시는 교육목적만이 아니라 교육내용을 왜곡시킨다. 교육평가로서의 입시는 교육내용을 가르친 후에 이를 평가하는 기능이 있지만, 입시 위주의 교육은 교육평가가 교육내용을 결정하게 된다. 즉, 입시의 내용이 교육내용의 범위와 성격을 규정하게 된다. 일반적으로 전체 문화 속에서 1차적으로 교육과정을 선택한다. 여기서 교육과정의 모든 교육내용이 시험에 출제되는 것이 아니라 2차적 선택이 이루어진 내용만이 시험에 출제된다. 결국 입시 위주의 교육에서는 입시에 어떤 내용이 출제되는가에 의해 교육내용이 제한될 수밖에 없고, 출제되지 않는 교육내용을 교육에서 제외되는 경향이 있다.

셋째, 입시는 교육방법을 왜곡시킨다. 입시위주의 교육은 교육방법에서도 심한 왜곡현상을 가져온다. 오늘날 한국의 고등학교에서 통용되는 교육방법은 '대학입시에서 좋은 성적이 나오도록 가르치는 것'이라고 할 수 있다. 다양하고도 창의적인 교육방법을 활용할 수 있는 여지가 없다. 자율학습도 타율학습으로 전락하고 "대학입시에 출제되는 부분만을 반복해서 가르치고, 학생들은 교사가 제시하는 내용만을 반복해서 훈련하고 연습하게 되는 것이다."[27]

넷째, 입시는 교육평가를 왜곡시킨다. 교육평가의 본질은 학생 개개인에게 주어진 재능과 소질을 발견하고 교육을 통한 성취를 돌아봄으로써 더 나은 교육이 가능하도록 기회를 제공하는 것이다. 그러나 입시는 이러한 교육평가를 입시 위주의 교육평가로 왜곡시킨다. 획일적 기준으로 학생들을 규정하며, 상대평가에 의해서 학생들을 서열화하고, 학생들의 재능이나 소질을 발견하는 것이 아니라 입시라는 정해진 기준과 그 틀에 맞게 주형되기만이

26) 같은 책, 100쪽.

27) 같은 책, 105~106쪽.

요구될 뿐이다. 또한 지적인 성장 — 그나마도 주로 암기력이지만 — 만을 강조해서 다양한 다른 영역은 평가조차 되지 않고 무시되는 경향이 있다. 각자의 기준에서 그 성취가 측정되고 평가되어 그동안의 진보에 대해 감사하기보다는 자신의 삶과 분리된 기준에 의해 판단된다. 이런 이유로 긍정적인 자아상을 상실한 채 열등감이나 바람직하지 않은 우월감에 사로잡힐 수 있다. 입시로 왜곡된 교육평가는 모든 학생이 인간의 존엄성을 지녔다는 것을 드러내지 못하고, 몇 점짜리 인생이라는 낙인을 찍는 방식이다.

통일한국 교육이 '다음 세대가 더불어 행복한 교육공동체'가 되기 위해서는 가장 중요하게 해결해야 할 과제가 이와 같은 입시 문제이다. 교육목적과 교육내용, 교육방법, 교육평가를 모두 왜곡시키는 입시경쟁과 이 때문에 반복되는 입시 위주 교육, 과열되는 사교육 시장은 통일한국 교육이 반복해서는 안 되는 교육의 병리현상이라고 할 수 있다. 통일한국의 남북한 교육 통합은 이러한 입시 문제를 해결하기 위한 절호의 기회로 이해되어야 하고 그런 실천이 일어나야 한다.

(2) 교육제도 및 정책

입시제도

통일한국의 입시제도는 획일적인 평가를 지양하고 평가의 다원화가 이루어지도록 해야 한다. 입학시험은 암기력만 측정하는 것이 되어서는 안 되며 학생의 창의력, 분석력, 추리력, 그리고 다양한 재능과 소질, 적성이 평가될 수 있는 방향으로 전환되어야 한다. 소위 객관식 지필고사만으로 제한된 전통적인 입시가 아닌 다양한 평가 방식이 필요하다. 최근 나름대로의 효과를 거두고 있는 입학사정관제를 통한 평가나 심층면접, 참여 관찰법 등 다양한 접근이 필요하다.

그리고 기본적으로 고등학생들의 대학취학률을 하향 조정하는 방향으로 제도 개선이 이루어져야 한다. 2009년도 한국의 대학입학률은 71%로서 OECD의 평균인 59%보다 훨씬 높은 비율이다. 고등학교를 졸업하고 대학에 진학하지 않아도 얼마든지 자신이 원하는 분야에서 일할 수 있는 교육체제가 되어야 한다. 이를 위해서는 중등교육 과정에서 진로교육이 매우 중요한데, 무작정 대학에 진학하는 것이 아니라 자신의 적성과 재능, 소질에 따라 진로를 결정할 수 있도록 도와야 한다. 이는 단지 성적에 따라 '배치'하는 것과는 다른데, 학생 개개인을 이해하고 그들에게 가장 적합한 진로를 안내하는 맞춤형 진로교육이 필요한 것이다.

이뿐 아니라 대학을 특성화시키는 전략이 요청된다. 대학이 일류, 이류, 삼류로 구분되거나 서열화되어 불필요한 경쟁을 유발하는 것이 아니라 다양하게 특성화된 대학 중에서 자신의 적성과 관심, 재능에 맞는 학교를 택할 수 있도록 하는 것이다. 이런 점에서 입시제도의 개선은 단지 입학시험의 개선만을 의미하는 것이 아니라 대학사회의 변화와 대학 구조의 조정이 수반되어야 한다. 더 나아가 사회의 임금구조, 학벌 위주의 문화와 가치관의 변화가 병행될 때만이 입시제도의 개선이 실효성을 거둘 수 있을 것이다.

사교육대책

통일한국의 교육이 교육의 공정성과 관련해 해결해야 할 가장 큰 과제는 사교육 문제이다. 일반 학교에서 이루어지는 교육이 아닌 사교육은 개인의 경제적인 여건에 따라 전혀 다른 혜택을 제공하기 때문에 교육의 불공정성을 심화시킨다. 소위 부익부 빈익빈의 현상이 강화되는 것이다. 경제적인 능력이 충분한 가정의 자녀는 개인 과외나 비싼 학원을 통해 사교육을 받을 수 있는 반면, 가난한 가정의 자녀는 사교육을 받을 수 없기 때문이다. 사교육은 공교육을 왜곡시킨다는 점에서도 그 폐해가 심각하다. 대부분의 사교육이 선행학습을 하는데, 이렇게 되면 학교에서는 학업에 집중도가 떨어질 수밖에 없고 이는 학교붕괴, 교실붕괴로 이어지는 첩경이 된다.

이러한 사교육의 문제는 정도의 차이는 있지만 남한과 북한이 공통적으로 경험하고 있다. 북한의 경우도 경제적인 여건이 어려워지면서 국가가 부담했던 공교육 비용의 상당 부분을 부모가 담당하게 되자, 개인이 부담하는 사부담 공교육비가 증가함과 동시에 가정이 경제적으로 부유한 경우 일종의 과외교육 기관인 학생소년회관에 다니는 학생들이 생겨나고 있다. 그리고 이러한 북한의 사교육의 양상도 다양화되는데, 예체능 과목은 물론 영어, 수학, 컴퓨터 등의 과목에 대한 사교육이 이루어지고 있다. 이러한 사교육에 대한 대책으로는 사교육을 제재하는 방식과 공교육을 정상화함으로써 사교육 문제를 해결하는 방식이 있다. 먼저 선행학습금지법을 비롯한 법과 제도를 통해 사교육을 금지하거나 제한하는 제도와 정책이 필요하다. 동시에 앞에서 언급한대로 입시제도의 개선이 필요한데 사교육 발생 요인 자체를 약화시키는 방안이다. 그리고 공교육 안에서 개개인 학생에 대한 맞춤형 학습지도가 이루어지도록 함으로써 공교육의 틀 안에서 사교육의 문제를 해소하려는 노력이 요청된다.

(3) 교육과정: 공정한 교육과정

교육의 공정성을 높이기 위한 교육과정의 한 방편으로 교육방송의 확대와 활성화를 들 수 있다. 양질의 교육을 접하기 어려운 지역이나 환경 속에서도 교육방송을 통해 보완적 교육이 이루어질 수 있도록 하는 방안이다. 현재 한국의 교육방송(EBS)이 갖고 있는 장점과 약점을 면밀히 분석해서 긍정적인 면을 살리되 부정적인 요소를 극복할 수 있는 정책의 수립이 필요하다. 농·어·산촌 지역이나, 질 높은 공교육 및 사교육을 받을 수 없는 여건의 학생들도 교육방송을 통한 교육혜택을 누릴 수 있게 해야 한다. 이를 위해서는 교육방송을 보거나 들을 수 있는 교육기자재의 보급이 반드시 병행되어야 한다.

교육의 공정성은 입시 위주의 교육과정을 극복할 것을 요청한다. 교육과정 자체가 입시 위주의 획일적인 교육을 벗어나야 학생들의 다양한 재능과 자질을 계발할 수 있다. 또한 일방적인 지식을 주입하는 교육이 아니라 학생들 스스로 참여하고 서로 협동하는 교육이 필요하다. 특히 교육의 과정 중에 이루어지는 평가가 다면척도로 학생들의 다양한 능력을 기술하고 분석함으로써 자기계발을 위한 촉진이 이루어져야 한다. 학생 스스로 자기 학습방식을 평가하고 효과적인 자기주도적 학습을 개발할 수 있도록 하는 과목의 개설을 통해서 입시 위주의 일방적, 타율적 교육에서 벗어날 수 있도록 해야 할 것이다. 이러한 변화를 극대화하기 위해서는 학생들만이 아니라 그들의 부모나 양육자를 위한 체계적인 교육이 필요하다. 학부모 교육은 올바른 교육관을 지니고 통일한국의 비전을 이루어나가는 데 있어서 학부모의 참여를 최대한 늘리고, 학부모와 교사, 학생이 더불어 교육 비전을 이루어나가는 주체가 되도록 하는 가장 효과적인 방안이다.

4) 교육의 수월성 및 경쟁력

비전: 통일한국의 비전인 '다음 세대가 더불어 행복한 교육공동체'가 되기 위해서는 교육의 형평성이나 공정성만이 아니라 수월성과 경쟁력도 강조되어야 한다. 세계화 시대 속에서 통일한국의 발전을 추구함은 물론 다른 나라들을 섬기기 위해서는 많은 지도자를 양성해야 한다. 이러한 교육의 수월성은 지적 영역과 같은 특정한 영역만이 아니라 인격, 성품, 대인관계, 체력, 예술적 소양 등을 포함해야 한다.

(1) 교육이슈: 세계화 시대의 수월성

오늘날 사회적 변화의 가장 중요한 특징은 세계화일 것이다. 세계의 모든 나라가 분리되어 존재하는 것이 아니라 서로 긴밀하게 영향을 주고받는 지구촌 공동체를 이루게 된 것이다. 세계화에 대해서는 다양한 정의가 존재한다. 말콤 워터스(Malcolm Waters)는 세계화를 "사회적, 문화적 제도에 대한 지리학적 구속이 약해지고, 그러한 사실을 사람들이 점점 많이 인식하게 되는 사회적 과정"[28]이라고 정의하고, 롤런드 로버트슨(Roland Robertson)은 "세계의 축소이며 동시에 전체로서의 세계에 대한 의식의 강화"[29]라고 정의한다. 즉, 교통, 통신, 운송수단의 혁명은 지리적 거리와 시공간의 의식을 축소시켰고, 그만큼 인식과 관심은 확산되어 세계 어느 곳의 변화에 대해서도 민감할 수밖에 없게 만들었다. 이런 점에서 세계화란 "시간적·공간적·심리적 차원의 축소와 확장의 과정을 통해 지난 20~30년간에 걸쳐 더욱 가속화되고 있는 지구적 현상으로서 지구상에 거주하는 사람들의 경제적·문화적 삶의 점증하는 상호연관성(interconnectedness)"이라고 정의할 수 있을 것이다.[30]

오늘날의 교육에서는 이러한 세계화에 대한 충분한 고려가 필요하다. 학생들이 향후 살아가고 활동하게 될 사회가 한 인종이나 민족, 그리고 한 문화에 국한되는 것이 아니라, 세계를 그 장으로 하게 될 것이기 때문이다. 이런 점에서 세계교육은 모든 교육과정에 포함되어야 할 중요한 주제가 아닐 수 없다. 세계교육(global education)은 세계화교육(globalization education)과는

28) 말콤 워터스, 『세계화란 무엇인가?』, 이기철 옮김(서울: 현대미학사, 1998), 14쪽.

29) Roland Robertson, *Globalization: Social Theory and Global Culture*(London: Sage, 1992), 8쪽.

30) 장신근, 『공적실천신학과 세계화시대의 기독교교육』(서울: 장로회신학대학교 출판부, 2007), 153쪽.

구별되어야 한다. 세계화교육은 세계화를 위해 교육이 무엇을 해야 할 것인가에 초점을 맞춘 개념인 반면, 세계교육은 지구촌시대를 맞이해 오늘을 그리고 내일을 살아갈 사람들이 갖추어야 할 지식과 가치관에 대한 교육이다. 이런 세계교육은 국제이해교육(education for international understanding), 다문화교육(multicultural education)과 관련되는데, 다른 민족, 인종, 문화에 대한 존중을 중요한 가치로 삼고 있다. 세계화 시대에 요청되는 세계교육은 특정 나라의 언어에 익숙해 개인이 출세하는 도구로 사용하려는 교육과는 그 성격이 다르다. 세계를 이해하고 다양한 문화와 전통을 존중하고 다름을 인정할 줄 아는 교육이야말로 세계교육의 핵심이라고 할 수 있다.

세계화는 세계의 모든 지역이 연결되며 교류되어 보편성을 향해 나가는 경향이 있음과 동시에 지역을 강조한다. 세계화의 추세 속에서 한국인으로서의 독특한 전통과 가치를 지니면서도 세계를 무대로 활동할 수 있는 사람을 요청한다. 이러한 지역화의 중요성에 비추어 세계화 시대의 교육에서 선진국이나 강대국의 언어나 지식을 습득하는 것에만 치중하는 것이 아니라, 모든 민족이나 인종, 문화 각각의 가치를 깨닫고 그 독특성을 존중하는 법을 강조할 필요가 있다. 이런 점에서 세계화와 지역화는 국제성의 중요한 두 측면이라고 할 수 있다.

이런 점에서 세계화 시대에 가장 중요한 속성은 소통이라고 할 수 있다. 세계의 모든 지역은 더 이상 폐쇄되지 않고 개방되어 있으며, 정치·경제·문화·예술·교육 모든 영역에서 서로 연결되어 있다. 교통의 발달은 전 세계를 하나의 생활권으로 만들고 있으며, 인터넷의 발달은 한 지역에서 일어나는 일이 그 지역에만 국한되지 않고 세계적인 뉴스가 되도록 하고 있다. 이러한 연계성은 모든 영역에서 영향력의 연계로 나타나는데, 소위 나비효과가 나타날 수 있는 것이다. 나비효과란 "어떤 일이 시작될 때 있었던 아주 작은 변화가 결과에서는 매우 큰 차이를 만들 수 있다는 이론"으로서, 미국의 기상학자에드워드 로렌츠(Edward Lorentz)가 주장한 것으로, 브라질에 있는 나비의 날갯짓이 미국 텍사스에 토네이도를 발생시킬 수도 있다는 이론이다. 그만큼 세계는 서로에게 영향을 주는 한 공동체가 되었다는 뜻이다. 최근 전 세계적으로 급속하게 확산되고 있는 SNS(Social Networking Services)는 이러한 영향력을 계속 심화시키고 있다.

이렇듯 서로 영향력을 주고받는 공동체가 될수록 강조될 수밖에 없는 것이 의사소통이다. 언어적 의사소통을 통해 분명하고 구체적인 소통이 이루어질 수 있다. 국내에 거주하더라도 외국인을 만나게 될 가능성은 갈수록 높아지고 있으며, 다문화사회가 될수록 이러한 의사소통의 필요성은 더욱 증대되고 있다. 세계화 시대에서 가장 많은 나라가 사용하는 대표적인 언어에 숙달되는 것이 요청되며, 어떤 면에서는 강대국이 아닌 약소국이나 저개발국가의 언어를 사용할 수 있는 능력을 갖추게 될 때 그들과 소통하며 그들을 섬기고 도움을 줄 수 있는 기회를 가질 수 있다. 이런 점에서 세계와 소통할 수 있는 능력을 갖춘 일꾼으로 양성하는 것은 오늘날 세계화 시대 속에서 통일한국 교육의 중요한 과제라고 할 수 있다.

(2) 교육제도 및 정책

수준별 교육

교육의 수월성을 위해서는 학생들의 수준에 맞는 교육이 이루어지도록 하는 수준별 교육이 요구된다. 동질의 학생 그룹을 형성해서 이들의 수준을 끌어올리는 교육을 통해 변화를 극대화할 수 있을 것이다. 남한의 경우 평준화제도 이전의 교육은 입시 위주의 수준별 교육이었다고 할 수 있다. 그러나 1969년의 중학교 무시험제도와 1974년의 고교평준화 정책 이후 지역별로 추첨에 의한 입학전형을 통해 다양한 수준의 학생들이 한 학급에서 수업을 받게 되었다. 최근에는 평준화 체제가 유지되고 있으면서도 과학고, 자립형 사립고, 외국어고 등의 특수목적 고등학교와 자율형 사립학교 등의 설립이 허용되면서 사실상 평준화 체제는 무너지고 수준별 서열이 분명한 교육이 이루어지고 있는 셈이다. 그러나 여기에서의 수준별 교육은 지적 능력만을 재는 성적 위주의 수준별 교육을 의미한다. 외국어고가 외국어 능력을 고양해 세계화 시대의 외교관이나 해외 주재 기업인 등 외국어 인재를 양성하기보다는 일류 대학의 법과대학이나 경상대학에 들어가는 과정으로 전락했고, 과학고도 과학 인재를 양성하는 과정이라기보다는 일류 대학의 의과대학에 들어가는 과정으로 변질된 경향이 있다. 이런 면에서 건강한 수준별 교육이 이루어지고 있다고 보기는 어려울 것이다.

북한의 교육은 기본적으로 집단주의 교육체제로서 일반 학교에서는 수준별 교육이 이루어지고 있지 않다. 그러나 앞의 북한 교육 분석에서도 언급하고 있듯이, 1990년대부터 일부 학교별로 수준별 교육이 이루어지고 있다. 또 별도의 수재학교가 있어서 입학 단계에서부터 우수한 학생들을 선발해서 수월성교육을 시키고 있다.

통일한국의 수준별 교육은 한 가지 능력만을 기준으로 하는 획일적인 수준별 교육이 아닌 다양한 분야에서 능력을 극대화하는 건강한 수준별 교육이 요청된다. 하워드 가드너(Howard Gardner)가 다중지능이론에서 말하듯이 언어, 수리논리, 음악, 공간, 신체운동, 대인관계, 자기이해, 자연친화 등의 다양한 영역에서 수월성을 격려하고 배양하는 수준별 교육제도가 정착되어야 할 것이다. 이런 점에서 외국어 학교, 수학 영재학교, 음악학교나 미술학교를 포함한 예술학교, 체육학교, 그리고 그 밖의 재능을 최대한 개발할 수 있는 다양한 수준별 학교가 필요하다. 수준별 교육에서 가장 중요시해야 하는 것은 기본 수준에 못 미치는 학생들을 위한 교육이다. 그들의 수준에 맞는 '눈높이교육'으로 그들이 사회생활과 직업생활을 통해 자신의 재능과 능력을 발휘할 수 있도록 돕는 수준별 교육이 필요하다. '다음 세대가 더불어 행복한 교육공동체'가 되기 위해서는 모든 사람들이 자기의 수준에 맞는 교육을 받을 수 있는 권리가 보장되어야 할 것이다.

국제교류와 연구 강화

세계화 시대에 국가경쟁력을 높이고 다른 나라를 섬기는 역할을 수행하는 교육인재를 육성하기 위해서는 교육의 국제교류가 중요하다. 한국 학생들이 외국으로 유학을 가는 것도 여전히 중요하지만 외국 학생들을 국내에 유치해 학교생활 속에서 국제적인 경험을 할 수 있도록 유도하는 교육정책이 요청된다. 2011년의 OECD의 통계에 의하면 한국의 경우 자국에 재학 중인 외국인 학생의 비율은 1.4%로서 미국의 18%나 영국의 9.9%에 비하면 매우 낮은 수준이다. 이것은 고등교육의 경쟁력과 직접적으로 연결되는데, 한국의 경우 2013년 영국의 대학평가기관에서 발표한 세계 대학순위에서 50위 안에 한 개의 대학교만이 포함되어 있고 50~100위 안에 두 대학교가 포함되어 있을 뿐이다. 중·고등학교 학생들의 학업성취도를 국제적으로 비교하는 PISA 점수에서는 상대적으로 높은 점수를 받는 것과 비교한다면 통일한국의 교육에서 특별히 고등교육의 경쟁력을 높일 필요가 있다.

고등교육의 경쟁력 제고는 사실 초·중·고교의 교육이 지나치게 지식 전달, 암기 위주의 피동적·수동적 교육인 것에도 연유한다. 스스로 문제를 인식하고 분석해서 규명하고, 창의적으로 그 문제에 대한 대안을 모색하는 능력의 함양이 부족한 것이다. 입시 위주의 수월성 교육이 아닌 탐구력과 창의력 함양을 통한 수월성 교육이 요청된다. 그리고 이러한 수월성을 높이기 위해서는 교육과 연구가 연계되어야 한다. 탁월한 성취가 이루어지도록 연구가 활성화되어야 하고, 이 연구에 학생들이 참여해 연구하는 방법과 태도, 연구능력이 함양될 수 있도록 해야 한다. 중등교육 과정에서도 연구가 중요한 교육과정으로 자리매김해야 하고, 특히 고등교육 측면에서는 분야별로 특성화된 대학들이 각자의 특성화된 연구기관을 발전시킴으로써 교육의 수월성 제고에 큰 도움을 줄 수 있을 것이다.

(3) 교육과정: 영재교육

통일한국 교육의 수월성과 경쟁력을 높이기 위해서는 체계적인 영재교육과정을 마련할 필요가 있다. 교육의 평등성만을 강조한 나머지 학생들의 잠재력을 최대한 개발하는 교육의 중요한 목적을 상실하는 우를 범해서는 안 될 것이다. 사실 평등한 교육과 수월성 교육이 상치되는 것만은 아니다. 왜냐하면 모든 학생 개개인이 저마다의 재능과 잠재력이 있는데, 그 모두가 그 가능성을 발휘하도록 하는 수월성 교육을 받을 수 있다면 평등의 가치와 수월성의 가치는 공존할 수 있기 때문이다. 그렇기 때문에 기본적으로 통일한국의 교육은 '모든 학생이 영재다'라는 개념으로 접근할 필요가 있다. 모든 수업에서 학생들의 수준에 맞게 교수학습이 이루어지도록 함으로써 그들의 능력을 극대화시키는 수월성 교육이 영재교육의 기본이기 때문이다. 이를 위해서는 교사들의 전문성이 요청되며 교수학습에 집중할 수 있도록 잡무 경감, 그리고 효과적인 교수학습 방법 개발과 그러한 교육환경이 가능하도록 하는 교육인프라 구축 등이 병행되어야 할 것이다.

동시에 분야별로 특출한 재능을 지닌 영재를 위한 별도의 교육기관이 필요하며, 이러한 영재교육을 지원하는 제도와 정책이 요청된다. 그런데 여기에서도 다른 학생 집단과 구별되는 엘리트 학생의 선발을 통한 교육이라는 접근은 지양되어야 할 것이다. 즉, 공부 잘하는 학생을 구별하는 교육 트랙을 만드는 모양새가 되어서 새로운 입시경쟁을 유발하는 과정이 되어서는 안 될 것이다. 영재학교는 다양한 분야의 영재를 발굴해 그 능력을 극대화하고 국제적인 경쟁력을 높일 수 있어야 한다. 언어분야, 예술분야, 과학분야 등의 영역에서의 영재교육 기관은 물론 체육분야나 기술분야에서의 영재교육 기관도 필요하다.

5) 공동체적 신뢰 및 행복

비전: 통일한국의 비전인 '다음 세대가 더불어 행복한 교육공동체'가 되기 위해서는 남북한 구성원이 동질성을 지닌 공동체가 되어 상호 신뢰하며 서로의 상이성을 이해하고 배려함으로써 공동의 행복을 추구할 수 있어야 한다. 이를 위해서는 공동의 교육체제, 공동의 교육과정 및 상호 신뢰를 증진시키는 교육활동을 통해 공동의 유익을 도모해야 한다.

(1) 교육이슈: 공동체성 확립

통일한국에서 남북한 통합교육의 가장 중요한 과제 중 하나는 공동체성을 확립하는 것이다. 남북한 교육이 공동체성을 확립하기 위해서는 기본적으로 동질성을 근거로 한 통합이 이루어져야 한다. 이는 이질성의 중요성을 무시하는 것이 아니라 동질성의 확산을 통해서 이질성을 끌어안아야 한다는 입장이다. 남북한 교육이 전혀 다른 체제라는 이질감 때문에, 사실 상당히 많은 동질성과 공통분모가 있음에도 이를 과소평가하는 오류를 범할 수 있기 때문이다. 남북한 교육이 공유하는 동질성의 가장 중요한 요소는 한 민족이라는 사실일 것이다. 이영덕은 다음과 같이 한 민족이라는 사실이 남북한 교육 통합의 근거가 될 수 있음을 주장한다. "분단 이후 생겨난 남·북한 간의 중요한 차이 내지 이질적 요소에도 불구하고 필자는 비관하지 않는다. 여러 백년 여러 천년 동안 다져진 민족동질성의 핵이 수십 년간의 특수경험에 의해 쉽게 깨어진다고 믿지 않기 때문이다. 그 핵은 곧 '한국인 됨' 또는 '민족정체성'이다."[31] 이러한 민족적 정체성을 확고히 하고 그것에 근거한 통합교육을 추구

〈표 4.1〉 민족주의 가치체계

기본가치	상위가치	가치덕목
민족공동체의 안녕과 번영	공동성	공동지역, 언어, 관습, 규범, 공동문화, 동고동락, 공동운명, 동질성
	정체성	소속감, 동족의식, 우리의식, 연대의식, 긍지, 전통문화에 대한 자긍심, 자부심
	주체성	자주, 독립, 자립, 자조, 자존, 지조
	통합성	조화, 화합, 신뢰, 결속, 단결, 애국애족, 희생, 봉사, 협동

할 때 진정한 하나 됨이 가능할 것이다. 이서행은 민족주의 기본 가치를 '민족공동체의 안녕과 번영'으로 보고 이를 공동성, 정체성, 주체성, 통합성의 상위가치로 분류해 이들 각각의 가치덕목을 위의 〈표 4.1〉과 같이 열거하고 있다.

그리고 이에 근거해 우리 민족 공동성의 가치덕목을 다음과 같이 구체적으로 열거하고 있다. 한반도(금수강산), 한글, 한민족, 명절, 미풍양속, 관습, 공동문화, 동고동락, 공동운명, 동질성, 민족, 국민정신, 국가발전, 국토방위, 국토개발, 조국통일, 새마을운동, 홍익인간, 효도, 경천, 경애, 경장, 자비, 성인, 의, 예, 충성, 근면, 근검노작, 분수, 안분, 민족사명, 우정, 애향, 권의, 정의, 인내, 가정애, 조상숭배, 민족중흥, 새 역사 창조 등이 그것이다.[32)]

물론 이러한 과거 5,000년의 역사 동안 함께해온 민족적 동질성을 교육정체성의 뿌리로 삼는 것이 과거 지향적인 것이거나 과거로의 회귀가 되어서는 안 된다. 남북한 분단의 역사 이전의 '원래 하나'였던 민족적 동질성에 근거해 하나 됨을 확인하되 새로운 시대와 환경에 걸맞는 미래지향적인 교육정체성을 추구해야 할 것이다. 그리고 지난 60여 년의 이질성도 어느 한 쪽 입장

31) 이영덕, 「민족동질성 고양을 위한 교육의 과제」, ≪교육학연구≫, 제28권 제3호(1990), 7~13쪽.

32) 이서행 외, 『통일시대 남북공동체』, 51쪽.

〈표 4.2〉 남북한 교육의 이질성

	남한	북한
교육이념	개인의 개성과 소질을 바탕으로 잠재력, 창의력 개발	혁명화, 노동계급화, 공산주의화를 통한 공산주의적 새 인간 육성
교육목표	개인 능력의 최대한의 계발 도모 및 국가사회 발전 도모	공산주의 사회를 건설하고 세계혁명을 수행할 인재양성
교육내용	지·덕·체의 조화로운 전인교육 지향	공산주의적 새 인간 육성을 위한 정치사상 교양교육
교육방법	개별주의, 다양한 교수이론과 방법	교육과 생산 노동의 결합
학제	6-3-3-4제	1(유치원)-5-3-3-4제
의무교육	9년	12년(유치원 1년 포함)
대입제도	개인의 적성과 능력에 의해 선택	학업능력과 정치사상성, 부모의 가정배경[34]
영재교육	개인의 능력과 적성에 따라 실시	능력 있는 학생 선발 및 특수층 자녀 대상으로 실시
교육정책 방향	국민의 교육적 요구를 바탕으로 정책 수립	노동당에 의한 주민 통제수단으로서의 정책

에서의 옳고 그름의 판단에 기초하기보다는 '의미 있는 역사적 경험'으로 인식하고 남한과 북한의 다른 경험들을 통해서 최대한 서로의 경험이 갖는 의미를 헤아리고 발전적으로 그 의미들을 통합해나가는 노력이 필요하다. 그리하여 민족공동체의 발전이 60여 년 동안 지체되었다고 이해하기보다는 세계사적으로 중요한 역사적 실험으로 인식하고 그 역사적 교훈을 미래지향적으로 반영해서 민족공동체의 발전에 기여하도록 해야 할 것이다. 남북한 교육의 이질성은 교육이념, 목표, 내용, 방법, 학제, 의무교육, 대입제도, 영재교육, 교육정책 방향에서 광범위하게 나타나는데 이는 〈표 4.2〉와 같다.[33]

남북한 교육은 5,000년 역사를 함께해온 동질성이 있기에 그러한 민족적

33) 이종각, 『교육학논쟁』(서울: 도서출판 하우, 1994), 309쪽에 나타난 도표를 오늘날의 상황을 고려해 수정한 것임.

34) 신효숙, 「남북한 교육행정 및 교육제도 비교」, 체제통합연구회 편, 『남북한 비교론』(서울: 명인문화사, 2006) 참조.

정체성에 뿌리를 둠으로써 통합의 기초를 삼지만 교육의 전 영역에 걸쳐 있는 다양한 이질성에 대해서는 각각의 이질성 속에 있는 통일 이후 지속시켜야 할 교육요소를 가려내고, 상호 보완되는 교육요소들을 연결해 남북한 통합교육의 교육방향 안에 포함시켜야 할 것이다. 특히 남북한 교육의 이질성은 어떤 의미에서 남북한 각각이 그동안 경험해왔던 교육의 문제들을 해결할 수 있는 데에 꼭 필요한 것일 수 있다. 남북한 각각이 이전 시기보다 더 발전하고 성숙한 교육을 하기 위해서는 서로의 이질성 속에서 통찰과 지혜를 얻어 변혁의 기회로 삼아야 하기 때문이다. 이렇게 남북한 교육의 동질성을 근거로 하되 미래지향적으로 서로의 이질성을 끌어안을 때 남북한 교육의 공동체성이 확립될 수 있을 것이다. 이러한 교육의 공동체성을 확립할 수 있는 교육제도와 정책을 수립해야 한다.

(2) 교육제도 및 정책

전통문화교육

통일한국의 남북한 통합교육이 공동체성을 확립하기 위해서는 우리 민족의 전통이라고 하는 동질성을 더욱 강조하는 교육제도와 교육정책이 요청된다. 남한과 북한도 해방 이후부터 오늘에 이르기까지 60~70년에 지나지 않는 기간만 이념의 대립과 갈등으로 분단되어 있는 상황이지 지난 5,000년의 역사를 공유하고 있는 민족공동체임에 틀림없다. 민족공동체로서 오랜 세월 동안 공유해왔던 전통문화라고 하는 동질성을 깊게 인식하게 될 때 남북한 구성원들의 통합은 더욱 강하게 이루어질 수 있을 것이다. 통일한국의 최우선 과제는 남북 민족공동체 형성임이 분명하다. 남북 민족공동체 형성이란 "우리 민족이 오랫동안 같은 공간에서 같은 말과 문화를 가지고 살아오는 과정에서 발생한 사회관습, 습속, 생활윤리를 내포한 문화양식과 사고방식의 정형, 즉 민족적 원기(mores)의 통합"을 의미한다.[35] 이러한 동일 민족으로서의 공동체 의식이 강화된다면 남북한 상호 간의 이질성이 여러 가지로 존재하지만 동질성을 기반으로 하는 통합이 가능할 것이다.

남북한 공동체 형성을 위해서는 우리 민족이 그동안 공유해온 전통문화를 중요한 교육내용으로 설정해서 동질성을 확인하고 이를 강화해야 한다. 한글을 비롯한 민족의 고유문화와 미풍양속, 관습, 명절, 그리고 전통적인 가치관과 사상 속에서 오늘날 계승해야 할 것들을 공통의 교육주제로 설정할 때 교육공동체성은 더 공고해질 것이다. 물론 앞에서 언급한 것처럼 배타적이고 폐쇄적인 민족주의가 되거나 국수주의적인 민족주의를 교육하는 우를 범해서는 안 될 것이다. 이미 남북한 사회 안에는 다문화 가정과 이주노동자 등 '우리 민족'이라는 범주에 포함되기 어려운 다양한 부류의 사람들이 있다. 이들을 포용하면서 우리 민족의 고유하고 아름다운 문화를 소개하고 궁극적으로는 세계평화에 공헌할 수 있는 전통문화 교육이 이루어져야 할 것이다. 이러한 전통문화 교육에 근거한 동질성 확립을 위해서는 표준교육제도와 표준교육과정을 정립하는 것이 매우 중요하다. 필수적인 공통의 교육과정으로 모든 남북한 구성원들이 교육받게 될 때, 통합성은 그만큼 증대되는 것이다. 지역과 환경, 그리고 개인의 선택을 존중하는 면에서 다양성과 융통성의 여지는 필요하지만 기본적으로 동질성을 확고히 할 필요가 있는 것이다.

민주시민 교육

통일한국의 교육이 '다음 세대가 더불어 행복한 교육공동체'가 되기 위해서는 민주주의 가치에 근거한 민주시민 교육을 구현해야 한다. 남한 사회와 북한 사회가 모두 민주주의를 공식적으로 표방하고 있다. 남한이 '자유민주

35) 이서행 외, 『통일시대 남북공동체』, 78쪽.

주의'를 표방한다면 북한은 '인민민주주의'를 표방하고 있다. 통일한국은 공식적인 표방을 넘어서서 민주주의의 가치가 실현될 수 있는 민주시민 교육을 실천해야 한다. 민주주의의 근본은 인간의 존엄성에 대한 인정이다. 개개인의 인격을 존중하고 자아실현을 이념적 목표로 삼는다. 그러나 이러한 개개인의 자아실현을 위한 노력은 자칫 개인주의나 이기주의로 빠질 수 있다. 이를 극복하고 다른 사람의 행복을 더불어 추구할 수 있는 교육이 요청된다. 이서행은 민주주의의 중요 가치를 12개로 선정하고 이를 다원적 가치와 통합적 가치로 분류해서 그 조화적 구현을 민주시민 교육의 내용으로 삼아야 한다고 주장한다. 다원적 가치영역에는 자유, 권리, 다양성, 사생활권, 사유재산권, 적법한 절차 등 여섯 개가 포함되고, 통합적 가치영역에는 정의, 평등, 권위, 참여, 진실, 애국심 등 여섯 개가 제시되어 있다.36) 이 두 가지의 가치가 함께 강조되는 교육을 통해 민주주의가 개인주의적 가치로 함몰되지 않고 공동체적 가치로 승화될 수 있는 것이다. 통일한국의 교육에서 이러한 민주시민 교육을 실천하기 위해서는 사회과목, 윤리 또는 도덕 과목을 공통 필수과목으로 선정하고 이들 과목 속에 '민주시민 교육'이 잘 반영될 수 있도록 해야 할 것이다. 특히 남북한의 현재 교육과정에 비추어 어떤 보완이 필요한지를 구체적으로 파악해 그 차이를 극복할 수 있는 교육이 되도록 교육 프로그램을 제공해야 할 것이다.

다문화교육

통일한국의 교육 비전을 이루기 위해서는 다문화교육이 강조되어야 한다. 남북한 교육이 통합되고 남북한 구성원이 서로를 이해하고 받아들이기 위해서는 서로 다른 문화를 이해하고 수용할 수 있는 '문화교육(cultural educa

---

36) 이서행 외, 『통일시대 남북공동체』, 43쪽.

tion)'이 너무나 중요하다. 문화교육의 핵심은 '다름(difference)'에 대한 새로운 이해이다. '다름'이 '틀림'이 아닌 '나름'의 의미가 있음을 이해하고 인정하는 법을 배우는 것이다. 이것이 가능할 때 '다양성'을 인정하게 되고 비로소 '다름'으로 분리되는 것이 아니라 오히려 다양(diversity)하기 때문에 하나(unity)가 될 수 있는 것이다. 남과 북의 하나 됨은 이러한 남과 북의 '다름'에 대한 문화적 이해를 통해서 구현될 수 있다. 그리고 남과 북의 이질성만이 아니라 세계화 시대 속에서 사회 구성원들이 지니는 다양한 문화적 차이를 이해하고 수용하며 공존하고 나아가 하나의 공동체를 이루기 위해서도 다문화교육이 요청된다. 이러한 다른 문화에 대한 이해가 가능할 때 이질성은 교육의 장애가 아니라 교육의 기회가 될 수 있으며 교육을 풍요롭게 하는 통로가 될 수 있다. 다문화교육은 교과서에도 반영되어야 할 뿐 아니라 다문화 현실을 체험하고 가치관을 변화시킬 수 있는 다양한 다문화교육 프로그램과 활동을 개발해 보급할 필요가 있다. 그리고 다문화교육센터의 설립을 통해서 문화적 이질성을 극복하는 교육이 심도 있게 펼쳐지도록 하는 것이 바람직할 것이다.

(3) 교육과정: 교과서 정책

통일한국의 교과서는 기본적으로 남북한이 공통으로 사용할 수 있는 것이어야 한다. 남북한이 표준교육과정을 마련해서 통일한국의 모든 구성원이 공통의 가치관을 지니고 교육공동체를 이룰 수 있도록 해야 한다. 그러나 표준교육과정이 획일적인 교육과정을 의미하는 것이 되어서는 안 된다. 하나의 정형화된 인간상을 형성하기 위해서 일방적으로 교수하는 교육과정이 아니라, 개개인의 다양성은 물론 남과 북의 이질성을 충분히 고려하고 지역적, 상황적 특수성을 인정하는 융통성이 요청된다. 이는 단종의 교과서 개발보다는 다양한 종류의 교과서 개발이 필요함을 의미한다. 그리고 국정 교과서 모델보다는 검인정 교과서 모델이 더 바람직함을 의미하기도 한다. 현재 남한, 북한의 교과서 개발 방식을 보면 남북한이 공통적으로 국가 중심의 중앙집중식을 택하고 있으며, 교과서를 교육내용의 중심으로 삼는 교육정책을 구현하고 있다. 그러나 남한의 경우는 다양한 검인정 교과서를 개발하고 있는 반면, 북한은 단일 교과서를 사용하고 있다. 공통적으로 중앙집중식 교과서 정책이 실현되고 있기 때문에 통합적인 교과서 정책의 실천이 어렵지는 않을 것이다. 한 가지 과제는 교과별로 남북한 사이의 용어의 차이를 극복해야 하는데, 특히 표준어 문제와 용어의 통일 문제는 특별위원회의 설치를 통해서 공통표준어, 공통용어 개발을 통해 교과서의 실질적 통합이 가능하도록 해야 할 것이다. 또한 통일한국의 공통된 가치관을 교육해야 하는 국어, 국사, 사회, 윤리 과목 등은 우선적으로 국가가 지정하는 공공기관에서 표준교육과정을 따라 몇 종의 교과서를 개발해 사용할 수 있도록 함으로써 교육통합성을 제고해야 할 것이다.

5. 나가는 말

통일한국의 남북한 통합교육이 실현되는 과정에는 다양한 요인들이 작용한다. 통일이 이루어지는 방식을 비롯해서 정치, 경제, 문화, 이념적 요인들이 복잡하게 얽혀서 영향을 미치기 때문이다. 그런 의미에서 이 글에서 제안한 통일한국 교육의 청사진이 어느 정도 현실적인 방안일 수 있는지에 대해서는 여러 가지 이견이 있을 수 있다. 좀 더 정치적·경제적 상황을 보면서 통일 후 교육에 대해서 논해야 한다는 의견도 있을 수 있다. 그러나 각 분야별로 통일한국의 모습을 디자인하고 그 미래상을 향한 준비를 지금부터 해나가야 한다. 통일은 막연히 기다리는 자에게 주어지는 것이 아니고 통일을 위해 준비하고 노력하는 자들이 앞당길 수 있는 것이다. 특히 통일한국의 모습을 비전으로 갖게 될 때 그 비전이 현실을 변화시키는 힘이 될 수 있을 것이다. 통일의 당위성이 약화되어가는 이 시대에 통일한국의 비전을 새롭게 함으로써 통일에 대한 열망을 새롭게 하고, 그 열망을 토대로 지금 이 사회 속에서 변화되어야 할 부분이 무엇인지를 깨닫고 통일을 위한 노력을 지금 여기서 시작하는 것이 중요하다. 이 글은 통일한국의 교육에 대한 논의의 첫 걸음일 뿐이다. 향후 더 구체적인 통일 후 교육을 위한 분야별 연구가 진행되어야 한다. 교육의 각 분야별 전문가들이 더 구체적인 연구와 논의를 통해 세부적인 설계도를 그려야 할 것이다. 그리고 이러한 과제들을 수행할 수 있는 교육재정의 규모와 재원 마련에 대한 연구가 수반되어야 할 것이다. 또한 이런 교육 비전을 향해 나아가기 위한 구체적인 로드맵을 설정해야 할 것이다. 이러한 연구의 과정이 추상적인 논의가 아니라 실천을 담보하는 논의가 되기를 기대한다.

참고문헌

강무섭. 1991.『입시위주교육 해소 대책 탐색을 위한 기본 입장과 접근』. 서울: 한국교육개발원.

강무섭 외. 1994.『남북한 교육 및 학술 교류 협력의 방향과 과제』. 서울: 한국교육개발원.

김신일. 1993.『교육사회학』. 서울: 교육과학사.

김학준 외. 2011.『통일 이후 통일을 생각한다』. 서울: 푸른역사.

나병현. 2004.「공교육의 의미」. 황원철, 김성열, 고창규 편저.『공교육: 이념, 제도, 개혁』. 서울: 도서출판 원미사.

두산동아 사서편집국.『동아 새국어사전』. 서울: 동아출판사.

박상진. 2010.『기독교교육과 사회』. 서울: 한국기독교교육학회, 2010.

_____. 2007.「기독교 평화교육의 관점에서 본 시험에 관한 연구」. 고용수 외.『평화와 기독교 교육』. 서울: 장로회신학대학교 기독교교육연구원.

송순재. 2007.『대학입시와 교육제도의 스펙트럼』. 서울: 학지사.

신효숙. 2006a.『김정일시대 북한 교육의 변화』. 서울: 통일교육원.

_____. 2006b.「남북한 교육행정 및 교육제도 비교」. 체제통합연구회 편.『남북한 비교론』. 서울: 명인문화사.

워터스, 말콤(Malcom Waters). 1998.『세계화란 무엇인가?』. 이기철 역. 서울: 현대미학사.

이서행 외. 2008.『통일시대 남북공동체: 기본구상과 실천방안』. 서울: 백산서당.

이성구. 2007.『민족공동체통일론』. 서울: 형설출판사.

장신근. 2007.『공적실천신학과 세계화시대의 기독교교육』. 서울: 장로회신학대학교 출판부.

정범모 외. 1993.『교육의 본연을 찾아서: 입시와 입시교육의 개혁』. 서울: 나남.

조민 외. 2011.『통일비전 개발』. 서울: 늘품플러스.

체제통합연구회 엮음. 2005.『한반도의 평화와 통일』. 서울: 백산서당.

한만길. 2001.『남북 교육공동체 구성을 위한 교육통합 방안 연구』. 서울: 통일연구원.

한만길 외. 2002.『남북한 실질적 통합단계의 교육통합 방안 연구』. 서울: 통일연구원.

OECD. 2011. "Education at a Glance".

Robertson, Roland. 1992. *Globalization: Social Theory and Global Culture.* London: Sage.

엮은이

이 장 로

이장로 교수는 고려대학교 경영대학 학장 및 경영대학원장, 한국국제경영학회장, 대한민국교육봉사단대표, 한반도평화연구원장, 기독경영연구원이사장을 역임했다. 2001년에는 통일시대 사회지도자양성을 위해 한국리더십학교를 설립하고 현재까지 교장으로 봉사하고 있다. 고려대학교 상과대학과 동 대학교 경영대학원을 졸업하고 뉴욕대학교(New York University)에서 국제경영학 석사와 박사 학위를 취득했다. 또한 장로교신학대학교 신학대학원을 졸업했다.
저서로는 『무역개론』(2002), 『국제경영』(2003), 『국제마케팅』(2003)과 공저 『남북경제협력정책과 실천과제』(2009), 『체제전환국의 경험과 북한교육개혁방안』(2012) 등 다수를 썼다.

지은이(수록순)

김 창 환

연세대학교 영어영문학과와 동 대학원 교육학과를 졸업한 후 독일 튀빙겐 대학교에서 교육학 박사 학위를 취득했다. 현재 한국교육개발원 교육조사통계연구본부장으로 재직 중이며, 외교통상부 자문위원, 통일부 정책자문위원, 교육부 정책자문위원 등을 역임했다.
『인본주의 교육사상』(2007), 『인재강국 독일의 교육』(2008) 등의 저서와, 『공교육과 기독교』(2014), 『비전과 관점 열기』(2014) 등의 공저를 썼다.

정 병 오

서울대학교 윤리교육과 졸업 후 청운중학교, 장충여자중학교, 양화중학교에서 도덕을 가르쳤으며 현재 문래중학교 교사로 재직 중이다. 교직 초기부터 기독교사들의 연합 모임인 좋은교사운동을 통해 교사들의 자발적 교육실천운동과 교사의 사명감과 전문성 신장, 합리적 교육정책 대안 운동 등에 참여해왔으며, 좋은교사운동 대표를 역임했다. 교사 재직 중 북한과 통일에 대한 관심을 가지고 북한대학원대학교에서 탈북학생들의 공교육 적응과 교사의 역할과 관련된 연구로 석사학위를 받았다.
저서로 『시대를 뒤서 가는 사람』(2008), 『선생님은 너를 응원해』(2012)와 공저 『하나님 앞에서 공부하는 아이』(2011), 『18 그리고 19: 18대 대선으로 본 진보개혁의 성찰과 길』(2013), 『공교육과 기독교』(2014)를 썼다.

신효숙

고려대학교에서 교육학과를 졸업하고 한국학중앙연구원 대학원에서 북한교육 관련 주제로 박사 학위를 받았다. 고려대학교, 서강대학교, 숭실대학교에서 강사를 역임했으며, 한국교육개발원을 거쳐 현재 남북하나재단에서 기획연구팀장을 맡고 있으며 북한대학원대학교에서 겸임교수로 재직 중이다. 러시아 및 중앙아시아 국가의 교육, 북한, 북한이탈주민 교육, 통일교육, 교육통합 등에 대한 연구를 하고 있다.

공저 『체제 전환국의 경험과 북한 교육개혁 방안』(2012)와 논문으로 「김정일정권의 교육정책」(2010), 「탈북청소년 통합적 교육지원방안 연구」(2010), 「한국과 중앙아시아와의 권역별 중장기 교육협력방안 연구」(2010), 「탈북여성 생애주기별 교육프로그램 개발 연구」(2011) 등을 썼다.

박상진

성균관대학교 교육학과 및 서울대학교 대학원 교육학과를 졸업한 후 장로회신학대학교 대학원에서 신학과 기독교교육학을 공부했고, 미국 버지니아주 유니온신학교에서 기독교교육학 박사학위를 취득하였다. 현재 장로회신학대학교 기독교교육학 교수로서 신학대학원장을 맡고 있으며, 기독교학교교육연구소 소장, 입시사교육바로세우기 기독교운동 공동대표로 활동하고 있다.

저서로 『기독교교육과정탐구』(2004), 『기독교학교교육론』(2006), 『기독교교육과 사회』(2010), 『기독교학교교육운동』(2010), 『성경 속에 나타난 하나님의 학습법』(2010) 등을 썼다.

한울아카데미 1732

한반도평화연구원 총서 11
통일한국의 교육 비전
다음 세대가 행복한 교육복지 국가

엮은이 | 이장로
지은이 | 김창환 · 정병오 · 신효숙 · 박상진
펴낸이 | 김종수
펴낸곳 | 도서출판 한울
편집책임 | 염정원
편집 | 하명성

초판 1쇄 인쇄 | 2014년 11월 10일
초판 1쇄 발행 | 2014년 11월 20일
주소 | 413-120 경기도 파주시 광인사길 153 한울시소빌딩 3층
전화 | 031-955-0655
팩스 | 031-955-0656
홈페이지 | www.hanulbooks.co.kr
등록번호 | 제406-2003-000051호

Printed in Korea
ISBN 978-89-460-5732-6 93370

* 책값은 겉표지에 표시되어 있습니다.